DAMING XIAOSHI

大明小史

向敬之 著

人民东方出版传媒

东方出版社

代前言：朱皇帝的铁屋子

1

1368 年，朱元璋在应天府建立明朝，把元兵追杀到荒芜的漠北，让最广大的穷人阶层，舒张了一次悲辱与兴奋、苍凉与感伤、激动和侥幸。

穷和尚出身的朱皇帝，没有砸碎等级链条，送给世人一个安定的生存环境。

他不动声色地为继承者们，铲除淮西势力的权威，拔尽荆条上的锐刺，为后世君王扫去了皇权和相权、皇权和将权争持的障碍，却没有躲过有明一代日益不振的命运。

虽屡经折腾而没短命夭折，但貌似强盛的封建中国，在世界大变局中，逐日自大腐朽。

这看似皆由朱元璋领衔的朱皇帝们顽强地掌控着，而他们及权臣、佞臣、幸臣、太监，确是这盘下了近二百八十年的棋局的分弈者。

他们的名字、生活、品行、操守、能力等，都在正史野稗中有着或详或略的记述，有过或明或暗的出演，有不少事实被我们平常感受到。

朱元璋异军突起，卧薪尝胆，再接再厉，成为天下第一人。除了他自身能力起着主因，李善长、刘伯温、朱升们的谋划，徐达、常遇春、汤和、蓝玉们的拼杀，亦至关重要。

朱皇帝坐了天下，功臣们荣膺官禄爵位，有些人得了丹书铁铸的免死牌。

他出身卑微，也为老百姓着想，希望为他们解决最基本的温饱问题。

就连最庄严不过的圣旨，也写得俚俗诙谐。虽无多少斟字酌句、添枝加叶、咬文嚼字的文采，却能使人读之明白、感之清楚、思之有味。

朱元璋设置特务机构锦衣卫，严密监控臣下，搞得大臣们惶惶不可终日，甚至安排后事后上朝。

这就是大明王朝开国皇帝留给历史的最大印记。

2

开国皇帝杀功臣，为的就是集中和强化皇权，将可能对皇权存在威胁的任何势力都一一清除。

诚如明末官员何乔远在《名山藏》中记载，朱元璋以一根棘杖教育仁厚的皇太子朱标，将曾经跟随自己一起打天下的勋旧们比喻为其上的利刺，先去之而后快。

纵观中国帝制时代的开国皇帝，杀功臣者有之，但狂戮者，唯有起于草莽的明太祖朱元璋。他为了把权力牢牢控制在手上，为后继之君消除勋旧争权的隐患，废丞相制，分权六部，拆大都督府为五府，由自己直辖六部五府都察院等中央机关。而其以谋逆大罪制造的"胡惟庸案""蓝玉案"，先后诛杀五万人之多。不但主犯左丞相胡惟庸、大将军蓝玉身首异处，诛杀九族，就连朱元璋最敬重的太师李善长也几乎遭遇灭门之灾，他视若圣人的太子老师宋濂也被间接涉案死于流放途中。此外，大军师刘伯温、大将军徐达死得离奇，朱元璋也脱不了侵害的干系。

相较于朱元璋的疯狂杀戮，历史上另一个开国杀功臣的汉高祖刘邦，就显得相形见绌了。

兔死狗烹，鸟尽弓藏，往往是开国皇帝最大的政治阴谋，但血腥杀戮者，还是少数。宋太祖赵匡胤以杯酒释兵权的方式，解决了手下大将足以拥兵自重的危险。清太祖努尔哈赤在改元建朝前后，杀掉的两大功臣阿敦和额尔德尼，以及弟弟舒尔哈齐与长子褚英，主要还是统治集团内部的权力之争，本非努尔哈赤的真实意图，而是争权夺利、觊觎大位的四大贝勒的借刀杀人。

故而说，开国皇帝杀功臣，主要是皇帝强烈的自卑猜忌心理所致，是个案，并非为坐稳江山的必经之路。

那些说是能让得主们免死两次、子嗣免死一回的丹书铁券，制作精美，用词堂皇，却很快被朱皇帝聪明地浇灭了特效性：李善长们被效忠皇帝的特务、酷吏们，牵进了贴满谋逆标签的"胡惟庸案""蓝玉案"，就连同他称兄道弟的徐达、被他称为子房的刘基、为他教育皇子的宋濂，都被其巧妙地进行了柔性狙击。就是对近身心腹胡惟庸、御用杀手蓝玉，他也展开株连，并借机对与之联系的人，进行大规模绞杀。

朱元璋的独特发明特务政治，以锦衣卫的诏狱疯狂害人，游离于法律之外，大兴黑暗时代的残暴统治，使后世成祖朱棣、宪宗朱见深、武宗朱厚照，相继深受启发，创造了东厂、西厂、内厂。西厂、内厂寿命不长，而锦衣卫和东厂陪伴明王朝至死，让萌发资本主义气象的明王朝，一边经受封建宗法制、特务黑势力的煎熬，一边无法摆脱权臣争宠斗恶、佞幸大兴冤狱的命运。

3

明朝特务政治，虽在一定程度上震慑了军权集团的顽抗，却方便了一系列宵小之徒制造无中生有、惨不忍睹的悲剧，更使逐渐衰朽的朱明政权，始终苟存于铁屋之中，不得出路。

连小太监魏忠贤都敢称九千岁，老奶妈客嬷嬷勇于同皇后叫板……被蛀得疲软不堪的朝廷，不管末代皇帝崇祯如何想励精图治，都不能抗拒农民无奈的反抗。

有些人喜欢将它的覆灭，别有情趣地算在陈圆圆的石榴裙下。虽然朱元璋反复强调后宫不得干政，竖起了宦官不得干政的铁牌，但还是有不少霸道的女人、强势的太监，触摸权柄，无法无天。

一旦慵懒在软榻上的朱皇帝梦醒，那必是痛下杀手。

因为他们的权力，是不容许有人撞击铁屋子，寻觅他途的。

皇家集团、文官集团、阉党集团……缠斗不休，纠葛不断。

那些权力金字塔上的人物，有过奋发、争取、欢欣、激进，陷身在迷离的特务政治下，已分不清忠奸善恶、血腥悲惨。

他们置身特务畅行、忠良惶恐的铁屋子里，看到的是权力和欲望的拼杀，却看不到方孝孺不惧诛灭十族的愚忠、徐有贞得势后的欲壑、严嵩父子左右朝局的真实，看不到英宗被王振玩于股掌而失国、宪宗放任汪直为虎作伥的无奈、武宗听信刘瑾而差点被替代的荒唐……

权力场上的相互利用，只是暂时的，一旦发生冲突，或出现争斗，兔死狗烹，时有发生。

李善长和刘伯温冒险出山，宵衣旰食，被朱元璋倚为膀臂。

得天下数年后，朱皇帝不再容忍李首相对权力的追逐，也不能宽恕刘军师清高的孤赏。他编造罪名，对亲家李府数十条人命痛下杀手，纵容胡惟庸荼毒忠诚高才刘伯温。李因权力分享不均，在胡惟庸意图谋反时，一句含糊话表示默认。

洪武帝、永乐帝牢牢地把皇权抓在手中，但是，由于废除丞相，而组建大学士充斥的新形式内阁，无丞相之名，却行丞相之实。

朱元璋废止传承两千多年的丞相制度，但为了帮助自己理政，又设置大学士，开启了明清二朝的内阁制度。

内阁真正形成于永乐朝，大学士们本身的品秩不高，终明一朝始终为正五品。然而，随着仁宣二帝以降的皇帝懒政，而对内阁的过分倚重，部院主官入阁参决机务，兼理大学士，并被加以师傅保和经筵讲官之类的荣誉，内阁大学士的地位被变相抬高，位极人臣。

尤其是首辅，独掌票拟大权，如嘉靖帝时的严嵩，利用皇帝不常视朝，而独专内阁大权。而至万历初年，由于万历帝年幼，首辅张居正秉政十年，与司礼监冯保订立攻守同盟，达到了威权震主、代行皇权的地步。

内阁首辅，虽无丞相之名，却行丞相之权。不仅大学士们把自己当成了丞相，而且皇帝也在潜意识里把大学士当作了丞相。这是千年相权制度留下的影响，而不是朱元璋废相所能抹去。

像明武宗暴卒，无子嗣即位，首辅杨廷和力挺藩王朱厚熜成为嘉靖帝。可见，内阁大学士已有皇位继承人的建议权。而在万历朝，闹腾了二十多年的国本之争，虽然内阁换了不少大学士，但最后还是以万历帝的承认既定太子，而宣告内阁捍卫国本、反对易储的胜利。

至晚明崇祯朝，内阁权力几乎到了威胁皇帝的地步。崇祯帝曾计划南迁，与李自成休战谋和，却因为首辅大学士陈演、魏德藻的反对，而以失败告终，结果明亡。

明朝内阁的权力越来越大，出现了左右朝政、制衡皇帝的局面，引起了清朝统治者的警醒。清初顺治朝设置内阁，大学士连票拟要务的权力都没有，虽然后来有过改变，也出现了索额图、明珠这样的权臣，但皇帝还是不断组建新的特殊权力中枢，如康熙朝的南书房、雍正朝的军机处，都是在限制内阁的权力。

明朝内阁权重加大，却始终为相权与皇权之间的博弈，他们都是为了自身的权限，不可能从根本上实现社会形态的转变，也就是说不可能发展到君主立宪制。

4

文官集团的存在，仍然在不断地分割皇权。

所谓的文官集团，不是指以内阁大学士结纳亲信、自成集团的派系，而是指明朝中后期擅权乱政危害国家而沆瀣一气的大学士文官体系。

与其说是文官集团，不如说是文官团伙。

明朝的大学士，是皇帝的辅臣，但品级不高，然而随着皇帝的信任、倚重以及文官自身的经营，这些被安排在中极殿、建极殿、文华殿、武英殿四殿和文渊阁、东阁两阁工作的皇帝秘书们，虽然只有五品官阶，但一旦兼了六部尚书，或做了经筵讲官、加了师傅保之类虚衔，那么就非同一般了。

明朝大学士的官衔，多以某部尚书兼某殿阁大学士，尚书为本官，大学士为兼职。如著名的张居正，最初在隆庆元年以吏部左侍郎兼东阁大学士，入阁参与机务，同年四月又改任礼部尚书兼武英殿大学士。虽然大学士只换了阁名，这是兼职，而本官则是吏部左侍郎改为了礼部尚书，官阶进了一级，班次上前一步。

明初朱元璋废除丞相后，一切军政要务皆由皇帝独裁。皇帝建置大学士做顾问，每遇大事情，皇帝专赴诸殿阁和大学士们商量，小事情则由大学士在条子上写好送呈皇上审批。然而时间久了，后来的皇帝长年累月地不去内阁，像嘉靖皇帝、万历皇帝，在位都是几十年，但有二十多年不上朝，一切奏章、政务、军机，都由大学士们票拟，即用一张小条子拟具意见，送皇帝斟酌。

票拟本章，始于明朝正统年间，是内阁文官协助皇帝处理国家事务的基本形式，也是其权力之所在。《明史·职官一》记载：大学士"掌献替可否，奉陈规诲，点检题奏，票拟批答，以平允庶政"。

如果皇帝不批红，改由亲信太监批，那么朝廷也就越来越乱。

太监专权乱政，内阁专权亦乱政。崇祯初年惩治阉党案后，此消彼长的内阁首辅揽权擅政，越发制约甚至威胁到皇帝的绝对权威。李自成进入山西后，有大臣建议崇祯南迁，就是因为以首辅大学士陈演为首的文官们不答应，结果一拖再拖、一败再败。李自成打到京师城下，向崇祯帝提出和谈，索银一百万两和让他在西北自立为王，但因继任首辅大学士魏德藻的不同意，造成明朝灭亡不可逆转的命运。

所以，崇祯帝在上吊前哀鸣"文臣个个可杀"，也是一句大实话。

崇祯帝死了，但是他的不少文臣，如洪承畴、冯铨，成了大清朝的大学士。他们对于内阁对朝廷用人行政无发言权而不满，他们对于大学士只票拟写无关痛痒的日常琐事甚为抵触，于是联合对摄政睿亲王提交了对新朝权力分配强烈不满的反对报告：

"国家要务，莫大于用人行政。臣等备员内院，凡事皆当与闻。今各部题奏，俱未悉知，所票拟者，不过官民奏闻之事而已。夫内院不得与闻，况六科夫？倘有乖误，臣等凭何指陈？六科凭何摘参？按明时旧例，凡内外文武官民条奏，并各部院复奏本章，皆下内阁票拟，已经批红者，仍由内阁分下六科，所以防微杜渐，意至深远。以后用人行政要务，乞发内阁拟票，奏请裁定。"（《清世祖实录》卷五）

他们重新分割权力，因为这是明朝皇帝为了躲懒，所推行的特殊政治制度。

5

明英宗为了好玩，宠信太监王振弄权，结果在土木堡之变成了北方少数民族的俘虏，差点结束了大明王朝。

代宗代兄救国，本有英主之能，但恋栈帝位，误了力挽狂澜的于谦，也害了踌躇满志的自己。

孝宗是清醒的，不像乃父宪宗那般痴爱半老万娘，也不像其子武宗淫逸于豹房，在整部明史中算是可贵的灿烂一瞬。他不论如何重任诤臣，也未能改变重臣们对权力的争斗。

治国干才王恕、丘濬为了争宠，成了权力场上骁勇的闯将。一次宴会排座次，王、丘互不相让，前者对后者属下不时打压，后者指使亲信弹劾前者……他们摆脱不了特务政治下的厄运，也将权力下的卑微现实，表现得淋漓尽致。

明朝出现过不少能臣干将、诤臣干吏，于谦、刘大夏、张居正、王阳明……他们为了国家的富强安定、百姓的安居乐业，殚精竭虑，忘食废寝，却未能改变王朝最终的不堪一击。他们在治国、经世、济民面前，是大能人，而在不可预测的帝王陛下、狐假虎威的特务面前，只能胆战心惊，小心翼翼。

朱皇帝们几乎都是把最高权力紧紧抓在自己手中，以一种强有力的专制统治政治，掌控朝局，驾驭臣下，即便胡惟庸、严嵩类聚的首辅结党营私侵凌皇权，即便刘瑾、魏忠贤之流的阉宦以立皇帝权倾朝野，即便嘉靖、万历一般的皇帝数十年躲在后宫不抛头露面，但明朝的政局还是由皇帝这个最高统治者把持着。

这是因为朱元璋立国，继承者延续，就在盘算如何以一种君王绝对专制的制度政治，构建大明王朝。

只可惜这种制度化的治国理政，仍是一种专制化人治，而非现代社会中的法治，是空前绝后的铁屋子政权。

他们用这种铁屋子，一边建设告密体系疯狂地虐杀功狗，一边强化八股取士开放地圈养干才。

在大明江山濒临悬崖险境时，亦常常避免了最后的崩塌。

上篇

洪武霸业

明教徒朱元璋原是个反明教主义者

1

2019年新版《倚天屠龙记》，如同还在播放的《新白娘子传奇》《封神演义》一样，饱受争议。原因是它们改变了经典。

何为经典？在网络、字典中稍加搜索，就不言自明了。

经典自有时间做证。

人们的争议和非议，质疑与析疑，并非仇视某人、某作品、某大奖、某热播，而是期待作品经得起时间的考验，而作为经典存在。经典的价值、绝唱的意义，不是轻易裁定和权力禁毁所能完成的。

金庸原著《倚天屠龙记》可以说是经典，自出版至今数十年，还是有不少喜欢的读者。电视剧也弄出了不少版本，如马景涛版、吴启华版、苏有朋版、邓超版以及新近的曾舜晞版。

曾舜晞版充满了小鲜肉，加入了不少玄幻的成分。前半部分有些寡淡，而后半部分有些出味。

这个味道，就是明教中人不得恋栈权位。张无忌个人的"不图名位"，强加成教中侠客的决定。

这似乎为大明王朝的创建者，不是武功盖世、恩惠武林的明教教主张无忌，而是冲锋陷阵、暗行阴谋的明军大将朱元璋，埋下了伏笔。

编剧和导演做了精心的安排。

出身元廷贵胄的赵敏郡主，跟张无忌说：你若称王称帝，只能是一个傀儡。

张无忌对朱元璋称呼很亲热：朱大哥。即便在原著中被朱元璋下药迷翻，张无忌也没加出手惩罚，因为他发现朱元璋管理的"义军纪律严明，不扰百姓，到处多颂扬朱元璋元帅、徐达大将军之声"。

大哥者，金庸另一部经典《天龙八部》中有一个著名的短语：带头大哥。那是男一号乔峰追杀的大敌，而"朱大哥"却包含了张教主对一个实际操作造反行动的手下寄予厚望。

明教在造反，在前线血拼的是朱元璋一干人等。是朱元璋带着徐达、常遇春等数十万明军，在用生命推动声势浩大的抗暴革命。

而"短命鬼"张无忌命不该绝，也很幸运，幸运地速成九阳神功、乾坤大挪移、龙爪手、七伤拳、太极拳、太极剑和圣火令一系列天下奇功，同时幸运地艳遇不断，峨眉掌门周芷若、元朝郡主赵敏、明教总教圣女小昭、天鹰教小姐殷离，都对他情有独钟。他甚至与阴险的朱九真还擦出了情感的火花。

长期视明教为魔教的名门正派，竟然感恩戴德地尊奉其为武林盟主。

这一切都是金大侠的安排。

<h1 style="text-align:center">2</h1>

新编《倚天屠龙记》饱受争议，但是，有人说改编得颇具真实。

明教，源自波斯人摩尼创建于 4 世纪的摩尼教，唐朝时由回鹘传入中土，虽然经历了唐武宗会昌禁黜，但转入地下，秘密结社，攀附佛道，图存下来。至元朝末年，蛰伏在民间的明教徒，混入弥勒教和白莲社。

元泰定二年（1325）六月，河南息州人赵丑厮、郭菩萨宣传"弥勒佛当有天下"（《元史·泰定帝纪》），号召百姓反元。元廷震怒，当即命宗正府、刑部、枢密院、御史台会同河南行省组织人马围剿。

赵丑厮、郭菩萨很快被诛杀，但是，抗暴运动并没因此结束。十二年后，又是河南人在信阳起义，首领棒胡再次宣传"弥勒降生"说，攻府焚州，屯兵造反。继而，广东增城人朱光卿、江西袁州（宜春）人周子旺揭竿而起。

他们都是打着弥勒佛的旗帜。宗教教义，确实是反元红巾军一呼万应的核心力量与精神指引。

周子旺以及后来的邹普胜、徐寿辉，都是宜春感化寺和尚彭莹玉的信徒。

彭莹玉，就是《倚天屠龙记》中的五散人之一彭和尚。

彭和尚在新版剧中的戏份，远远不及喜好斗嘴、心直口快的周颠，但在历史上，他是一个著名的抗暴英雄。不但金庸写到了他的了不起，就是梁羽生在《萍踪侠影录》中，也把他写作了朱元璋和张士诚的师父。

彭莹玉为西系红巾军的带头大哥，是他推出了徐寿辉在至正十一年创建天完政权。而东系红巾军则是在韩山童、刘福通的率领下，抗击元兵。

《元史·韩山童传》记载："初，栾城人韩山童，祖父以白莲会烧香惑众，谪徙广平永年县。至山童，倡言天下大乱，弥勒佛下生，河南及江淮愚民皆翕然信之。"韩山童抗暴未捷身先死，刘福通等推出其子韩林儿，称小明王，建立韩宋政权。

刘福通当初的设计是："山童，宋徽宗八世孙也，当帝天下。"（何乔远《名山藏》卷四十三）少不更事的韩林儿，则是宋徽宗的九世孙，于至正十五年二月，在刘福通等人拥立下，建国号宋，建元龙凤，建都亳州。当然，他只是刘福通操纵的傀儡皇帝。

而在新版《倚天屠龙记》中，朱元璋却说，是他擅自做主，拥立韩林儿为小明王，称帝号令天下。

历史上的朱元璋，确实是韩林儿的保护者，但是在刘福通死后，朱元璋才成为韩宋政权的实权人物。

当然，此时的朱元璋是信奉刘福通倡言的白莲教义的，或者说，他也是一个真实的明教徒。

虽然朱元璋在应天府称吴国公、吴王，都是按照小明王的敕令受封的，但他只是把韩林儿当作掌中物。一旦自己在将士儒臣的簇拥下，要成为新的皇帝，他索性把韩林儿弄死。

3

《倚天屠龙记》中，朱元璋也没把韩林儿当回事，只是手中挥舞的一杆令旗。一旦不需要了，就索性抹黑销毁。

所以，在新编剧中的最后一集，他给张无忌修了一把龙椅，找来了逍遥二使和五散人、殷野王，满以为张无忌会兴高采烈地坐上去做另一个韩林儿，却不料张无忌挥动屠龙刀，金碧辉煌的龙椅瞬间一刀两断。

韩林儿能耐不显，任由朱元璋废立。

张无忌武功盖世，朱元璋无可奈何。

这些虚实掩映的历史，都被新编剧的导演和编剧杂糅剧中，貌似增加了不少历史味道。然而，朱元璋的一句话，却让此剧变得扑朔迷离了。

朱元璋跪劝张无忌坐上龙椅时，说了一句话：元帝北逃，他们还要解决陈友谅、张士诚，就必须选出一个皇帝号令天下。

短短的一句话，揉进了元明之际的四大关键性史实：一、元顺帝北逃；二、陈友谅争霸；三、张士诚未死；四、韩林儿已死。

所以，朱元璋要拥立张无忌。

但是，重温历史，看看朱元璋的台词是否成立？

一、元顺帝北逃，发生在洪武元年（1368）七月。《明史·太祖本纪二》记载：是月"丙寅，克通州，元帝趋上都"。

是年正月初四，这是朱元璋恳求神明精心挑选的祀天吉日、登基佳时。这一天，朱元璋在应天府南郊祭坛，向天地献祭，即皇帝位，建国号明，建元洪武。

此时，征虏大将军徐达与副将军常遇春率领的征元大军，还在山东，并没有打到大都城下。元顺帝还在大都城的皇宫里给中书右丞相伊苏、太尉知院托和齐、中书平章政事呼琳岱、陕西行省左丞相图噜等发号施令，命他们迅速进军山东。

诸将不听使唤，元兵节节败退。

这一年闰七月下旬，明军抵达直沽，元知枢密院事卜颜帖木儿出大都迎战被明军擒杀，顺帝命淮王帖木儿不花监国，庆童为中书左丞相，准备逃亡。二十八日，被逼无奈的顺帝，才仓皇在清宁殿召见众臣及后妃与皇太子，正式宣布将逃往上都。是夜，顺帝与皇太子、后妃及一百多名大臣出奔。

这就是元帝北逃，结束了元朝在中原地区的一百年统治。

二、陈友谅死于元至正二十三年（1363）七月。

在至正二十年取代徐寿辉而建立陈汉政权的陈友谅，

是朱元璋逐鹿中原的头号劲敌。三年后，陈友谅倾巢出动，率六十万大军东征朱元璋，双方在鄱阳湖展开血拼。

一代枭雄陈友谅，中流矢而亡。

三、张士诚自尽于至正二十七年（1367）七月。

陈友谅曾与张士诚约定，东西夹击朱元璋。张士诚表面答应，却在观望。张士诚貌似不屑于二打一的"三国杀"，而要玩一对一的生死搏击。就在朱元璋与陈友谅决战时分，张士诚突然惊醒，派部将吕珍率二十万人马进攻安置小明王的红巾军老巢安丰，朱元璋不顾刘伯温的劝阻，亲自率兵救援，险致腹背受敌的灭顶之灾。

完胜陈友谅后，朱元璋论功行赏时，对刘伯温说："我不当有安丰之行，使友谅乘虚直捣应天，大事去矣。乃顿兵南昌，不亡何待。友谅亡，天下不难定也。"（《明史·太祖本纪一》）

朱元璋将张士诚定为了新的一号劲敌。

张士诚称吴王，朱元璋也称吴王。

真伪看实力，看战绩，看成败。

张士诚袭扰朱元璋，朱元璋就举兵讨伐。

至正二十六年（1366）八月，朱元璋以徐达为大将军，常遇春为副将军，率二十万精兵，集中主力消灭张士诚。第二年九月，张士诚拒降，被俘，押解应天，是夜自缢而亡。

忠于元朝的陈友定，从福建入侵浙江，准备攻击朱元璋，最终未能成功。

割据蜀中的明玉珍，带着徐寿辉的仇，不买陈友谅的账，却想同朱结盟。

狡兔三窟的方国珍，主动进贡朱元璋，却还想要两面奸，打痛了才称臣。

朱元璋深谙滚雪球原理，反元却不倾尽全力，但是对反元势力反而采取了各个击破的狠招，待到基本统一了抗暴阵营争夺割据的局面，他才在称帝前夕正式派出了声势浩大的征虏大军。此时，只有他具有绝对实力继承大元王朝在中华帝制的正朔。

四、小明王韩林儿死于至正二十六年（1366）十二月。

三年前的安丰偷袭战，张士诚差点给了正与陈汉皇帝陈友谅处于胶着状态的朱元璋致命一击。朱元璋正统兵在抗汉前线，听闻张士诚派兵进攻小明王驻跸的安丰，不顾刘伯温及诸武将集体反对，坚持回师击溃张士诚大将。陈友谅没有反应过来及时反攻，给了朱元璋腹背受敌而进退有据的最大机会。张士诚偷袭最终失利，却为朱元璋清除了一个拦路虎：韩宋政权的二号首长刘福通不敌张部大将吕珍，战死。

朱元璋取代了刘福通，成了小明王的保护者。

查继佐《明书·宋韩林儿》记载：朱元璋解决安丰之围后，"遂以宋主林儿还金陵，曰：'此楚义帝也。'诸将议于中书省设御座奉林儿，刘基从后蹴太祖所坐胡床，遂不果。寻密陈天命所在，曰：'此牧竖子，何为者？'"

楚义帝熊心，为项羽叔父项梁为了反秦所拥立的傀儡共主，后被西楚霸王项羽假惺惺地尊为义帝，暗令英布杀害。朱元璋以此比韩林儿，意思很明了，听话就是义帝，违命即行密裁。

查氏这里强调，是刘基刘伯温先生极力反对继续尊奉韩林儿为御座上的木偶。他认为这个"竖子"没有"天命"，天命只属于朱元璋。

小明王可以封朱元璋为王，却阻拦了他称帝。

唯有他的离奇死亡，是病逝，还是被朱元璋的部将廖永忠沉溺而死，各有说辞，但最终成就了朱元璋名正言顺的帝王事业。

朱元璋定天下之号为大明，貌似纪念小明王而不忘旧，其实不过是想应验韩山童造反时那句谶语："天下大乱，弥勒下生，明王出世。"（查继佐《明书·宋韩林儿》）

大明皇帝朱元璋成了刘伯温解释的"天命所在"的弥勒佛。

这与明教有关，亦与明教无关。

但与明教相关的《倚天屠龙记》，却不意新编剧临近结束，却借朱元璋的口将朱元璋逐鹿天下、称帝天下的战略思想，全部颠覆了。

历史上的朱元璋，是一个攘外必先安内的成功践行者。他是彻底解决了内部矛盾后，才正式向大元王朝发起致命的冲击。

如按剧中朱元璋的陈词，是勠力同心地抗元成功后，再同陈友谅、张士诚争夺天下，体现了他先是民族英雄，再有霸王雄心。这样的设计，朱元璋是很难获取天下的。

当然，这一切不是金庸的原著意图。金庸称：朱元璋早在谋划称帝。

一、诬陷韩林儿私通元廷，后命廖永忠将其溺死。

二、迷翻张无忌和赵敏，张无忌自救成功而悄然离去。

三、继任教主杨逍年老德薄，不是羽翼丰满、拥兵百万的朱元璋的对手。

4

当然，《倚天屠龙记》中一切，都是金大侠披着历史的外衣，玩了一次成功的虚实掩映的艺术创作，纯属虚构而不足为奇。

金庸在《倚天屠龙记》结尾说："朱元璋登基之后，反下令严禁明教，将教中曾立大功的兄弟尽加杀戮。常遇春因病早逝，徐达终于不免于难。"

常遇春与徐达，各有死法。

朱元璋严禁明教，是事实。

李善长总裁、刘伯温等参编的《大明律》卷十一《礼一》记载："凡师巫假降邪神，书符咒水，扶鸾祷圣，自号端公太保师婆，及妄称弥勒佛、白莲社、明尊教、白云宗等会，一应左道乱正之术，或隐藏图像，烧香集众，夜聚晓散，伴修善事，煽惑人民，为首者绞，为从者各杖一百，流三千里。"

"明尊教"即明教。

另据王世贞《名卿绩纪》卷三《李善长传》记载：洪武元年闰七月，朱元璋从汴梁刚回应天，李善长"请禁淫祀白莲社、明尊教、白云巫觋"。李善长们将明教视为魔教巫术。

曾经的明教徒朱元璋，对明教是心有怨恨的，故而称帝伊始，就积极反明教。

而李善长、刘伯温等儒家士大夫，有自己的礼教观念和治国理论，瞧不起装神弄鬼、反智愚民的明教。

第一帝王师，以九言策成就洪武帝

1

在 600 年前元末那个抗暴云涌、豪强并立、大帅遍地的动荡年代，谁都想称王称霸、登基问鼎。朱升的"九言策"，使起于草根、跻身造反、阴谋做大的朱元璋不当出头鸟，于韬晦中积聚力量，最终成就真正的帝王大业。

造反也是一个技术活。

天命也要有个好地基。

一代传奇人物朱升，在反映朱元璋一生的大型历史电视剧《朱元璋》中，却没有正式出场，其"九言策"也由李善长首次提出。

后来，刘伯温来了，李善长才说是自己借用了朱升的话。

李善长不想被孤高的刘伯温揪了剽窃之问题，还是巧妙地交代了原始出处。

看来，李善长也是聪明之人，懂得权谋术，也擅长平衡术，不像刘伯温那般胶柱鼓瑟，看似聪明，却太执着。

比较之下，似乎朱升与朱元璋并无交集，毫无关系。

朱升与朱元璋的相逢，得力于大将邓愈向朱元璋举荐，称朱升有诸葛孔明之能。

朱元璋闻讯后，微服前往，二顾茅庐，请回帝师。

第一顾，朱元璋"因问兵要"，朱升留下锦囊计避而不见，劝朱元璋亲临指挥："杀降不祥，惟不嗜杀人者，天下无敌，五七年为政天下，乃成数也。"（朱升《朱枫林集》卷九）朱元璋依计而行，亲率十万大军前往婺州，令"城破不许妄杀"，一举获胜。

第二顾，朱元璋亲征徽州，易服来到朱升教馆，遇到朱升。朱升针对当时的斗争形势和朱元璋"地狭粮少"的实际情况，讲出三策九字："高筑墙，广积粮，缓称王。"（《明史·朱升传》）这便是后来天下闻名的"九言策"，从战略上为朱元璋提出了创基立国的大策。

朱升，安徽休宁人，他在元末曾考中了举人，被授予池州路（相当于明清的府、今日的地级市）学正（教育局局长），管理教育有一套方法。但是，他只干了四年，就因不屑于朝廷的腐败，以及地方抗暴运动不断，慨然辞官，归隐石门。

对于他再度出山的时间，《明史·朱升传》并未做具体交代，只是说："太祖下徽州，以邓愈荐，召问时务。"

元至正十七年七月，朱元璋以邓愈为征南将军，胡大海为副将，率军一举拿下军事重镇徽州，随即命邓愈为枢密院判官守之。此后，邓愈同胡大海合兵，击溃以十万人马来犯的湖南苗帅杨完者，攻克休宁、婺源等地。

就在前一年，朱元璋挥师拿下集庆，改集庆路为应天府，顺应天意，流露出称王之意图：奉天承运。

在争霸赛的年代，称王就是做出头鸟。

在此期间，邓愈向朱元璋推荐了大学问家朱升。

朱元璋两次恭请，请来了朱升，也请到了"高筑墙，广积粮，缓称王"的发展大计。

此时，朱元璋虽得金陵，但东有粮饷最富的张士诚的降元大军（他已称王建国号周）、西有徐寿辉的天完政权（此时的陈友谅还在伺机待发）、北是元廷最干练的宰相脱脱统帅的征南大军，南边则是陈友定组织的民兵在不断征剿流寇。同时，朱元璋还必须接受刘福通操控的义军共主、韩宋政权小明王韩林儿节制。

稍有轻举妄动，都是众矢之的。

贸然易帜称王，就是树敌找打。

纵观天下形势，反元的抗暴运动已经风起云涌，刘福通利用白莲教义将元朝为黄河恢复故道所征调的十七万民夫，组织在一起，戴上了反元标识——红巾。

元朝的残暴统治，早已逼迫各地反元抗暴运动此消彼长。就在刘福通在黄河岸边，借助"石人一只眼，挑动黄河天下反"的谶语反元时，卖布出身的徐寿辉在湖北蕲水建立天完政权，做起了自封的皇帝来。他也宣传白莲教义，他也系上了红巾，很快占领了长江中游，挺进江南，横扫蒙古势力。

浙江台州方国珍、江苏高邮张士诚，有很多相同点，都是盐贩子起家，都是反元后投降，都是降元后做了割据王。

而朱元璋的故主郭子兴，于至正十二年在濠州聚众反元，后依附反元旗手刘福通辅佐的韩宋政权。郭子兴病逝后，其子郭天叙继任都元帅，结果被副手朱元璋阴谋杀害，取而代之。朱元璋继承了这一支军队，做大做强，但在豪强环侍下，不得不寻求新的发展机会。

他在反元的大旗下开起了小差，把目光锁住了包括主子小明王在内的各路反王。

所以，对建国称帝有着热烈渴望的朱元璋，急需一条貌似韬晦、实则狠毒的帝王术。

于是，朱升的九字策，以退为进，暗蓄势力，一直影响了朱元璋，彻底消灭陈友谅后，才由小明王封的吴国公改称吴王。这已是朱元璋接受朱升献策的七年后的事情了。

而天完政权持续十年，1360 年，大将陈友谅杀了徐寿辉皇帝，另建了陈汉政权，成了比徐寿辉最少强十倍的劲旅。结果与积蓄力量的朱元璋争雄，死于鄱阳湖之战。当然，若不是朱元璋取得了最后的胜利，陈友谅说不定成了大事。那样的话，历史也会留给他大书特书的传奇手笔。

即便若干年后，李善长等力劝朱元璋称帝时，朱元璋还说：中原未平，军旅未息。当初朱升来见我，教天下大计：高筑墙，广积粮，缓称王。我经常念及此三语，时刻不敢忘。你们不要太急了，此事关系极大，尔等须一一酌礼仪而行，不可草草。

足见，朱升出山，献计献策，对朱元璋影响甚远。他也备受朱元璋器重，助其克饶州，下处州，捣江州。

尤其在鄱阳大战中，知彼知己，以先发火器、次发弓弩、再短兵击之等计，大败陈友谅，创造了以少胜多的范例。只是人们热衷于李善长与朱元璋争权、刘伯温神机妙算，而忽略了这个最为朱元璋信任的杰出人物。

刘伯温等浙东四贤的出山，并非电视剧渲染的李善长献计，而是此次"二朱会"朱升的推荐。

当时，朱元璋喜出望外，又问："处州密迩，可伐钦？"（《朱枫林集》卷九附录）

朱升主张攻取处州："处州有刘基、叶琛、章溢，皆王佐才，难致麾下，必取处州，然后可得。"

浙东四贤，才学超群，端赖朱升的举荐。

朱升心思也狠，欲罗其才，先克其地，断了他们死忠或孤傲或摇摆的后路。

2

群雄逐鹿、阴谋上位的朱元璋，不是不想立马做君临天下的皇帝，而是他害怕急着称帝，会成为刘福通、陈友谅、张士诚等诸路反王和还在冲锋陷阵、竭力抵抗的蒙古势力群起攻之的靶子。

朱元璋在诸路反王中，打着武装反元的旗号，干着排除异己的勾当。

尔虞我诈，相互倾轧。

陈友谅早已看出后来居上的朱元璋不甘人后的勃勃野心，率先发起挑战。

1363 年，陈友谅率六十万大军东征。朱元璋与陈友谅在鄱阳湖血战。

泾江口一战，朱元璋冒着雨点般的流矢，坐胡床指挥伏兵截杀。朱升见之，急忙将他推入船舱，他刚离开，流矢已中胡床板矣。

朱升对朱元璋不仅有献策之情，更有救命之恩。

陈友谅却在此战中，从船舱中探头观战，身边却没有朱升这样的忠臣撞了主子一下腰。飞箭射来，贯穿头颅，陈汉政权的开国领袖，一命呜呼。

陈友谅死了。

朱元璋逆袭路上，少了一只可怕的拦路虎。他一直恐惧陈友谅与张士诚联合，对他东西夹击。

又两年，张士诚攻击韩宋集团。韩宋主要创始人和实际领导人刘福通，被张士诚的野战军主要大将吕珍杀死。

小皇帝韩林儿开始了流亡。朱元璋成了韩宋政权的保护人。

朱元璋鼓起复仇的战旗，全力攻击盛极而衰的张士诚。大将军徐达，副将军常遇春，慷慨受命，率领二十万精兵，去完成彻底消灭张士诚的政治任务。

大业将定，朱元璋则在应天百官的推搡下，做了吴王。朱升获授侍讲学士，知制诰，同修国史。

称王修国史，称帝迟早事。

电视剧《朱元璋》把朱升为朱元璋讲课的任务，交给了李善长，严重忽略了朱升的帝王师地位。

朱元璋派人声势浩大地迎请韩林儿，迁都到自己控制的应天，却在中途将其溺死在威武的龙舟之下，然后，自己光明正大地在应天府登基称帝，建元洪武。

大明王朝拉开了序幕，朱升首任翰林学士，"定宗庙时享斋戒之礼"（《明史·朱升传》）。足见，朱元璋对这个首席顾问很是看重。

明初制定仪礼、作乐、国史、女诫、征伐之仪，皆朱升为之。

朱升不仅同诸儒为朱元璋修订了防止"内嬖惑人"、干预朝政的《女诫》，还为朱元璋撰写了颁赐李善长、徐达、常遇春、李文忠、邓愈、刘基等功臣的诰书，"时称典核"。

朱元璋称朱升为人老实，是耆哲之英杰。

坊间传闻，朱元璋赞誉朱升为"国朝谋略无双士，翰林文章第一家"，此中有不实。这美评，原文是"国朝谋略无双士，翰苑文章第一家"，是朱皇帝送给另一位翰林学士陶安的一副对联。

陶安归附较早，仅比李善长晚来几个月，而且都是主动来归。朱元璋称吴王之初，建置翰林院，第一件事就是召陶安为学士，命其做议定礼制的总裁官，和李善长、刘伯温等删定律令。朱元璋改元洪武后，陶安"事帝十余岁，视诸儒最旧。及官侍从，宠愈渥。御制门帖子赐之曰：'国朝谋略无双士，翰苑文章第一家'"(《明史·陶安传》)。陶安死得早，于洪武元年九月病逝，朱元璋亲为祭文，追封姑孰郡公。

对于明太祖朱元璋而言，朱升虽不如陶安那般归附早且很自觉，也不似总管政务事无巨细的李善长长于行，更非运筹帷幄决胜千里的刘伯温敏于言，但他仅凭"九言策"就是朱元璋当之无愧的第一谋士。

朱元璋对朱升的尊重和礼遇，丝毫不逊于陶安、李善长、刘伯温之辈。只可惜，《明史》对于朱升的撰述，字数很少，不及李善长、刘伯温的十分之一。

朱升因时局动乱而"弃官隐石门"(《明史·朱升传》)，但不论多乱，他"数避兵逋窜，卒未尝一日废学"，"至老不倦"。他尤擅经学，著有《易》《书》《诗》《仪礼》《礼记》《论语》《孟子》等旁注、辑正、补正，计二十四部，传世的有《前图》二卷、《枫林集》十卷，《四库总目》另有前图二卷，传于世。他"所作诸经旁注，辞约义精。学者称枫林先生"。

朱元璋开国便想到了杜绝后妃预政的前朝弊政，命朱升带队编写限制母后专制的条文《女诫》："后妃虽母仪天下，然不可俾预政事。至于嫔嫱之属，不过备职事，侍巾栉；恩宠或过，则骄恣犯分，上下失序。历代宫闱，政由内出，鲜不为祸。惟明主能察于未然，下此多为所惑。卿等其纂女诫及古贤妃事可为法者，使后世子孙知所持守。"（《明史·后妃传》）

朱升为朱皇帝在后宫制度建设上，再立新功。

洪武二年（1369），七十一岁的朱升意识到朱元璋，终究是踩着一连串尸首走上金字塔的绝世枭雄，一定会对大将功臣有一次大清洗，故以年迈和"祭扫祖茔"为由告老还乡，辞官隐居。朱元璋感念他的功绩，意欲重封，但朱升执意退隐，翌年病逝。

识时务，不仅在为了荣华富贵，就是狭缝苟活也要争取。

活法的形式不同。

人生结果终一样。

洪武三年十一月，朱元璋大封功臣，朱升与爵位无缘。

朱元璋虽给了刘伯温一个诚意伯，也是在封李善长为公爵之后第十九天。但是，四年后，刘伯温终没逃脱死于非命的厄运，死在李善长被灭门的十五年前。

即便官拜丞相、爵封韩国公的李善长，是何等的位高权重、位极人臣、煊赫当时，到头来还是落个谋逆罪，株连全家七十余口不说，就连与之往来的一大批悍将勋臣也没逃过劫难。

朱升早早离去，于洪武三年寿终正寝。其独子朱同，在乃父死后重返朝廷，受朱元璋看重，入侍皇太子朱标左右，官至礼部右侍郎，但在洪武十八年被赐自缢。

朱同之死，传闻与蓝玉案有牵连。

其实不然。

洪武十八年，蓝玉还是朱元璋非常倚重的统兵大将，不但有女儿嫁给朱元璋的第十一子朱椿而做了皇帝的亲家，且连建巨功获命总管军事出任大将军，且在洪武二十一年率王师十五万攻元取得捕鱼儿海大捷，受封凉国公。

蓝玉案发，则在洪武二十六年，被朱元璋安排锦衣卫指挥蒋瓛编织了一个谋反大罪，将欲望膨胀、威胁皇权的蓝玉一干人等一网打尽。

朱同则在八年前已被处决，当时的蓝玉圣眷正隆，不可能提前有人被作为他的私党被诛杀。

而在洪武十八年三月，明王朝确实发生了一件大案，即御史余敏、丁廷举告发户部侍郎郭桓利用职权，勾结北平承宣布政使司李彧、提刑按察使司赵全德等吞盗官粮两千四百万担，酿成了一桩震惊朝野的贪墨案。审刑司吴庸奉命拷讯，将案件扩大化打击，牵涉原礼部尚书赵瑁、刑部尚书王惠迪、兵部侍郎王志、工部侍郎麦至德等。

《明史·刑法志二》记载：洪武"帝疑北平二司官吏李彧、赵全德等与桓为权利，自六部左右侍郎以下皆死，赃七百万，词连直省诸官吏，系死者数万人。"赵瑁当时已改迁吏部，却因礼部事，被诛杀。礼部右侍郎朱同也被牵连涉案，在劫难逃。

吴庸将打击扩大化，是得到了朱元璋的指示的。

就这样，郭桓案株连甚广，涉及无辜，竟让朱元璋不得不推出替罪羊吴庸等处以极刑而求平息。但此案作为洪武四大案（其他三案为十三年之胡惟庸案、十五年之空印案、二十六年之蓝玉案）之一，载入史册，作为朱元璋血腥嗜杀的斑斑劣迹。

朱元璋给了朱同一个全尸，也算是对付了其父朱升曾对自己的救命之恩、定鼎之献。

3

当然，朱元璋在朱升死后掀起的大屠杀，有一事还是应该澄清。

民间传说，朱元璋做皇帝后，花大价钱在应天建了一座金碧辉煌的功臣楼。看来他要学唐初的李世民，建造大明王朝凌烟阁。但是，建成之时，朱元璋办一场酒会，趁着功臣们喝得天花乱坠时，一把火烧了功臣楼。

火烧庆功楼的残酷杀戮。这是后世妖魔化朱元璋的一种说辞。究竟是民间的编排，还是清朝的诋毁，各有说辞，毕竟朱元璋掀起的腥风血雨是极其恐怖的。

朱元璋称帝后，为了集中和强化皇权，制造了一系列惨绝人寰的屠杀事件，著名的有胡惟庸案和蓝玉案，牵连甚广，但是并没有一个功臣是在所谓的功臣楼里被烧死、屠杀的。

功臣被杀，有功高震主的一面，但主要原因还是起于草莽的朱元璋害怕功臣们侵害自己的皇权，影响到朱明天下的世袭罔替。

所以，朱元璋在全面掌握政权后，对绝大多数功臣展开了大屠杀。如，他曾与能干的丞相胡惟庸有过蜜月期，但忌讳胡惟庸擅权，于是命人告发胡惟庸谋反，勾结东洋倭寇，意图办酒会杀害朱元璋。

胡惟庸被磔杀，诛灭三族。

十年后，朱元璋又将胡惟庸案扩大化，将包括大明首任丞相、特进太师李善长一家在内的两万人，一同处决。他还为此撰写了一本《奸党录》，颁示天下。

三年后，朱元璋又把屠杀对准了功劳巨大的大将蓝玉，为之罗织谋逆大罪，将其磔杀，牵连一万五千余人。朱元璋再次编撰一本《逆臣录》，显示自己屠杀有理。

朱元璋杀人，骄兵悍将必杀，儒臣见忌也要杀。

他曾尊为圣人的宋濂，因孙儿牵连胡惟庸案，被贬谪而死。

智囊刘伯温，虽有神机妙算之名，却不知是死于胡惟庸的借旨下毒，还是朱元璋的借刀杀人。

徐达，朱元璋最得力的武将，缔结了三重姻亲，以大将军兼右丞相，爵封魏国公。他因长期征战，为朱元璋打下了辽阔的疆域，却患了毒疽，最忌鹅肉。有传闻朱元璋在他毒疽刚愈之时，派太监送去了一只烧鹅，传旨赐食，太监监吃，结果当夜毒发暴卒。

　　唯独没事者，除了儒臣陶安和朱升外，武将序列只有英年早逝的常遇春和荒淫躲灾的汤和。汤和养妾上百人，超过了朱元璋的后妃，成功得以寿终正寝。

　　常遇春是死得早，死在工作岗位上。

　　陶安寿终正寝，也算是以身殉职。

　　唯有朱升，既审时度势倾授帝王术，亦功成身退优游山林中。

丞相李善长，辞职最早，死得最惨

1

有人说刘伯温谋略比李善长高，为何朱元璋对李善长的封赏，却比刘伯温大得多？

李氏爵封国公，排名第一，岁禄四千石。

刘公封诚意伯，位在三等，岁禄二百四十石。

就是授职上，李善长乃开国辅运推诚守正文臣、特进光禄大夫、左柱国、太师、中书左丞相，而刘伯温则是开国翊运守正文臣、资善大夫、上护军、弘文馆学士，更是区别自见。

都是爵爷，都是文臣，都是大夫，为何区别很明显？

第一国公与三等伯爵，待遇和俸禄区别，自不待言。

就是那一长串授职，也值得好好比较一番。

开国辅运推诚守正文臣与开国翊运守正文臣，都是明初朱皇上赐予功臣的封号，不是随便给的。《大明会典》卷六曰：洪武"二十六年定，凡功臣封号，如开国辅运守正文臣之类，非特奉圣旨不与"。但李善长所得"推诚"二字，不免有推心置腹之意。

在朱元璋的心里，刘伯温为股肱，而李善长则是腹心。

在朱元璋的心里，刘伯温有能力，但李善长更为厚道。

特进光禄大夫，这是正一品文武官被升授获得的，如文官李善长、武将徐达。刘伯温所得资善大夫，则是明初给正二品文散官初授之阶。特进，即功勋卓著经皇帝特命而进封者，在皇帝心中位置最重要。

左柱国，为明朝的极品勋爵，洪武三年唯李善长、徐达获得。朱元璋为了表示最大的感谢，还将他们一个进位太师、中书左丞相（李善长），一个加封太傅、中书右丞相（徐达），位列三公，职守宰辅。即便以功劳最著、关系最亲的皇帝外甥兼养子李文忠，也只是以特进荣禄大夫，受封右柱国。朱元璋尚未称帝前，就立下规矩，改变元朝尚右旧制，以左为上："吴元年命百官礼仪俱尚左。"（《明史·职官志一》）上护军，虽为唐初沿袭北周、前隋旧制，给上将军、大将军加的勋官殊荣，但至明初，还是给正二品官员的恩赏。

大夫，为明朝给文官的散阶。柱国、护军，则是为武官的加勋。

《明史·职官志一》有云："文之散阶四十有二，以历考为差。正一品，初授特进荣禄大夫，升授特进光禄大夫。从一品，初授荣禄大夫，升授光禄大夫。正二品，初授资善大夫，升授资政大夫。""凡武官六品，其勋十有二。正一品，左、右柱国。从一品，柱国。正二品，上护军。"

李善长为正一品。刘伯温为正二品。

官大一级压死人。

论官阶，李善长比刘伯温大了两级。

拼爵次，李善长比刘伯温高了二等。

汉初有三杰，明初亦有三杰。若把神机妙算的刘伯温比作运筹帷幄的张良，那么李善长的历史作用丝毫不逊于萧何。

但是，汉初刘邦分封萧何、张良，虽在职位上有区别，但都封爵为侯。

而朱元璋在洪武三年十一月大封功臣时，第一个进封李善长为韩国公，排名第一。

朱元璋旗帜鲜明地说："善长虽无汗马劳，然事朕久，给军食，功甚大，宜进封大国。"（《明史·李善长传》）

想必是兼任皇家教师的李善长，为朱元璋经筵讲史时，认真讲了一次《史记·萧相国世家》，其中有云："汉五年，既杀项羽，定天下，论功行封。群臣争功，岁余功不决。高祖以萧何功最盛，封为酂侯，所食邑多。功臣皆曰：'臣等身被坚执锐，多者百馀战，少者数十合，攻城略地，大小各有差。今萧何未尝有汗马之劳，徒持文墨议论，不战，顾反居臣等上，何也?'高帝曰：'诸君知猎乎?'曰：'知之。''知猎狗乎?'曰：'知之。'高帝曰：'夫猎，追杀兽兔者狗也，而发踪指示兽处者人也。今诸君徒能得走兽耳，功狗也。至如萧何，发踪指示，功人也。且诸君独以身随我，多者两三人。今萧何举宗数十人皆随我，功不可忘也。'群臣皆莫敢言。"

李善长应该是绘声绘色地给好学的朱元璋，讲清了"功狗"同"功人"的区别。

人狗殊途，封赏迥异。

李善长着实有萧何般的镇守国家、安抚百姓、筹备军需、供给粮饷的功劳。

这一切，都被朱元璋听到心里了。

萧何获得食邑多少，《史记》未载明了，只是说"最多"，但刘邦却给张良做了具体的安排："自择齐三万户。"（《史记·留侯世家》）

按张良所得巨丰，萧何的"最多"，也未必多到哪里去。

虽然，朱元璋经常把刘伯温喊作自己的"子房"（张良字，《明史·刘基传》）然而，李善长却与刘伯温的差异悬殊，绝不是两个等级所决定的。

李善长平均到月的，要比刘伯温一年的还多近百石。

这就是区别，这就是地位，这就是权力。

2

李善长虽比不上刘伯温的谋略，但是他肩比萧何，使起于草根的朱元璋成就了刘邦一般的霸业，肇启大明王朝。

一、李善长要比刘伯温归附早，而且是主动投效。1353 年，朱元璋攻打滁州，李善长来投效，以刘邦做喻，虚怀若谷，知人善任，成就帝业。他的学问虽然比不了后来的宋濂、刘伯温，但他归来伊始，就给年轻的主子讲帝王历史，讲儒家礼仪，讲治平之术，讲徐达等一干战将讲不出的、又是朱元璋自谋出路而急需的阴谋和阳谋。此后，李善长出谋划策，参与决策，总理后勤。可以说，朱元璋是他一路引导、始终襄助，而成就大明帝业的。七年后，朱元璋占领应天，才请来刘伯温。

二、刘伯温归附，担任朱元璋的首席军事参谋，参与军机八年，筹划全局，设计除掉强敌陈友谅，制定灭元方略。此时的李善长主管政务和粮草军资，稳定地方，发展生产。虽然此时在攻伐献计上，李善长要让位于刘伯温，但是，作战打的是补给，打的是后勤，没有李善长游刃有余的调度补充，朱元璋和刘伯温在前方运筹帷幄也只是无米之炊。正是因为李善长给了朱元璋一个稳定的后方、丰实的军需，才有了朱元璋逐一灭掉陈友谅、张士诚等一系列抗暴领袖的坚强后盾。

三、性格使然，李善长积极谋划，突出自己，顺应朱元璋，而刘伯温标榜高格，孤立自己，疏离朱元璋。李善长热衷权谋，刘伯温故弄玄虚，这使朱元璋在论功刑赏和使用人才时，故意抬李抑刘，合理利用，又使之相互掣肘。虽然朱元璋高度评价刘伯温才气弘博、气度刚正、远见卓识，"议论之顷，驰骋乎千古；扰攘之际，控御乎一方"（《明史·刘基传》）；但是，对于李善长，他认为"李善长来谒军门，倾心协谋，一齐渡过大江，定居南京。

一二年间，练兵数十万，东征西伐，善长留守国中，转运粮储，供给器械，从未缺乏。又治理后方，和睦军民，使上下相安。这是上天将此人授朕。他的功劳，朕独知之，其他人未必尽知。当年萧何有馈饷之功，千载之下，人人传颂，与善长相比，萧何未必过也！"

朱元璋认为，李善长远远强过了萧何。

3

在朱元璋加封的开国六大国公中，李"善长位第一"，统兵征战的徐达次之。而与李善长一样为朱皇帝造反称帝出谋划策、运筹帷幄且决胜千里的刘伯温，只得了一个诚意伯、御史中丞。

李善长与刘伯温相比，确实不一样。李善长虽不是进士出身，也非元朝官员，更没有刘伯温那么多神机妙算，但他也有不少真本事。他"少读书有智计，习法家言，策事多中"（《明史·李善长传》）。

尤其他自荐追随朱元璋以来，"为参谋，预机画，主馈饷"，被朱元璋甚是亲信。郭子兴曾夺朱元璋兵权，盛情邀请李善长入幕，委以重任，赏予厚利，李善长都是委婉拒绝，而不像电视剧《朱元璋》中，度势攀高，不但做了郭子兴的合作者，还接受了郭天叙的性贿赂。

剧中的朱元璋，因爱生恨，记下了李善长良禽择木的一笔。而在史书中，朱元璋对于李善长的坚定忠诚，甚为感激，深而倚重。

朱元璋无论是做兴国翼大元帅、江南行中书省平章，还是称吴王、做皇帝，都是以李善长为秘书长、幕僚长、文官首臣，参决军政要务，制定赏罚章程。

李善长"明习故事，裁决如流，又娴于辞命"（《明史·李善长传》），成了朱元璋最为倚信的重臣。他为朱元璋的前线军马筹集粮草、兵饷，源源不断，在后方总理日常事务、制定典章赋税，都是一把好手。

故有人认为李善长之功，既有萧何之能，也有张良之才。

朱元璋初拜李善长为右相国，改定官制，以左为上，则迁为左相，率先封为国公。

李善长曾斟酌元制、去其弊端后，请求专卖两淮之盐，设立茶法，对加强百废待兴的明初财政，很有实效。他还逐步恢复制钱法，开矿冶铁，制定鱼税，国家财富日益增长，百姓也不再贫困。

朱元璋称帝后，登基大典，册立后妃太子诸王，均由李善长为大礼使，并请其出任太子少师，领衔充任皇太子的东宫官属。

朱元璋亲征，李善长留守，"一切听便宜行事"（《明史·李善长传》）。

朱元璋"定天下岳渎神祇封号，封建诸王，爵赏功臣，事无巨细，悉委善长与诸儒臣谋议行之"。

无疑，李善长作为内阁总理大臣，深得朱皇帝的高度重用。

4

朱元璋成了天下的主子，李善长做了真正的宰相。

中书参政知事杨宪，伙同凌说、高见贤、夏煜等大臣，对朱元璋说：李善长并无宰相之才。

言下之意，李善长做不得宰相。

朱元璋说："善长虽无宰相才，与我同里，我自起兵，事我涉历艰难，勤劳簿书，功亦多矣。我既为家主，善长当相我，盖用勋旧也，今后勿言。"（刘辰《国初事迹》）

朱元璋明白来自浙东的杨宪，在组织舆论攻击淮西勋贵集团头号人物李善长，寄望将其排挤出局，取而代之。朱元璋对杨宪的阴谋设了防，但又在处心积虑地利用他掣肘李善长。

因为，李善长手中的相权，已同皇权发生了严重的博弈、冲突。

朱元璋最想利用比杨宪资格更老、功劳更大的浙东大贤刘伯温，能够挺身而出，制衡李善长以及后来的胡惟庸，但是未果。刘先生既想做一个孤臣，又要做一个隐士，他力挺李善长却贬抑杨宪、胡惟庸，使朱皇上进退失据，导致了自己的突然暴卒。

李善长外表宽和，而内心忮刻，日益自专，只要有人稍微冒犯他的权威，就定罪贬黜。掌管御史台的刘伯温曾经依法力争，但李善长位高权重，盛气凌人，逼得刘伯温惶惶不可终日，于是早早地谋划主动出局的归路。

这些，大权力控朱元璋洞察入微，尚待发酵。

洪武四年，也就是刘伯温辞职后的第三年，李善长迫于压力，称病辞职。

最尊重的人，往往是最顾忌的人。李善长的请辞，让朱元璋在行使权力上，不再瞻顾李相国的脸色和情面。

朱元璋甚是慷慨，命其至自己的发迹之地濠州养老，并赐予临濠地若干顷，设置守坟户一百五十家，赐给佃户一千五百家、仪仗士二十家。第二年，李善长病愈，朱元璋便命他负责修建临濠宫殿，将江南富民十四万迁徙濠州耕种，由他管理。朱皇帝的锦衣卫，也责无旁贷地渗透进了濠州的每一角落，对李善长的严密监控，自是不留死角。

朱元璋赐大量土地、冢户、佃户、仪仗士，擢升李善长弟弟李存义为太仆丞，封其几个侄儿做官，还把嫡长女临安公主嫁给李善长的儿子李祺，封为驸马都尉，要公主在李家严守妇道，孝敬公婆。

李善长不但得了几份丹书铁券，还做了至尊的皇亲国戚。

李善长辞职，朱元璋将原元帅府的令史汪广洋和李善长举荐的胡惟庸擢升为右相。汪广洋鉴于朱元璋与李善长的矛盾，事事请示皇帝，但能力有限，不久被后起之秀胡惟庸与老奸巨猾的李善长联手弄走。汪广洋看似对李、胡敬而远之，但着实能耐不济，不是对手。

汪广洋曾在李善长还未辞职、却作病休时，就出任中书左丞。右丞杨宪独断专行、擅权行事，汪广洋则阳奉阴违，惨遭弹劾，遣还老家。杨宪太狂妄，被诛，汪广洋被召回，还在朱皇帝大封群臣时，受封忠勤伯，排在刘伯温前。朱元璋还说，汪广洋善理繁杂事务，常献忠诚计策，堪比张子房、诸葛亮。

汪广洋能够得到重赏嘉评，主要是听朱皇上的话，算不上真正的智囊。果不其然，很快，汪广洋因毫无建树、缺乏智慧，被胡惟庸与李善长联手，内外使力，而被贬谪广东。

胡惟庸成了中书省的独立丞相。几年后，朱元璋为了防止胡惟庸做大，被李善长遥控，于是将汪广洋召回，履职左御史大夫。

这回，汪广洋要回报主子的再造之恩了。

就是李善长成为皇帝亲家的一个月后，他拉着副手、御史大夫陈宁，弹劾李善长父子对皇上的大不敬。

离职不离京的李善长，貌似恃功而骄，或是恃宠而骄，对皇帝也不关心了，就连皇帝大病十天不视朝这样的大事件也不闻不问。就连其子做了皇家驸马，也是皇帝宣进宫问安也不认错。他们似乎认为朱元璋给予李家最隆重、最高规的恩赏，是在讨好李善长，故不仅不收敛，反而更加骄纵。

汪广洋不失时机地上书打压前丞相："善长狃宠自恣，

陛下病不视朝几及旬，不问候。驸马都尉祺六日不朝，宣至殿前，又不引罪，大不敬。"(《明史·李善长传》)

李家父子如此对待朱元璋，朱元璋心里自然不舒服，一次性削减他一千八百石岁禄。李善长的岁禄，由最初的四千石，降为二千二百石，几乎减了一半。

汪广洋的一纸劾章，竟能将皇帝的亲家、长公主的公公的岁禄，削除一半，若没有朱元璋的特别授意和参与其中，是实现不了的。

朱元璋不希望李善长掌控中书省，但又不希望他闲着，离开自己的视线。于是，六十三岁的李善长重新出山，和朱元璋的外甥兼养子、曹国公李文忠主管中书省、大都督、府御史台，同议军国大政，但没有实际职务。

善长虽老，做事仍有作为，帮忙打理御史台，很快见成效。

朱元璋为防止李善长与胡惟庸结为政治同盟，又将汪广洋由御史台调任中书省，复职右丞相，掣肘胡惟庸。

胡惟庸是李善长带出来顶上去的，很有能力，也善于隐瞒，擅长玩动作，让朱元璋很恼火。而且，胡首相和李首相，关系很不一般，两家也是姻亲，李的侄儿是胡的侄女婿，两人经常往来，让朱元璋心中的自卑感再次狂热起来。

一旦发现蛛丝马迹，朱元璋便无穷放大，想方设法地往谋逆大罪上进行精心设计。

明律对大恶之罪，规定有十条："曰谋反，曰谋大逆，

曰谋叛，曰恶逆，曰不道，曰大不敬，曰不孝，曰不睦，
曰不义，曰内乱。虽常赦不原。"（《明史·刑法志一》）

朱元璋还未正式称帝的吴元年十月，时任左丞相李
善长作为律令总裁官，带着杨宪、刘伯温、陶安等二十多
人，弄成了朱家天下的刑法草案，后来几经修订，修成了
峻严的《大明律》。

最厉害的话语权，始终掌握在朱皇帝的手中。

5

洪武十三年正月，朱元璋迅速以谋反罪敲掉胡惟庸。

几年后，有人告发，李善长的弟弟、胡惟庸的姻亲
李存义父子，都是胡党。

朱元璋大范围打击胡党人士，但因李善长的关系就
免李存义父子死罪，幽禁在崇明岛。

李善长也不谢恩，反而找汤和要了三百兵士，给自
己扩建私人府邸。

这本来是小事，汤和胆小，朱元璋没发作，但记住
了这一笔账。

不久，京城有一批罪犯被判流放戍边，李善长几次
出面请免掉一个叫丁斌的。朱元璋本来对李善长就有不少
猜忌和恼怒，于是抓来丁斌审查，丁斌重提李存义与胡惟
庸的勾结之事。朱元璋重新把李存义下狱，李存义咬出李
善长和胡惟庸谋反有牵连。

李存义的供词说："惟庸有反谋，使存义阴说善长。善长惊叱曰：'尔言何为者！审尔，九族皆灭！'已，又使善长故人杨文裕说之云：'事成当以淮西地封为王。'善长惊不许，然颇心动。惟庸乃自往说善长，犹不许。居久之，惟庸复遣存义进说，善长叹曰：'吾老矣。吾死，汝等自为之！'"（《明史·李善长传》）

当初李善长见朱元璋，是不请自来，终换得首任相国、第一国公和大国封赏。

现如今，胡惟庸四请李善长助力，不许礼则言辞痛斥老弟的不懂事，许封藩则心旌摇曳，始终有所保留，但不声张。

此状一呈，看来李善长这个开国元勋、皇亲国戚，对于胡惟庸意欲谋反是一清二楚的，但不报告给亲家皇帝，甚至有利可图封个一字并肩王，说不定李善长也会干。

不忠不义，理应当诛。

李存义继续说：蓝玉大将军统兵出塞，征战北元至捕鱼儿海，曾抓获胡惟庸私通北元使者封绩，这是李善长知道的。但是，老李隐匿不报。

火上浇油，加速了祸事的爆发。

李善长压住通敌信不报，暗放外敌使者封绩。

胡惟庸不仅结党谋反，还里通外国，这是天理不容、罪不可赦。

有了这一出，坐实了李善长早知、隐瞒和放任胡惟庸谋反。

不论是真是假，弟弟状告哥哥纵容、隐匿胡惟庸谋反、私通外敌，同时被蓝玉等边关大将直接效忠，危及社稷江山，朱元璋对李善长唯有痛下杀手。

像朱元璋这样疯狂的嗜权者，本身存在孤独的自卑心理，不免要以嗜杀来填补性格缺陷。他不但要诛杀，而且喜欢株连，将自己疑虑、忧患的假想敌，哪怕是捕风捉影、道听途说、谣传诽谤的细枝末节，都要展开千姿百态的虐杀。

即便是儿女亲家、骨肉亲情，都不容许存在任何威胁。

朱元璋立马下旨，将李善长及其妻女、弟侄家口，共七十余人，一并诛杀。谋逆大罪之下，怎还理会你李善长有多大的勋劳、是多亲的国戚、享多高的殊荣。即便你有免死的铁券丹书，也是废铁一块。

朱元璋曾经最倚重、最敬重、最礼遇的李善长，死于非命，当然死于说不尽的政治阴谋。

只有李善长的长子李祺和临安公主，被逐出京城，远徙江浦，没过多久病逝。李祺二子李芳、李茂，朱元璋的亲外孙，因公主之故，得到恩免，没有被杀，后来分别做了留守中卫指挥、旗手卫镇抚，算是保住了李善长的香火。但他们被取消了袭爵韩国公的权利。

李善长被处死的第二年，即洪武二十四年，虞部郎中王国用鸣冤："李善长与陛下同心，出万死以取天下，勋臣第一，生封公，死封王，男尚公主，亲戚拜官，人臣之分极矣。藉令欲自图不轨，尚未可知，而今谓其欲佐胡惟庸者，则大谬不然。"（《明史·李善长传》）

李善长辅佐朱元璋，位极人臣，而辅佐胡惟庸哪怕是成功，也"不过勋臣第一而已矣！"王国用认为李善长绝不会为了重复第一勋臣的位置，铤而走险。

一个五品小官直言，认为李善长是忠于朱元璋的，无论从官爵待遇上，还是从骨肉关系上，他都没有必要为了成败难测的胡惟庸画饼去赌命。所以，他希望朱元璋以妄杀李善长，作为一种殷鉴。

朱皇帝哑口无言，雪藏了王郎中。《明史·李善长传》称"太祖得书，竟亦不罪也"。但是，王国用的政治人生，却戛然而止，不知所踪。

只是王国用大胆一书，也使得这个小人物，在史上留下了灿烂一瞬。

朱元璋自知处死李善长，是以莫须有的罪名。但是，他要做掉李善长，应该说是由来已久，虽一直隐而不发，甚至经常恩赏重用，但他启用对抗李善长的汪广洋、杨宪，以及他在一段时间内静待李善长举荐的胡惟庸继续专权，未必不是要坐实李善长不可饶恕、不予人口实的罪行。

当然，李善长之死，也是富贵至极而忘乎所以。《明史·李善长传》说："剖符开国，列爵上公，乃至富极贵溢，于衰暮之年自取覆灭。"

至李善长被处死，朱元璋的四大丞相都已毙命。野史说徐达死于朱元璋恩赏的烧鹅，而汪广洋、胡惟庸和李善长都是死于朱元璋的明令之下，写进了正史，朱元璋也不怕人说。早在洪武十三年胡惟庸被诛杀，朱元璋随即撤除中书省，彻底结束了中国的宰相制度。

而朱元璋的大清洗，并没有因为李善长的死而终结。仅有李案带发的，有吉安侯陆仲亨、延安侯唐胜宗、平凉侯费聚、南雄侯赵庸、荥阳侯郑遇春、宜春侯黄彬、河南侯陆聚等，都同时受胡惟庸牵连而死。此外，被牵连的还有已故的营阳侯杨璟、济宁侯顾时等若干人。

朱元璋屠杀胡惟庸尤其是李善长，以及帮自己打天下的悍将们，也是为了后继之君坐稳朱明江山考虑。他的太子朱标是一个儒家理想主义者，即便继位也掌控不了淮西集团那帮元勋大佬、骄兵悍将。

他口称要留骂名自己担着，但也担心天下骂他大肆屠杀功臣，故亲自下诏罗列他们的罪状，加在狱辞里面，纂成《昭示奸党三录》，印发多册，布告天下。

朱元璋忌惮胡惟庸是真，防患李善长也是真，不喜欢王国用也是真。

孰忠孰奸，都是一种政治需要。

朱元璋并非真爱神机妙算的刘伯温

1

世人都知道刘伯温了不起，能掐会算，运筹帷幄，而制胜千里之外。

他是诸葛亮再世。

《明史·刘基传》说："西蜀赵天泽论江左人物，首称基，以为诸葛孔明俦也。"

他给朱元璋当军师，出谋划策，接连大败陈友谅、张士诚和很强大的元军，居功厥伟。计谋归计谋，若非徐达、常遇春、汤和一干人等赳赳武夫，浴血战场，攻城略地，刘伯温再神机妙算，也只能躲在青田看日出。

至于那传得神乎其神的一纸《烧饼歌》，把刘伯温吹得比神仙还神，深谙奇门遁甲、撒豆成兵。

民间流传："三分天下诸葛亮，一统江山刘伯温；前节军事诸葛亮，后世军事刘伯温。"

究竟是否出自刘伯温之手，都是一个关于哥的传说。

都是高度智慧之人，诸葛亮只能保护着刘家父子偏安一隅，而刘伯温却助力了朱家大哥天下一统。孰强孰弱，貌似有分晓。

以此为题材拍电视剧、出图书者，不为少数，如什 043

么"神机妙算刘伯温",如什么"帝王师刘伯温"深不可测。

他既然能算到过去五百年、未来五百年,那怎么没算到胡惟庸对其下毒?没有算到究竟是胡惟庸的狐假虎威,抑或朱元璋的借刀杀人,或者二人不约而同地狼狈为奸?还是那怎么在被朱元璋格外宠信时不打掉胡惟庸?诸葛亮不喜欢魏延,硬是造出一个反骨之说,生前叫刘备不得重用他,身后留计让人逼杀之。

当然,大明第一谋臣刘伯温死后,确实给朱元璋留下了一本书,叫《天文学》,即传得神乎其神、玄乎其玄、奇乎其奇的《烧饼歌》的原版。

他嘱咐长子刘琏说,只能送呈皇上,不许后人学习。

他又跟"弱冠通诸经"的次子刘璟说:"夫为政,宽猛如循环。当今之务在修德省刑,祈天永命。诸形胜要害之地,宜与京师声势连络。我欲为遗表,惟庸在,无益也。惟庸败后,上必思我,有所问,以是密奏之。"(《明史·刘基传》)

刘伯温当初确实算准了杨宪、汪广洋和胡惟庸的垮台,但刘伯温这本遗书,不是算命之书,是资政之书,希望朱元璋和后世之君为政,做到宽柔与刚猛循环相济。就是借刘伯温一万二千个胆,他也不敢写后世帝王表,他知道朱元璋那种超级猜忌狂,若是看到刘伯温胡说八道,定然将其剖棺戮尸、诛灭十族,那么后来也不可能有朱棣的靖难一役了。

　所以,《明史·刘基传》是不承认刘伯温有此能耐的,明文记载："顾帷幄语秘莫能详，而世所传为神奇，多阴阳风角之说，非其至也。""基以儒者有用之学，辅翊治平，而好事者多以谶纬术数为傅会。其语近诞，非深知基者，故不录云。"

神乎其神，玄乎其玄，有神奇，亦有傅会。

2

明人王世贞说得好：有人将刘基比作张良，刘基在谋略上确实无愧于张良，但说到做官或不做官的气节，却差得远了。

确实，刘伯温太聪明了。

至正二十年（1360），他被朱元璋请出山，见面就上"陈时务十八策"，喜得朱元璋"筑礼贤馆以处基等，宠礼甚至"（《明史·刘基传》）。

给元廷做过元帅府总管的刘基，针对当时形势，向朱元璋提出避免两线作战、各个击破建策，集中兵力收服方国珍，灭掉陈友谅、张士诚。后来，他又用一本《大统历》，不知收获了多少民心。

朱元璋称帝，刘伯温奏请"立军卫法"。朱皇帝"初定处州税粮，视宋制亩加五合，惟青田命毋加，曰：'令伯温乡里世世为美谈也'"。朱元璋外出，要么带上刘伯温陪侍左右，要么特颁圣旨拔高他同左丞相李善长留守共理政务。

蔡元培说刘伯温是："时势造英雄，帷幄奇谋，功冠有明一代。"

然而，刘伯温太认真了。

他执掌御史台，"令御史纠劾无所避"，不论是东宫宿卫宦侍，还是李善长的心腹，只要犯事有过，要么重罚，要么砍头。

皇帝倒是喜欢这样的循吏，不但支持，还赏赐丰厚，"追赠基祖、父皆永嘉郡公"。

李善长与刘伯温构怨日多，刘伯温还是认为"善长勋旧，能调和诸将"，是国家的梁柱。朱元璋是一个权力控，为增皇权、削相权，最怕的就是丞相在武将中威望甚高。刘伯温越是夸李善长，朱元璋越是要把他搬掉。朱元璋罢免李善长，似与刘伯温拔高李善长不无关系，这恐怕也是一招借力打力、杀人无痕。

李善长倒了，谁来做丞相。

朱皇帝点相，却都不入刘大人的法眼：

杨宪，有丞相之才能，却无丞相之器量。

汪广洋，比杨宪更加褊狭浅陋。

胡惟庸，如同驾车，迟早要车仰马翻。

这个不行，那个不足。朱元璋听着刘伯温对自己欣赏的爱卿们尖刻的臧否，没听到他对自己用人不当、任人不察的严厉批评，不说有闻过则喜的激动，但还是想表现出从善如流的胸怀自觉。

　朱皇帝曰："吾之相，诚无逾先生！"（《明史·刘

基传》)

哪知，刘伯温却推辞："臣疾恶太甚，又不耐繁剧，为之且孤上恩。天下何患无才，惟明主悉心求之，目前诸人诚未见其可也。"

既然自己不相干，又何必设防他们不得用。

大面积得罪人，像个孤臣。又快速度撂担子，想做名臣。

虽然朱元璋对刘伯温的评价甚高："学贯天人，资兼文武；其气刚正，其才宏博。议论之顷，驰骋乎千古；扰攘之际，控御乎一方。慷慨见予，首陈远略；经邦纲目，用兵后先。卿能言之，朕能审而用之，式克至于今日。凡所建明，悉有成效。"但是，在刘伯温看不上这个也看不上那个时，朱元璋还是迅速出手敲了他一下。

大封开国功臣，同样是朱元璋的左膀右臂、出谋最多，李善长"授开国辅运推诚守正文臣、特进光禄大夫、左柱国、太师、中书左丞相，封韩国公，岁禄四千石，子孙世袭。予铁券，免二死，子免一死……制词比之萧何，褒称甚至"。

再过了十九天，朱皇帝才封刘伯温"开国翊运守正文臣、资善大夫、上护军，封诚意伯，禄二百四十石"（《明史·刘基传》）。同时封赏、排在其前的汪广洋，虽也是一个忠勤伯，但"食禄三百六十石。诰词称其剸繁治剧，屡献忠谋，比之子房、孔明"（《明史·汪广洋传》）。

无论是爵位还是岁禄，甚至嘉奖词，李善长、汪广洋的都比刘伯温的荣耀得多。电视剧《朱元璋》中，刘伯温笑称自己的岁禄只有李善长的二十分之一，所以危险也只有李的二十分之一。但在当时，朱元璋未必封赏时就想到了如何下手。

朱元璋对刘伯温"每恭己以听，常呼为老先生而不名，曰：'吾子房也。'又曰：'数以孔子之言导予'"（《明史·刘基传》），然而在朱皇帝的心里，刘伯温只有诚意，而缺少汪广洋的忠勤，更不是李善长那般的推心置腹。

甚至，朱元璋还在封赏汪广洋的嘉奖令上，清晰地写道：老汪不但是我的子房，还是我的孔明。

3

在刘伯温的身上，有着儒家士大夫的清高和孤独。

他也曾效忠过元朝。

元至正八年（1348），蔡乱头反元，仇家举报浙江黄岩盐贩子方国珍与他有勾结。官府追捕，方国珍杀了仇家，与兄国璋，弟国瑛、国珉逃入海中，聚众数千人，劫夺海运漕粮，打出了反元的义旗。

方国珍是叛而复降、降而复叛的翻覆小人。时为行省元帅府都事的刘伯温，就看不起方头领。

此时的刘伯温具有国家情怀，却缺乏传统的民族精神，甚至还寄望元朝统治者在国家层面推行儒家管理方式。即便希望如泡沫，他退而求其次，强烈地反对由汉民族精英分子挑起的叛乱。

刘伯温反对招降方国珍，说：方氏兄弟首乱，不杀不足以警诫。

取代脱脱主持中书省的权相别儿怯不花，一味招降方国珍，不惜许以他保留旧部、驻扎老地方的承诺，只求他象征性接受元廷管理。

一年后，脱脱好不容易赢得了元顺帝的圣眷再顾，重返权力中枢，却只为了将政敌别儿怯不花拉下马，重提方便南粮北运的大运河改建计划，却对盘踞在浙江沿海的地头蛇方国珍，采取了回避的态度，任其发展。

尾大不掉的方国珍麻烦，刘伯温当时意欲彻底解决的态度是坚决的，但他严重缺乏政治层面的积极支持。

方国珍惧怕刘伯温，给他送钱被拒，于是走上层路线买通官家，使元政府当权人物为了解决一个掌握了海运漕运通道据地称雄的造反派，不惜牺牲忠于朝廷的强硬派刘伯温。

刘伯温弃官归来，著书立说，表明心志。

方国珍派人偷袭，不敌老刘，很是畏惧。

结果，朱元璋想办法，请来了刘先生，反元拒方。

《明史·刘基传》说："基虬髯，貌修伟，慷慨有大节，论天下安危，义形于色。……所为文章，气昌而奇，与宋濂并为一代之宗。"

然而，他始终摆脱不了明代文人的命运，他的文人性格不为朱元璋喜欢，就算是委婉地告诉朱元璋说胡惟庸送药可能做了手脚，朱皇帝也是置若罔闻、漠不关心，只是待打掉胡惟庸后，向天下公示时加了这一条罪状。

若非朱皇帝表示过对刘伯温的不喜欢，胡惟庸纵然千般恨万般恨刘伯温，他也不敢公然借皇帝的刀杀皇帝的人。

朱元璋未必真喜欢刘伯温。

刘伯温死了也就死了，直到"正德八年加赠基太师，谥文成"，就是说刘伯温死了一百三十八年才得了一个皇家的谥号。也就是说，朱元璋借刘伯温的死，扳倒了胡惟庸，但给刘伯温的待遇却和谋逆罪犯差不多，要不是遇到那个叛逆的朱寿大将军明武宗，刘伯温也未必能得一个死后的安慰。

刘伯温的死，是明朝文人的悲歌，是很难逃脱的血色宿命。

历史学家樊树志在《明代文人的命运》中，写到明朝的文人，都有着从政的热切期望，都有着迷恋权力的干劲，但能寿终正寝者、平安着地的，不为多矣。

刘基是朱元璋非常信任的子房在世，宋濂是朱元璋太子的授业恩师，李善长是朱元璋的股肱首臣，却无一幸免于难。

他们之死，死于朱元璋的猜忌，也死在自身的性格缺失上。三人当初对朱元璋相见恨晚，朱对他们青眼有加。

刘过真、宋偏迂、李会事成了致命伤，造成和尚出身的朱皇帝不放心。

樊树志有过刘、宋不出山的假设，让刘基遵从乃母"衰乱之世不辅真主"的劝告，让宋濂留恋温树不出来做布衣皇帝的草莱侍从。也许他们会是另外一番命运，但未必能逃脱朱元璋"不为己用为除之"的黑手。

樊氏是假设，我亦为猜测。

李善长的命运，何尝不是个现场回答？

李为丞相，封公颁免死铁券，结儿女亲家。

当朱感到威胁时，自有办法，让你死在不能免死的唯一缺口，让你死于斩草除根的一片血腥中，即使亲外孙也不能幸免。

何况刘、宋在寻找尽命世之才的机遇？

何况刘、宋死于归隐山野的空隙？

何况刘、宋并非死于直接令下？

不让文臣直接死在敕令下，在明朝似乎是一个传统。刘基死于胡惟庸的毒药，宋濂死在流放途中，朱家父子都喜爱的解缙也死于朱棣一问。

按理，解缙是朱元璋送给儿子的贤臣，甚得朱棣的看重，其"叩马首迎附"（《明史·解缙传》），足以使杀"读书种子"方孝孺十族惨绝的明成祖聊以欣慰，故不该遭遇杀手。何况他在重新撰写《太祖实录》，删削靖难隐恶，更有曲笔添彩的殷勤。

但这个大才子难逃一死，他把刘基臧否朝臣的本事扩大化，似乎朝堂上唯其一人完美。

更有甚者，他掺和皇家立储的家事，授人以柄。他熟知历史，却忽视了类似杨修之死的诸多警鉴，也忽视了同属先皇帝留才后世的唐代李勣聪明的典范。

4

谈及刘伯温，有一个历史的谎言，需要戳穿。

兔死狗烹。神机妙算的刘伯温，自然明白这个道理：可以同朱元璋共患难，却不能与朱皇帝同富贵。

元至正二十年（1360），刘伯温出山给义军豪强朱元璋做军师，也是审势量主，选好了老板。八年后，朱大帅建国称帝，刘伯温谋功为高，被封为御史大夫兼太史令，晋封诚意伯。

论爵位，刘伯温就是受封一个公爵，与韩国公李善长、魏国公徐达平起平坐，亦不为过。他出山伊始，就给朱元璋分析时局、出谋划策，都被言听计从，居功阙伟。

刘伯温对朱元璋有定策之功。即便丁母忧、在家守丧，刘伯温虽然得到了诸将的支持，但也顾不了儒家正统思想对守孝的限制，四处奔走，为戡乱平叛、威逼方国珍、回击陈友谅，积极出谋划策。

刘伯温对朱元璋有救命之恩。鄱阳湖大战中，朱元璋坐在胡床上指挥，只见侍立一旁刘伯温突然大呼，力促朱元璋换船。当朱元璋从大船换上小舟，还未坐定，陈友谅的炮弹把大船炸了个粉碎，这让陈友谅兴奋了好一会儿。

刘伯温对朱元璋有问鼎之献。朱元璋彻底解决陈友谅、张士诚，利用他们之间的矛盾，各个击破，最后正式对元朝发起致命一击，摧枯拉朽，北伐中原，创立大明，刘伯温一直在朱元璋的身边出谋划策。

所以，朱元璋愿意追封刘氏两代先人为郡公。

但是，他只肯给活着的老刘一个三等爵位（不算常遇春被追封的王爵），还给他派了一个得罪人的差事：主管御史台，监察满朝文武。

刘伯温为人高度智慧，但生性过于耿直，被朱元璋充分利用，树敌太多。

来自浙东的他，本来就同淮西勋贵集团格格不入。朱元璋称帝后，就对淮西的骄兵悍将修筑了防火墙，还特地装备了刘伯温牌杀毒软件。

面对强悍的勋贵病毒集群，刘伯温的清热解毒是乏力的。

洪武四年，刘伯温好不容易，得了一次赐归乡里的奖励，但并不是身成功退。

他明白，朱元璋不会放心他的辞职归隐，也不会给他全身而退的机会。更何况他曾极力反对拜相的胡惟庸，结果被朱元璋任命为丞相。

胡丞相向朱皇帝密奏：瓯越之间的谈洋有王者之气，被刘伯温看中，想修自己的墓地，当地老百姓不同意，刘基就向朝廷请设巡检司驱逐民众。

刘伯温请在谈洋设巡检司一事属实，是为了防治当地盐盗聚集、意图谋反，维护社会治安。

当时，刘伯温正在乡里养病，让儿子刘琏上朝奏报，但没向中书省说明。

胡惟庸借机编造刘伯温要占据王气之地为墓穴，潜台词是要争抢朱元璋的天下。

朱元璋没有严惩刘伯温，但褫夺了他的爵禄，吓得他赶紧回京复工，不再提及辞职之事。

很快，胡惟庸又抓住朱元璋赐药的机会，换了一味猛药，要了刘伯温的命，也给了朱元璋屠戮功臣的骂名。

5

刘伯温看不起能干的胡惟庸，也看不起豪强的方国珍。他认为胡惟庸执政会翻车，也认为方国珍是一个翻覆小人，得利而叛，临危而降。

方国珍虽然没文化，但善于左右逢源，几番投降元朝，又几次叛元自立。他就是和朱元璋搞好关系时，还出任元朝浙江行省左丞相，不肯支持朱元璋称帝，而继续使用元朝正朔，搞得正忙于反攻张士诚、陈友谅的朱元璋大为光火："姑置之，待我克苏州后，欲奉正朔，晚矣。"（谷应泰《明史纪事本末》）

他的水军袭击过张士诚，但不像张士诚那般狂妄自大称王称帝。他甚至以巧妙的反间计，使张士诚派来的十多个能诗善舞的妓女间谍，感激涕零地背叛了故主。

这厮很聪明，为了抵抗朱元璋，他北通王保保，南交陈友定，图为犄角，寻求自存。然而，他又早早地承认朱元璋是枭雄，不与之火并，还送一个儿子给朱元璋当质子。一旦朱元璋要彻底解决他的问题时，他稍做抵抗后，赶紧乞降。

狡猾的方国珍，巧妙地运用外交手段，如同一条鲇鱼，游离在元朝的大都、朱元璋的应天和张士诚的杭州之间。朱元璋曾历数他十二款罪过，却待到最后，还是使其得了善终，还做了大明朝的地方大员（广西行省左丞相）。他死后，朱元璋亲自设祭，还安排首席文臣宋濂为他写了一份文辞华美的神道碑铭。

方国珍总想为自己卖给好价钱，事实证明，他寻求的优惠价值胜过了元明之际除开朱元璋做了真正的皇帝外，所有的反元运动领袖。

这应该是刘伯温始料未及的。但是，神机妙算的刘伯温，对朱元璋建国称帝有不世之功，却传闻死在了朱元璋的手里，远不及方国珍的身后哀荣。

他是否死于朱元璋之手？

这是一桩历史谜案。

《明史·刘基传》记载："基在京病时，惟庸以医来，饮其药，有物积腹中如拳石。其后中丞涂节首惟庸逆谋，并谓其毒基致死云。"

刘伯温死在洪武八年四月，享年六十五岁。而御史中丞涂节作为胡惟庸的心腹，迫于朱元璋的淫威，首告座主胡惟庸有谋逆之举，则是在洪武十二年。在此四年中，朱元璋并没有详查刘伯温的死因，而是在扳倒权倾朝野的胡惟庸后，为之罗织罪名，增加了一项毒杀刘基的罪名而已，却没有对刘伯温任何追封、赐谥。

就连把他当作开国功臣，配享太庙，封予世爵，也是一百多年后那位大闹"大礼议"、沉迷长生不老的荒唐皇帝嘉靖的一时清醒。

吴晗《朱元璋》第五章《恐怖政治·大屠杀》说："刘基是幕府智囊，运谋决策，不只有定天下的大功，而且是奠定帝国规模的主要人物，因为主意多，看得准，看得远，被猜忌最深，洪武元年便被休致回家，又怕隔得太远会出事，硬拉回南京，终于被毒死。"

刘伯温被放回家，吴晗是据曾入李文忠幕府、在永乐朝修过《太祖实录》的刑部侍郎刘辰的《国初事迹》。书中称朱元璋没见到刘伯温时，把他当作"国士"而隆重聘请，相处久了，则以"国师""先生"称之。

但是，这位国士，这位国师，这位先生，就因为朱元璋的不放心，给毒死了。

即便功成身退，也是在劫难逃。

柏杨在《中国人史纲》之《朱元璋的大屠杀》中，旗帜鲜明地说："朱元璋最信任的智囊刘基，他的高度智慧使朱元璋芒刺在背，终于把他毒死，反而宣称是胡惟庸毒死的。"

朱元璋借刀杀人，还想请汪广洋做证，旁证清白。汪丞相不谙帝心，回答不知，触怒圣上。朱皇帝大怒，当即下旨，将他贬谪海南，中途翻旧账而绞杀。

表面上看，朱元璋没有杀刘伯温的理由，因为他是皇帝的智力帮手，对皇权构不成威胁。倒是右丞相胡惟庸为排除异己，借了皇上真诚赐药之名而行了铲除政敌之私。

但是，刘伯温却真正死在朱元璋的权力阴谋上。他既不相信起于草莽的淮西集团，害怕他们武装抢班夺权，但对于在元朝时代便已深孚众望的浙东智库，草根出身的他更有鲜明的自卑心理。

他不喜欢刘伯温，更担心刘伯温不为自己所用。

刘伯温的功成身退，让他认为是看不起自己。

刘伯温死于阴谋，而刘伯温的长子刘琏，虽然《明史》记载，是朱元璋要大用，而遭到胡惟庸党羽胁迫，坠井而死。

究竟谁是凶手，谁是黑手，都是说不清的。毕竟他代父呈送的《天文书》，是高度机密。他是否读过，谁也说不清，朱元璋和胡惟庸都害怕他了然于胸。

而朱元璋的儿子朱棣，却真切地杀掉了刘伯温次子刘璟。

刘伯温和长子刘琏死后，朱元璋对刘璟施恩，特设阁门使以任命之，让他负责皇帝与大臣之间的消息传递。这是一个要职，足见朱元璋对刘璟很是看重。

　　刘璟继承了刘伯温的刚直和智慧，让朱元璋感到了欣慰，除了命他协助延安侯唐胜宗平叛，还授职他做谷王府秘书长（左长史）。

　　他不但被朱元璋重视，还和时为燕王的朱棣下过棋，因技高一筹而绝不让棋，给过朱棣难堪。

　　难堪归难堪，朱棣靖难一役成功、做了永乐皇帝后，还是想方设法逼迫已逃回老家的刘璟出来做官。

　　刘璟曾经随谷王朱橞进京勤王，献计十六策，遗憾的是他运筹帷幄，却碰到了草包大将军李景隆刚愎自用，兵败燕军。

　　刘璟曾深入前线，但救国无门、回天乏术，于是辞职归里，也导致了朱橞骑墙迎风倒。

　　朱橞为朱元璋第十九子，就藩长城九镇之一的宣府镇，颇有成就，曾为大明王朝抵御北方少数民族的袭扰建功立业。建文元年，他应侄皇帝诏，带兵三千赴京师护卫金川门，防备四哥朱棣的靖难大军偷袭。建文四年，朱棣带燕兵渡江讨伐至金川门外，朱橞见大势已去，赶紧伙同表侄李景隆开门南城，迎王归降。

　　朱棣称帝，重赏朱橞，也想到了朱元璋看重的刘璟，于是盛情邀请。

　　刘璟不识时务，以病请辞，被强制押返京师。

　　刘璟见到新皇，不称陛下呼殿下，明摆不想做俊杰，弄得龙椅上的永乐帝更加难堪。

　　此次难堪，已是无人臣礼。

朱棣大怒，言辞斥责。

刘璟抗颜回答："殿下百世后，逃不得一篡字。"（《明史·刘璟传》）

篡位称帝，新皇大忌。

永乐不再礼贤下士，将刘璟下狱，使之吊死。

究竟是永乐残忍缢杀，还是刘璟自杀殉主，不得而知。

好在朱棣还是对其家人网开一面，没有连坐。

但有一事值得注意，当初朱元璋要刘璟袭爵诚意伯时，被他让给大哥刘琏之子，传之后世。崇祯皇帝死后，第六代诚意伯、刘琏的后人刘孔昭，时任操江提督，扼守上、下江防务大权，与凤阳总督马士英及其走卒阮大铖沆瀣一气，联合四镇军阀，拥立毛病不少的福王朱由崧，虽然没做降清的奸逆，但也是误国的忠臣。

一号奸臣与皇帝，合作有过蜜月期

1

在《明史·刘基传》中，有一段关于朱元璋选相对话，很经典：

洪武四年，左丞相李善长因疾致仕，朱元璋似乎想任用刘伯温的门生、右丞杨宪继任，但没想到刘伯温提出反对意见："宪有相才无相器。夫宰相者，持心如水，以义理为权衡，而己无与者也，宪则不然。"

朱元璋又问自己的老部下、时任左丞汪广洋如何，刘伯温答："此褊浅殆甚于宪。"汪广洋在朱元璋分封功臣时，为忠勤伯，与刘伯温的诚意伯，在朱元璋的心里有着不同的分量。朱元璋认为汪广洋要比刘伯温忠诚、勤勉。

朱元璋又问时任中书省参知政事胡惟庸，刘伯温说得更不客气了："譬之驾，惧其偾辕也。"

这是什么意思？译为白话：丞相好比驾车的马，我担心他会将马车弄翻。

这三种评价，胡惟庸无疑是最危险的。

刘伯温直言他会坏了朱元璋的江山。

如果换了其他皇帝，早就把胡惟庸直接干掉了。

然而，朱元璋不但没有干掉胡惟庸，而是诛杀了杨宪，贬黜了汪广洋，让胡惟庸"代汪广洋为左丞。六年正月，右丞相广洋左迁广东行省参政，帝难其人，久不置相，惟庸独专省事。七月拜右丞相。久之，进左丞相"（《明史·胡惟庸传》）。

继李善长之后，胡惟庸成了大明王朝的第二任丞相。

这里有一点要注意，即汪广洋的左丞，杨宪的右丞，不同于明初中书省的左右丞相。左右丞相为中书省正职，官居正一品，而左右丞，则为正二品，作为副丞相裁成庶务，比胡惟庸的参政知事官品高一个等级（参政知事为从二品）。故而，朱元璋在丞相出缺时，最先想到了把副相扶正，从内部擢升。

但是，他没有想到自己属意的丞相人选，却被刘伯温一一否决了。刘伯温揭了人家的短，又不情愿肩负重任，还让朱元璋把目光放长远点，舍近求远。朱元璋可没那份耐心，他早早地就在盘算如何从丞相手中收权，哪还会重新培育新人。

2

胡惟庸不但做了丞相，而且独立拜相多年，"生杀黜陟，或不奏径行。内外诸司上封事，必先取阅，害己者，辄匿不以闻。四方躁进之徒及功臣武夫失职者，争走其门，馈遗金帛、名马、玩好，不可胜数"（《明史·胡惟庸传》）。

这是后人总结胡惟庸独相权势滔天的诸多事实。

在权力行使上，胡惟庸掌控了生杀予夺的刑罚权和升迁贬谪的人事权。他可以不报告朱皇上，径直做主。相权膨胀到这个程度，已明显替代了主宰一切的皇权。也就是说，他把持了用人行政的国家要务。名副其实的丞相权限巨丰，严重地影响了后代殿阁大学士，主持内阁工作，不实现"掌献替可否，奉陈规诲，点检题奏，票拟批答，以平允庶政"（《明史·职官志一》）的权力之所在，也是对不起无丞相之名、却行丞相之权的事实。

他把控奏疏作为上达天听的路径。中书省是联系皇帝与六部的中转站，丞相则是协助皇帝处理政务的主要帮手。而今，胡惟庸利用进本奏事、联系皇帝的便利与特权，提前阅读，于己有利者则报告皇帝，于己不利者则隐匿不报，把整个朝堂弄成了他与朱皇上的对话。

权势煊赫，把持朝政，威福自专，而且文臣武将京官地方官竞走奔赴其门下。胡惟庸成为一人之下的二号首长，成为朱皇帝强化皇权的最大阻力。

胡惟庸明白自己的擅权，是树敌招忌的冒险行动，故而，他四处活动，为进一步增强权力发力：

一、他利诱魏国公府管家的福寿，想方设法拉拢握有兵权的大将军徐达，谁料徐达不背叛把兄弟兼亲家朱元璋，对胡惟庸深恶痛绝，特地进宫向朱元璋做了专题汇报。

二、他为了和太师李善长套紧关系，于是将哥哥的女儿许配给李善长的侄儿。胡、李虽不是直接的儿女亲家，但也是侄儿女姻亲，情感自然进一步。他还派侄女的公公李存义游说其亲哥哥李善长，送稀世礼，许封王诺，寻求深度合作。

三、凡被朱皇帝责罚的领军大将，胡惟庸想方设法地去拉拢。如吉安侯陆仲亨、平凉侯费聚枉法，"惟庸阴以权利胁诱二人，二人素戆勇，见惟庸用事，密相往来。尝过惟庸家饮，酒酣，惟庸屏左右言：'吾等所为多不法，一旦事觉，如何？'二人益惶惧，惟庸乃告以己意，令在外收集军马"。

四、假造其定远旧宅的老井，"忽生石笋，出水数尺，谀人争引符瑞，又言祖父三世冢上，皆夜有火光烛天"。这种虚构的绝色，貌似告诉朱皇帝，他老胡做丞相，天降祥瑞，天下太平。

五、同皇八子谭王朱梓暗中勾结，貌似支持朱梓，其实利用朱梓。《明史·胡惟庸传》没写明，但《朱梓传》中写到朱梓的岳父和妻兄"二十三年坐胡惟庸党，显与琥俱坐诛。梓不自安。帝遣使慰谕，且诏入宫。梓大惧，与妃俱焚死"。若胡惟庸与朱梓无瓜葛，朱梓作为皇子，断然不会自焚。电视剧《传奇皇帝朱元璋》以此事大肆铺陈，朱梓为陈友谅与达兰妃的遗腹子，达兰妃为帮其子朱梓篡夺帝位，与胡惟庸长期通奸、互相利用，最后达兰妃被胡惟庸灭口。

六、因为刘伯温跟皇帝说他执政会翻车，故而结怨日深，他要借朱元璋猜忌的刀杀朱元璋倚重的人。他先派人上奏刘伯温与民众争夺某块有王气之地，意图建墓，"帝虽不罪基，然颇为所动，遂夺基禄"。

不久，他又借刘伯温患病，朱元璋请胡惟庸代天探视，老胡心生一计，"遂以毒中之"，投石问路，看朱皇帝是否雷霆万钧。

果然，朱元璋似乎默认，更让胡惟庸感觉到老胡的相权已同老朱的帝权势均力敌，老朱不敢轻易因为常年随其征战出谋划策的刘伯温之死，迁怒于胡大丞相。

3

虽然胡惟庸拜相时，刘神算还祈祷"使吾言不验，苍生福也"，但结果还是被刘伯温猜中了，不断做大的胡惟庸的争权手段比李善长更厉害。

刘伯温的死，胡惟庸杀使其子"驰马于市，坠死车下"的马夫，以及汪广洋纳了犯官之女为妾犯法胡惟庸未报告等，都成了朱元璋向胡惟庸开刀的借口，但这些尚不能成为最充分的理由。

皇帝要杀人，理由自有人准备充足。温功义《三案始末》之"帝权与相权"分析："最早上变的人是御史中丞涂节，他首告胡惟庸结党谋反。与之相呼应的是另一个被谪为中书省属吏的御史中丞商暠，他也揭发了胡惟庸的很多阴私。"

于是，胡惟庸任事以来，欺瞒君王、怙权自用、培植私党、毒害忠良等若干条大罪，朱元璋迅速反应："帝大怒，下廷臣更讯，词连宁、节。"陈宁、涂节也参与密谋，都是积极分子。

洪武"十三年春正月戊戌，左丞相胡惟庸谋反，及其党御史大夫陈宁、中丞涂节等伏诛。癸卯，大祀天地于南郊"。胡惟庸被杀，朱元璋高兴地祭天祀地。

胡惟庸死了，但他是权倾朝野的丞相，须向天下公示一个"不可不诛"的理由。

于是，朱元璋的锦衣卫在胡惟庸死后几年，不断搜索，时有所得，有了胡惟庸"遣明州卫指挥林贤下海招倭""遣元故臣封绩致书称臣于元嗣君"，李存义出卖李善长与胡惟庸、蓝玉有瓜葛，以及李善长家奴卢仲谦起首善长与惟庸往来情况，陆仲亨家奴封帖木起首陆仲亨、唐胜宗、费聚、赵庸与胡惟庸"共谋不轨"。

值得注意的是，李善长的家奴、陆仲亨的家奴，告发主人不轨。看来这些家奴就是传说中的锦衣卫士，他们无孔不入，就连大臣家里会了什么客、吃了什么菜、说了什么话，皇帝都可以在朝堂上侃侃而谈。那么，这样的家奴，难道胡惟庸府上就没有？难道未汇报胡大人会了什么客、吃了什么菜、说了什么话？为何还要造一个云奇来冒死禀报？为何胡惟庸被杀了十年，才找出这些谋反的证据？

胡惟庸再优秀，再能干，再有阴谋智术，也在最后一役，被朱元璋族灭得干干净净。那些被精心挖出的证据，让"帝发怒，肃清逆党，词所连及坐诛者三万余人。乃为昭示奸党录，布告天下"。

胡惟庸之后，朱元璋正式"罢中书省，废丞相等官，更定六部官秩"。

丞相大权，收归了皇帝手中。

丞相一职，成了中国历史。

4

胡惟庸是中国历史上名副其实的末任丞相。朱皇帝当仁不让地成了帝权与相权之争最后的胜利者。

即便明朝后来推出内阁制度，因循千年以降的宰辅观念，殿阁大学士虽无丞相之名，却行丞相之实。

皇帝无力独断一切，变相的丞相火速出炉。

有了不是丞相的丞相，慵政懒政怠政倦政的朱皇帝们，如躲在深宫三十多年建醮修炼长生术的嘉靖帝，索性都把只有正五品的大学士们通过这样那样的兼职加官，节制部院，进位三公，打造出不是丞相的丞相。

一些阁臣也欣然把自己当成了足以权倾朝野的宰辅。也正是如此，传至清朝，大学士虽然权力小了许多，也被称为某相，如康熙朝的索相、明相，乾隆朝的和相。

这都是明朝大学士权倾朝野留下的后遗症。明朝的嗣君们汇报给太祖，也只有无奈以对和几声叹息。

在嘉靖朝靠写得一手好青词而平步青云的严嵩，做了二十多年首辅，于上百般欺瞒皇帝，驭下欺压群僚。《明史·严嵩传》称他"独承顾问，御札一日或数下，虽同列不获闻"，同为阁老、作为次辅的徐阶以礼部尚书兼文渊阁大学士，加少保兼太子太师，竟然对皇帝的最高指示，许多不知情。

首辅专主票拟，严嵩宁愿把相权寻租给儿子、时任尚宝司少卿兼工部左侍郎严世蕃。京城盛传"大丞相、小丞相"，指的就是严嵩、严世蕃父子。这都是严嵩作为首辅，独揽阁权，权倾朝野所致。

徐阶有一个好学生，即张居正，成了万历首辅。他虽然没有严嵩的贪黩，也没有徐阶的耐心，却有擅权的行动。《明史·张居正等传赞》既充分肯定了"张居正通识时变，勇于任事。神宗初政，起衰振隳，不可谓非干济才"，但也强调这位明朝唯一的生前获得太傅、太师双重顶级殊荣的改革大人物"威柄之操，几于震主"，让李太后教训年轻的万历帝时，也不忘祭起"张先生"这副法器。

朱元璋承袭元制设中书省，又鉴于元代"纲纪不立，主荒臣专，威福下移"（《明太祖实录》卷十四），处心积虑地处死胡惟庸，彻底废除了在帝制中国传承了一千五百多年的丞相制度，将中书省政务分解至六部，由皇帝直辖，并明确规定："以后嗣君不许立丞相，臣下敢有奏请设立者，文武群臣即时劾奏，处以重刑。"（《明太祖实录》卷二百三十九）

秦朝设置丞相，旋踵而亡，被他当作教训。

唐宋虽有贤相，但多有小人擅权乱政，让他心有余悸。

所以，他要废丞相，设置五府六部都察院通政司大理寺等，分理天下，相互制约，直接由皇帝统辖，以求稳当。

为此，他对中央机关和地方省级行政进行了全新的机构调整：

一、中书省的政务职权，分解划归六部专项分理，采取尚书负责、侍郎辅佐。

二、都察院专司纠察弹劾的纪律监督。他的锦衣卫则是瞄准六部的二炮手。

三、通政司收纳各部各地的章奏，不再给任何人总理政务、控制内外诸司封事入奏的机会。

四、大理寺主持刑事案件的审理纠察，直接对各级衙门、中央刑部案件审理进行再审查。

五、原大都督府一分为五，改为中、左、右、前、后五军都督府，"权不专于一司，事不留于壅蔽"（《明太祖实录》卷一百二十九），将征兵权、调兵权划归兵部，都督府只有统兵权了。

六、在地方省级行政，设置都指挥使司、承宣布政使司、提刑按察使司，分别管理军事、钱粮、刑法，接受都督府、吏部、户部和兵部的考核管理。

朱元璋高居金字塔之上集权，而将塔尖之下的各个部门、各级行政分权，严密控驭，军政大权最终都集中在自己一人手中。

然而，朱元璋在废除丞相制不久，于洪武十五年十一月"特仿宋制，以诸殿阁之名，礼今之儒，必欲近侍之有补，民同宋乐，文同欧苏"（《明太祖御制文集》卷三），设置殿阁大学士，随侍左右，备作顾问。

大学士们名曰顾问团队，实则帝办秘书，除了要在皇帝身边分析问题、代拟批答，还要肩负清点通政司奏章的任务。

设计严密的一整套政治制度，朱元璋弄了一个庞杂的人际关系网，却只容许自己是网上那只横冲直撞的蜘蛛。

他似乎料到了他最喜欢的皇四子朱棣会造反，却没料到篡位的朱棣做了皇帝不久，即建文四年九月，"特简讲、读、编、检等官参与机务，谓之内阁。然解缙、胡广等既直文渊阁，犹相继署院事。至洪熙以后，杨士奇等加至师保，礼绝百僚，始不复署"（《明史·职官志二》）。

解缙、胡广和杨士奇，都是朱棣创制内阁的第一批阁臣。

阁臣参与机务，参决大政，始于此也。

朱棣变着法子，背叛了朱元璋的遗训。

虽然朱元璋给大学士限制的品秩，为正五品，终有明一代未改，但朱棣为首的朱皇帝们给他们的兼职加衔，使之位高权重，阁权膨胀，愈演愈烈，发展到明朝中后期不乏严嵩、张居正之辈擅权者，甚至出现了陈演、魏德藻等误主祸国的内阁首辅。

孟森在《明史讲义》之《开国》中说："废相以后，嗣君能稍勤政，必无奸雄专弄之权，此太祖之特识也。然勤政正未易言，太阿倒持，终不可免，权相之外，又有权阉，事固有出于所防之外者也。"

朱元璋废除丞相制，彻底解决他与李善长、胡惟庸之间皇权与相权的矛盾，却没料到自己的子孙皇帝中绝大多数是慵懒怠政的主，心甘情愿地把权杖递给了形形色色的大学士和太监。

朱元璋冷酷地杀了"谋反"的胡惟庸，为废除丞相制找到了堂皇的借口，但是，他的废相改制却不是成功的。

5

《明史》将胡惟庸定为明朝一号奸臣，称"当太祖开国之初，胡惟庸凶狡自肆，竟坐叛逆诛死"。

然而，我们不能否认，胡惟庸有真才实干，否则朱元璋绝不会把这个案前小卒一步步提拔为大明丞相。

文史名家温功义《三案始末》以明代梃击、红丸、移宫三案为主体，展现"不世出的天才意味"，其中写及帝权与相权之争时，指出：

"进入中书省，胡惟庸的境遇和汪广洋实在大不相同。李善长的那些旧属们，都尽力帮他，他本人又是个办事干练、颇多智术的人，任事之后，一切都显得头头是道，很快就把汪广洋比得越发黯然无光了。"

胡惟庸从最初"归太祖于和州，授元帅府奏差。寻转宣使，除宁国主簿，进知县，迁吉安通判，擢湖广金事。吴元年，召为太常少卿，进本寺卿。洪武三年拜中书省参知政事"。他也经历步步惊心的升职记，即便有同乡李善长的照应、扶掖，但当时朱元璋帐下人才济济、群贤毕至，而且朱元璋那阴鸷的眼睛一直盯着属下的一举一动，如果胡惟庸没有几把刷子，临阵磨枪，也会中途受阻。

虽他无征战沙场的勇功，也无运筹帷幄的智名，但做实事，他事无巨细，井井有条，而且有非常的手段，在非常之时做非常之事，很有本事。

电视剧《朱元璋》安排他的出场，是在朱元璋即将反击陈友谅进犯、李善长督造战船心有余力不足之时，胡惟庸带来了利诱威逼的伎俩和超额完工的佳绩。此役，胡惟庸立了大功。

在胡惟庸独掌或领衔中书省的六年里，朱元璋不断派徐达、李文忠、汤和、蓝玉等征战残元余兵、东南倭寇，接连打了胜仗。胡惟庸作为朝廷的大管家，督办粮草、兵饷，功不可没。这些史书上没写，但不等于他没有做。打仗打的是武力，更是兵饷粮饷，若胡惟庸督办不力的话，朱皇帝要追责，诸将会闹事，更不会有后来的那些带兵大将欣然效命胡惟庸的事情。

结合《明史·太祖本纪》来看胡惟庸为相的那几年，朝廷征战无败绩，时有外国来朝贡，各地赈灾都到位，"国都始建，土木屡兴"，这都与丞相胡惟庸的能干有着不可分的关系。

6

挑剔的朱元璋和能干的胡惟庸，有过一段合作愉快的蜜月期。"自杨宪诛，帝以惟庸为才，宠任之。惟庸亦自励，尝以曲谨当上意，宠遇日隆。"（《明史·胡惟庸传》）

《三案始末》之"帝权与相权"说："胡惟庸才入相，明太祖对他是很满意的，因为他既比汪广洋善于任事，又不像李善长那么遇事专断，有两人之所长又无其所短，实在是个很合理想的人物。"

当初，徐达虽挂了一个右丞相，但长期征战在外，在朝也不理事。李善长独掌中书省，不时向朱元璋要权。屁股还没坐热，朱元璋把"比之萧何，褒称甚至"的李善长罢相。这是强势帝权和争抢相权之间冲突日益加剧的必然结果。

其间，朱元璋破格起用杨宪和汪广洋，制衡李善长，但两个都不争气。杨宪沉溺权力争斗，任事专断，被朱元璋诛杀，第一个出局。

胡惟庸自被李善长举荐，同汪广洋共相时，就有心施展才能，和罢相不离京、卸职仍不休的李善长达成默契，把朱元璋制约胡、李的汪广洋挤走。心愿遂成，汪被贬黜，胡惟庸放开手脚，再无所顾忌。朱元璋重新起用汪广洋，胡惟庸却成了更加跋扈的丞相。汪"谨厚自守，亦不能发奸远祸"。

胡惟庸确是一个大人才，而非一个狗奴才。他让朱元璋感到了真正的威胁。

7

其实，朱元璋把贬黜到广东做参政的汪广洋，重新起用，"复召为左御史大夫。十年复拜右丞相"，也是为了解决能干的胡惟庸相权做大，不断冲突帝权的利益。

但没想到，"广洋颇耽酒，与惟庸同相，浮沉守位而已"。

朱元璋大失所望，自己的亲信心腹，竟然和胡惟庸走到了一起，进一步做大相权，威胁帝权，故而大怒，以"朋欺"（庇友欺君）之罪，再度把汪广洋贬至边远的广南地区。这还不解气，他追加一旨，特派专使，追赶汪广洋，追到了就宣读圣旨，"赐敕诛之"。

汪广洋之死，已成为朱元璋向胡惟庸开刀的磨刀石。

汪广洋被赐死后，他有一个姓陈的妾自愿殉夫。而此烈女，竟是获罪后妻女皆入官的陈知县的女儿。这还了得，违背了朱元璋规定的："没官妇女，上给功臣家。文臣何以得给？"朱元璋大怒，下诏法司彻查此事，丞相胡惟庸有监督不力的罪责。

看来，胡惟庸与汪广洋还做了一笔交易。胡惟庸毒死刘伯温，汪广洋知情不报，原来是回报胡惟庸默认他强纳犯官女儿做了小妾。

8

关于胡惟庸的死法，似乎有多种。

一是电视剧《朱元璋》中，胡惟庸被朱元璋判了一个天下一绝的痒痒死，即所谓用蚊子咬死，使之成了古往今来痒死第一人。

之所以让他如此死，乃是因为剧中的胡惟庸得了朱元璋的一根痒痒挠，时刻不离身，拿在手上，耀武扬威，结果朱元璋最后给了他一个奇异的痒死。

二是在电视剧《传奇皇帝朱元璋》里，朱元璋对胡惟庸处以了车裂而死，即五马分尸。胡惟庸死前，大呼朱元璋还有一劫。

一劫归一劫，反正擅权妄为的胡惟庸，随着与朱元璋的蜜月期过后，一步步走进死亡的悬崖。

对于他的死，清人所修的《明史·胡惟庸传》，写得很含糊："帝大怒，诛惟庸。"

好一个"诛"字！

是蚊子咬死，还是车裂而死，抑或磔杀于市，甚至其他更为奇特的死法？这都给了后世对胡惟庸之死，有了形形色色的猜测和想象。按朱元璋对胡惟庸的恨，非想方设法、千刀万剐不可。

《明太祖实录》卷一百二十九记载，洪武十三年正月，朱元璋发动群臣罗列胡惟庸的诸多罪状后，"戊戌，群臣奏胡惟庸等罪状，请诛之。于是，赐惟庸、陈宁死"。还是没有说清朱元璋是怎样处死胡惟庸的。

《传奇皇帝朱元璋》引入了云奇告变的戏份，设计洪武十三年正月，胡惟庸奏报其府上一口老井涌出醴泉，称为大明祥瑞，邀请朱元璋前往观赏。朱元璋欣然前往，走到西华门，被一个名叫云奇的太监冒死挡驾，称胡惟庸家墙道里藏满士兵，意图伺机弑君。朱元璋躲过一劫，当日抓捕胡惟庸处死。

这出戏，不是现代电视剧的创造，而是在明朝坊间有传闻。明代史家郑晓、王世贞等持否定说，晚明学人钱谦益曾说："云奇告变，国史野史，一无可考。"若真有云奇告变一事，朱元璋自会大书特书，为自己诛杀胡惟庸、并在几年后牵连数万人，做足了杀人的理由。

9

至于《明史》将死因扑朔迷离的胡惟庸定为奸臣传之首，一是胡惟庸确实是明朝第一个被诛杀的奸臣，二是清朝乾隆皇帝有自己的政治需要。

史官们秉承乾隆意旨，为《明史》胡惟庸本传论传曰：

"有明一代，巨奸大恶，多出于寺人内竖，求之外廷诸臣，盖亦鲜矣。当太祖开国之初，胡惟庸凶狡自肆，竟坐叛逆诛死。"

二十五岁即位的乾隆帝执政初期，秉承雍正遗诏任用先帝重臣，虽然保和殿大学士兼军机处大臣鄂尔泰、张廷玉，挺识趣地辞掉顾命大臣，而改称总理事务大臣，但是，青年天子还是很厌恶甚至憎恨他们动不动称先皇怎么怎么。

抬出已故的先帝，教训执政的新君，这是明显传递：乾隆你不要忘记先帝遗诏！

他们既是内阁首辅，又是军机重臣，更是雍正遗诏指定的顾命大臣兼日后配享殊荣，虽无丞相之名，却行丞相之权。

所以，乾隆在重点打击鄂尔泰和张廷玉时，命他们总裁纂修《明史》，将一代权相胡惟庸打成了明朝第一奸臣，作为自己的警示牌。

胡惟庸死于非命，李善长没得善终。那不是皇帝一时头脑发热，颁发丹书铁券所能解决的荣耀终身。

明版只是清版的殷鉴，"权力的游戏"始终是强势皇帝在做操盘手。

最受宠的他，遭廷杖后还放言无忌

1

习骅在《中国历史的教训》中勾勒了不少关于中国古代吏治的历史影像，道古说今，有理有料。

其中有一个给人印象深刻，说朱元璋为何暴打刑部主事茹太素，更耐人寻味。

事情的起因是，洪武八年十二月，刑部科员茹太素一篇建议，本来五百字就可以解决，被他远绍旁搜、上天入地、之乎者也写了一万七千多字，前面一万六千五百余字铺陈千里、激荡上下，气得朱皇帝大打出手，当朝廷杖，并颁布铁的制度，必须改革文风。

说及廷杖，值得细说。

朱元璋发明锦衣卫，动不动就在大庭广众之下，命保卫朝廷的打手，将不听话、不作为的大臣掀翻伏地，用麻布严实绑住，用强力拽定四肢，露出屁股和背脊，然后由两人用栗木包铁皮制成、并带有倒钩的长条刑具，交替、持续、凶狠地进行严刑拷打。

廷杖并非朱元璋首创。《太平御览》记载，东汉明帝时，就以这种刑罚形式加强严峻的政治管理。但将这一深具摧残功能的刑罚，推向极致的，则是朱元璋及其子孙组成的高管团队。

廷杖分为用心打、着实打两种。监刑官按最高指示决定如何打。如果监刑官脚尖闭合，则是命虎狼武士用心打，不给受刑的大臣一线生机。如果监刑官脚尖张开，锦衣卫士就着实打，留条活路，但可能会导致残废。

行刑者们是经过了特别的训练的，或者说在长期的行刑中及时总结了经验。他们不但遵循皇帝及其代言人大太监的指令行事，还得看受刑者及其家属是否给自己送一个可观的红包。他们要想手下留情，可以打得皮飞肉绽、血肉模糊，受刑者可以不伤筋骨。他们若没被关照，或没得好处，必定下死手，哪怕打得体无完肤，也可以让人魂飞魄散、肝肠寸断。

一般而言，廷杖三十较为常见，八十足以致残，而一百则是毙命。朱皇帝们都喜欢玩这个灭绝人性的严刑，尤其是当朝廷杖高官时，还特命满朝文武侍立两边观刑。而自己则高居在黄金椅上，一边欣赏受刑者的凄厉哀号，一边观察观刑者的胆战心惊。

明朝的皇帝沉迷此道，而帮助他们推行惨绝人寰的特务政治的帮凶宦官们，更是手把黄绫口称敕，狐假虎威乱害人。在明武宗朱厚照创造一百零七人受廷杖的纪录里，应该算入了大太监刘瑾在午门将二十三位大臣廷杖至死的骇人成绩。

黑暗时代，大臣们畏惧锦衣卫的诏狱，更怕皇帝的廷杖当场发威，所以每天天没亮上朝，留给家人的只有祈求上苍保佑。但是也怪，明朝的武将怕死无能之辈多，而不怕死而敢于廷争的文臣谏官们更多。

做过监察御史和按察使的茹太素，虽然在不到二十年的仕途上，多次被擢升后做断崖式降级，最后死于株连受罚，但他始终是一个不怕死的主。

此次，朱元璋将其廷杖于朝，只是想给他一个严厉的教训。

当初，朱元璋对科举制度之改革，即位之初，就对制度和文体有着明确要求，开始创制八股取士，南北分比例择优，看似要操控和钳制天下人的思想，但这一制度化的举措，不啻为国求贤的利器。

明代有所作为给民谋福祉的大人物小官员，可以说都是科举制度的胜出者，虽然言行中的迂腐和愚痴没有少，但骨子里的傲气和才气依然洋溢，更多的是巧妙灵活的精彩，其中不乏锐意进取创新图强的担当精神，真正实现了个人价值和读书人的作用。

一是一，二是二，八股取士，有严格的八股规定，不能少，不许多，在某种意义上杜绝了汪洋恣肆。

2

茹太素也是通过八股取士走上了仕途。只是他幸运，"洪武三年乡举，上书称旨，授监察御史"（《明史·茹太素传》）。他乡试中举，写的文章被朱元璋看中，就被直接授予监察御史，朱元璋很看重他。

此后一段时间，他是官运亨通，洪武六年升为四川按察使，"以平允称"，能力出众，一年后被召到京师，做正三品刑部侍郎。

一个只有举人学历的官员，在三四年间被要求严格的朱元璋连升三次，而且是破格提升，也可以看出茹太素确实很能干。

《明史·茹太素传》说他升做刑部副部长后，上书：中书省里里外外共有百余个官署，都接受御史、按察使的监督，但御史台却没有定期考核，应该命令守院御史一体考核。磨勘司官员数量太少，难以胜任检查全国钱粮的任务，请求增加官员若干员，各分为不同的科目。在外省卫，凡讨论军队和老百姓的事务，大家意见有分歧，致使事情一直拖延。请求选用按察司一人负责纠正。

有问题，有对策，朱元璋看完很高兴，立即颁发诏令，全国照办。

朱元璋是真的喜欢茹太素这样的干臣，但也恼火，看问题精到的茹太素的奏章却不精到，明明几百字可以表达完四件事，却被他引经据典、远绍旁搜地绕了上百个圈，非写个七八千上万字不可。

这下，朱皇帝可不高兴了，干脆教训他一次，将他降为刑部的正六品主事，成为普通的办事人员。但茹太素还是固执己见，屡教不改，动不动就"陈时务累万言"，让朱元璋召中书郎王敏读了大半天，还没读到实质性内容。

王敏敢怒不敢言，只能继续读。但朱元璋火了，找来茹太素责问，故而有了习骅在《中国历史的教训》中说的朱元璋暴打茹太素。

3

朱元璋是真因为茹太素行文啰唆而发怒吗？

其实未必！

《明史·茹太素传》记载："中言才能之士，数年来幸存者百无一二，今所任率迂腐俗吏。言多忤触。"

这才道出了茹太素被打的真正原因！茹太素直言不讳，几年来有才能的人，一百人中难得有一二人幸存，当今任职的官吏都是迂腐文人和无能官吏。如非这样，朱皇帝大可不必大怒，完全可以弃之纸篓。

茹太素说真话，批评不合常理的制度，击痛了朱元璋。

何以见得？朱元璋廷杖完茹太素后，又做了四件事：

一、"次夕，复于宫中令人诵之，得其可行者四事"。如果是废话连篇，日理万机的皇帝还会找人来读完吗？不会！除非打中了要害。

二、将茹太素所说的四件事条文摘录出来，下发各个部门执行，而且"帝自序其首，颁示中外"。皇帝加了朱批，下发全国照办，一定是非常重要。

三、命茹太素到浙江做行省参政。虽是外放，但也是给他另一个升职的机会。果然，几年后，朱元璋把茹太素调回京师，虽有过升降，但"十八年九月擢户部尚书"，即财政部部长兼央行行长，这可是洪武时代三大权重的衙门之一（《明史·职官志一》云："是时吏、户、兵三部之权为重"）。若不看重他的才干，朱元璋绝对不会把这个多次贬黜的非进士出身的官员，安排到掌管全国财政的位置上。

四、茹太素被外放浙江途中，朱元璋还特颁旨，许他回家侍候父母返回乡里。朱元璋为了人才，也打亲情牌。

4

茹太素被打事件，朝野震惊，朱元璋专门下了一道旨，"令中书定奏对式，俾陈得失者无繁文"。应该是茹太素在展开时，借古讽今，让朱皇帝感到了锥心之痛。

所以，朱元璋要大打出手，而且还给自己找了一个堂皇的理由："为君难，为臣不易。朕所以求直言，欲其切于情事。文词太多，便至荧听。太素所陈，五百余言可尽耳。"

读者们记住这万言书事件，大多是因"五百余言可尽耳"，忽视了朱元璋的忌讳。

《明史·宋濂传》中有一段关于宋濂为茹太素求情的

记述：

"主事茹太素上书万余言。帝怒，问廷臣。或指其书曰：'此不敬，此诽谤非法。'问濂，对曰：'彼尽忠于陛下耳。陛下方开言路，恶可深罪。'既而帝览其书，有足采者。悉召廷臣诘责，因呼濂字曰：'微景濂，几误罪言者。'"

意思是说：茹太素上奏章一万多字。朱元璋大怒，询问朝臣。有人指着奏章说："这里不敬，这里的批评不合礼制。"朱皇帝问宋濂，宋回答："他只是对陛下尽忠罢了，陛下正广开言路，怎么能够重责他呢？"不久，皇帝看茹太素的奏章，有值得采纳的内容，把朝臣都招来斥责，说："如果没有宋濂，我几乎错误地怪罪进谏的人。"

这才是朱元璋生气的真正原因，只是茹太素奏事太不注意方式，满纸胡咧咧，动不动揭老底，放言无忌。

廷杖事件结束了，但茹太素还是好了伤疤忘了痛，"抗直不屈，屡濒于罪"。

朱元璋还是对他展现了少见的大度宽怀，"帝时宥之"，即便贬官不久又重用。但是，这使茹太素的胆子越来越大。

有一天，朱元璋在便殿设宴，赐茹太素酒，说："金杯同汝饮，白刃不相饶。"

恩威并重，刚柔相济。朱元璋说得赤裸裸。

茹太素叩头称是，续韵对答："丹诚图报国，不避圣心焦。"

他要做一个直臣,"抗直不屈",不怕雷霆震怒,让皇上十分伤感。

没多久,正二品户部尚书茹太素被重新撸为正七品监察御史。

茹太素我行我素,忘了四起四落,被贬黜了四次。后来,受陷害顶头上司、左都御史兼吏部尚书詹徽涉嫌蓝玉案牵连,茹太素和同官十二人都被送进监狱治罪。再后来,茹太素被朱元璋安排一个罪名砍了头。

茹太素之死,对于我们重温明朝职场上的是非曲直,不失为一个很好的历史镜鉴。

虽然专录直臣死于非命的《明史》卷一百三十九中,只录茹太素传略,而在传赞未提其人,但从有名者的评价中,依稀可见茹太素那一干人等的精神写照:"抱其朴诚,力诤于堂陛间,可谓古之遗直矣。"他们为了天下大计,忠爱国家,虽然不择言辞,不讲技巧,但与沽名钓誉之徒,迥然有别。

他们可以对皇帝的制度建设臧否凌厉,但不会对皇帝荒唐无耻的私生活冷言冷语。他们可以对权臣太监的胡作非为厉色怒怼,却不会为了小我的荣辱而对不合时宜的主张隔岸观火。

久而久之,皇帝为首的权力集团,很容易与他们互不买账,最后导致了他们成了被直追猛打的落水狗。

孔圣人甘做丧家狗,茹太素们却是忠狗。

儒家道统如此,封建治统亦如此。

　　但有一点，茹太素死于非命，却不是死于迂腐，更不是死于抱残守缺，而是大义不怕殉国难，直言不为君王爱。也正是如此，朱元璋限制宦官预政失败，废除丞相制度失策，却因为有着许多像茹太素这般不怕死的直臣谏官，有限地制衡了权宦权臣的擅权乱政，而在大黑暗时代闪现出一些倔强的光亮。

养妻妾上百，汤和独享寿终还封王

1

在朱元璋的开国功臣榜上，汤和有着许多唯一性：

他和朱元璋是发小，大朱三岁，至洪武二十八年八月卒，年七十。他是与朱元璋相处时间最长的人。

他在洪武三年封中山侯，十一年春进封信国公，死后追封东瓯王。他是朱元璋一朝唯一被封侯、公、王三爵的人。

他在朱元璋对勋臣悍将的清洗运动中，真正得以善终。《明史·汤和传》说："当时公、侯诸宿将坐奸党，先后丽法，稀得免者，而和独享寿考，以功名终。"

他妻妾上百人，虽只有妻子胡氏有姓，但被写进正史，极为罕见。"媵妾百余，病后悉资遣之。"虽看似仁慈，但可见他风流成性，必有不少强抢强纳，这在封建礼法时代也是祸害无穷。

他有五子，且爵位未削，但子孙后人却无一人袭爵。明英宗时，汤和长房四世孙"乞嗣爵，竟以历四十余年未袭，罢之"。

2

汤和幼年有奇志，带领发小们玩骑射的游戏，很有领导人风范。他还是一个有谋略的帅哥，《明史》称他"倜傥多计略"。

朱元璋还在皇觉寺出家时，汤和就率十多个壮士加入郭子兴的义军，拼军功成为千户。后来，还俗的和尚朱元璋成为郭子兴的上门女婿，娶了他的义女马秀英，不断升级，成了先锋官。汤和甘愿追随这个小老弟，冲锋陷阵，诸将不服朱元璋的管束，但汤和"独奉约束甚谨"。

朱元璋做大，独树一帜，汤和也是拼死厮杀，由管军总管成了统军元帅、枢密院同佥（同佥为院官身份，节制元帅）。

电视剧《朱元璋》把汤帅列在徐达、常遇春之上，是老大朱元璋之下的二哥。

在历次大战中，汤和也是屡建战功：

至正二十五年十月，汤和随大军讨伐张士诚，攻克太湖水寨，攻下吴江，围攻平江，在阊门和敌人战斗时，被飞炮击伤左臂，应诏返回应天。伤好后，重返战场，攻克平江，被朱元璋赏赐黄金和布帛。

至正二十七年，汤和被授以征南将军，征讨浙东义军方国珍。渡过曹娥江，攻下余姚、上虞，攻取庆元，逼得方国珍逃亡入海，俘获敌帅二人、海船二十五艘，斩首无数，然后回军平定各属城。汤和派使者招降方国珍，方国珍到军门投降，得士兵二万四千人、海船四百多艘，浙东地区全部平定。

此后，汤和擒获福建元军守将陈友定，又随徐达西征，攻取泽、潞、晋、绛诸州郡。在攻战东胜、大同、宣府的战役中，都立有战功。返京后，授为开国辅运推诚宣力武臣、荣禄大夫、柱国，封中山侯，每年的俸禄一千五百石，并授子孙世袭凭证。

洪武九年，蒙古瓦剌首领伯颜帖木儿成为大明边境的隐患，汤和以征西将军的身份驻防延安，伯颜帖木儿乞和，汤和率军返回。洪武十一年春，汤和"进封信国公，岁禄三千石，议军国事"。

3

在电视剧《朱元璋》中有一幕，说朱元璋准备大封功臣时，马皇后认为汤和该封国公，且是名列榜首，而朱元璋坚持只给一个侯爵。

这是有原因的。

电视剧中的解释是，汤和虽是自家兄弟，但总和李善长搞到一起，朱元璋不想左膀右臂的武将之首和文官首臣结交过甚，这是危险。

另外，汤和还派五百兵士给李善长扩修府邸，虽是小事，汤和也报告了朱元璋，但朱元璋还是忌讳。这点，电视剧里以汤和和李善长闲谈道出，《明史·李善长传》也有记载。

朱元璋封徐达为右丞相、大将军加魏国公，龙辇迎接，还结为亲家，这也是狠狠地敲打了一次当初和徐达平起平坐的汤和。

而在《明史·汤和传》中的记载却是：

"和沉敏多智数，颇有酒过。守常州时，尝请事于太祖，不得，醉出怨言曰：'吾镇此城，如坐屋脊，左顾则左，右顾则右。'太祖闻而衔之。平中原师还论功，以和征闽时放遣陈友定余孽，八郡复扰，师还，为秀兰山贼所袭，失二指挥，故不得封公。"

这段文字译为白话是：汤和虽然沉稳聪明，但也常因醉酒犯错。驻守常州时，他曾有事请示朱元璋，没有得到满意的答复，便在酒后吐真言："我镇守此城，就像坐在屋脊之上，左右为难。"朱元璋听说后怀恨在心。平定中原，论功行赏，朱元璋以汤和征闽时擅自释放陈友定的余孽，使八郡重受骚扰；还军途中，又被秀兰山贼寇袭击，失去二名指挥使为由，不封汤和为公爵。

后来，汤和伐蜀班师，朱元璋接见时当面数落其逗留之罪。汤和顿首谢罪，此事才作罢。电视剧《朱元璋》倒是安排相反，说汤和提前回来，因为朱元璋已下旨催其归来，把兵马交给朱元璋的几个儿子带走。

4

汤和还是很聪明的。《明史》称赞他："东瓯乞身归第，以明哲自全"，"卓然非人所能及"。虽然朱元璋封汤和为信国公时，还把他的常州过失镌刻铁券丹书，但汤和第一个主动释兵权。

他已看出天下无事时的皇帝，再不是和兄弟们征战沙场的上位了，皇帝"意不欲诸将久典兵"，故而汤和请求："臣犬马齿长，不堪复任驱策，愿得归故乡，为容棺之墟，以待骸骨。"

这是朱皇帝所要的忠臣之言，龙心大悦，"立赐钞治第中都"，并给他一个监工防倭戍海城的肥差，还让第十子朱檀娶了汤和的女儿做王妃，使汤和也同徐达一样做了皇亲国戚。

汤和懂事多了，晚年更加恭谨，"入闻国论，一语不敢外泄"。此言是说明汤和远离他人，不掺和拉结，自然就没有了朱元璋最怕的培植私党了。汤和的老部下颍国公、儿女亲家傅友德就是因为与蓝玉走得近，被朱元璋赐死，全家流放。

汤和难得糊涂，乐在其中，朱元璋也不会因为汤和养"媵妾百余"超过自己而恼怒，还在汤和夫妻觐见时赐"黄金三百两、白金二千两、钞三千锭、彩币四十有副"，"并降玺书褒谕，诸功臣莫得比焉"。

汤和患病失声，皇帝即日探视。汤和病重，"帝为流涕，厚赐金帛为葬费"。汤和死后，皇帝追封东瓯王，谥襄武。

常遇春弃盗为良，不读兵书却常胜

1

常遇春是真正习武出身，"貌奇伟，勇力绝人，猿臂善射"（《明史·常遇春传》），只因家贫生计艰难，加之社会动荡，盗贼出没，逼迫常遇春投靠绿林大盗刘聚。

刘聚拦路抢掠，入宅为盗，常遇春虽能吃肉喝酒，但这不是他想要的。他得另谋出路。

至正十五年（1355）四月，常遇春遇上朱元璋率军攻打和阳，见其视士卒如弟兄、部队不害百姓，决定投奔朱元璋。

常遇春自请为前锋，力战克敌，自言能将十万众，横行天下，军中称常十万。当初，朱元璋还以为其是一个食客，几仗下来，常遇春用实力说话，而且很仗义，让朱元璋"益爱重遇春"。

常遇春是一个天生的先锋大将，与元帅徐达相得益彰，各显身手。"是时称名将，必推达、遇春。两人才勇相类，皆太祖所倚重。遇春剽疾敢深入。"（《明史·徐达传》）

常遇春"虽不习书史，用兵辄与古合"。

至正十九年七月，常遇春进兵攻衢州，一路杀将而来。

衢州城垣，壁垒森严，固若金汤。常遇春率部从陆上、水上将六座城门团团围住，又造吕公车、仙人桥、长木梯、懒龙爪等攻城军械，"拥至城下，高与云齐，欲阶以登城"，又在大西门城下"穴地道攻之"。守城元将伯颜不花的斤凭借坚固的城垣，"以束苇灌油烧吕公车，驾千斤秤钩懒龙爪，用长斧砍木梯，筑夹城防穴道"，双方交战激烈，常遇春久攻不克。

常遇春以奇兵出其不意地突入，毁其所架之炮，攻围甚急。元军支持不住，遣使密约投降。

2

至正二十年五月，陈友谅率水军数十万直取应天，在龙湾登陆，常遇春奉命与冯胜率帐前五翼军三万人设伏、冲杀，陈友谅的汉军死伤惨重，溃不成军，大败而逃。

此战，常遇春功劳最大，与平章邵荣、右丞徐达是朱元璋"所任将帅最著者"。

三年后，吕珍奉张士诚命，率军突袭安丰，破城，杀死红巾军大将刘福通，占据安丰。朱元璋率军攻打安丰，吕珍掘沟竖栅，加固城防，水陆连营，做好作战准备，朱元璋"左右军皆败"，而常遇春横向冲击吴军方阵，"三战三破之，俘获士马无算"。

陈友谅以号称六十万大军倾巢来攻，在鄱阳湖与朱元璋军血拼。常遇春奋勇当先，射伤陈友谅的骁将张定边；又组织火攻，发挥小船优势，陈友谅的舰队被烧得烈焰冲天，兵将损失过半，彻底覆灭陈友谅。

后来常遇春为副将军，与徐达对张士诚作战，顺利制胜。

平吴归来，常遇春进中书平章军国重事，封鄂国公。

随后，徐、常二人奉命帅军北征，屡建奇功。元军五万摆阵在洛水之北，常遇春单骑突入敌阵，麾下壮士从之，勇猛冲杀，在洛水之北击溃元军，俘获无算，"降梁王阿鲁温"，史称塔儿湾大捷。

常遇春北征前，朱元璋嘱咐："当百万众，摧锋陷坚，莫如副将军。不虑不能战，虑轻战耳。身为大将，顾好与小校角，甚非所望也。"

洪武元年闰七月，徐达、常遇春率马步舟师由临清沿运河北上，连下德州、通州。元顺帝携后妃、太子等逃奔上都开平。

八月二日，徐达、常遇春一举攻占大都，改为北平府。稍事休整，即又挥师西进，与精锐的扩廓帖木儿军进行了艰苦的搏战，平定山西、陕西。

元顺帝乘明军主力长驱晋秦之机，命丞相也速率军向北平反扑，兵锋已抵通州。常遇春与李文忠率步卒八万、骑士一万驰救北平，元军闻讯即向北逃奔，常遇春率军追奔千里，大获全胜。

为了覆其巢穴，最终解除元军对北平的威胁，常遇春又率军径取元上都开平，俘获以宗王庆生和平章鼎住为首的万名留守元军，缴获车万辆、马三千匹、牛五万头。后来，朱元璋追封常遇春为开平王，意义在此。

清初史学家万斯同的《明史稿》中说："遇春沉鸷果敢，出则摧锋，入则殿后，未尝败北。"后来，大学士张廷玉总裁的《明史·常遇春传》也说："遇春沉鸷果敢，善抚士卒，摧锋陷阵，未尝败北。"

<h2 style="text-align:center">3</h2>

洪武二年七月七日，常遇春自开平班师南归，行至柳河川，得暴病卒于军中，年仅四十岁。朱元璋"闻之，大震悼，亲出奠"，以亲王发哀礼，赐葬钟山之下。

朱元璋追封常遇春为翊运推诚宣德靖远功臣、开府仪同三司、上柱国、太保、中书右丞相，追封开平王，谥曰忠武。"配享太庙，肖像功臣庙，位皆第二。"朱元璋令宫廷画师为常遇春绘制身穿龙袍的全身像，五爪金龙，此袍只能是帝王专用。

此等殊荣该是当时顶级待遇，独一无二。《明史》赞曰："开平摧锋陷阵，所向必克，其智勇不在中山下，而公忠谦逊，善持其功名，永为元勋之冠。身衣日月剖符锡土若王者，可谓极盛矣！"

洪武三年，朱元璋大封功臣，常遇春长子常茂因父荫，受封郑国公，与李善长、徐达、李文忠、冯胜、邓愈同为开国六大国公，位列第三。

洪武四年，朱元璋诏令皇太子朱标与常遇春长女常氏成婚，常氏被封为太子妃，更显朱元璋对常遇春的怀念和对其家眷的厚待。

封赏亲戚各有居心，感恩抑或战功

1

草根出身的朱元璋，骨子里还是充满强烈自卑心理的。

自卑，注定了他寡情嗜血的一面。因此也强化了他私爱家族但不容家人背叛的一面。

他同马夫人视同己子的侄儿朱文正，是其大哥朱兴隆的独子，也是他诸兄的唯一，一度是他最倚重的核心成员。

有着这样的亲情血缘，朱元璋对朱文正的情感是独特的。但是，朱文正对朱元璋说："叔父成大业，何患不富贵。爵赏先私亲，何以服众？"（《明史·靖江王朱守谦传》）

朱文正说此话的情形，是在他追随朱元璋渡江攻取集庆路建立功勋后，朱元璋封了他一个枢密院同佥后，还问他要做什么官。

朱文正的回话，颇识大体，也知满足。要知道，这个枢密院同佥，即韩宋龙凤二年（元至正十六年，1356年），小明王在朱元璋大帅带兵攻陷集庆路后，对其进行的特别赏赐，即全国最高军事机构的副领导人。此时的朱元璋，开始自立门户。当然，他为了避免树大招风，还是恭敬地遥尊年轻的小明王为主子。

枢密院的正职，则是韩宋政权创始人兼丞相刘福通兼任，他正全面执掌着小明王的军政大权。他是韩宋政权真正的一号首长，而小明王不过是傀儡伪帝。

刘福通坚持反元，屡败屡战。而积极攻城略地的朱元璋，却屡建奇功。

朱元璋不满足于一个虚设的同佥，很快在诸将拥戴其为吴国公、组建江南行中书省后，将同佥一职送给了年仅二十岁的朱文正。

五年后，已在应天高筑墙夯实根据地的朱元璋，在李善长、朱升、刘伯温等人的怂恿下，积极积蓄力量（广积粮），谋划一统天下的帝业，而不满足于偏安在韩宋羽翼之下。

于是，割据一方的朱元璋，将枢密院改为大都督府，以朱文正为大都督。

此时，朱文正还只有二十五岁，被赋予了节制中外诸军事的权力，即他已成为朱元璋的军事代言人。

《明太祖实录》卷九记载，元至正二十一年三月丁丑，朱元璋"改枢密院为大都督府。命枢密院同佥朱文正为大都督，节制中外诸军事，中书省参议李善长兼司马事，宋思颜兼参军事，前检校谭起宗为经历，掾史汪河为都事"。

朱文正被安排在朱元璋的首辅李善长之上，足见他已然是朱元璋一人之下。

《明史·靖江王朱守谦传》对朱文正首任大都督后的权力级别有一个具体的交代："及再定江西，以洪都重镇，屏翰西南，非骨肉重臣莫能守。乃命文正同元帅赵得胜等镇其地。"

也就是说，朱文正作为朱元璋的"骨肉重臣"，"节制中外诸多军事"的权力和级别，是要凌驾于诸元帅之上。

另据《明史·常遇春传》记载："先是，太祖所任将帅最著者，平章邵荣、右丞徐达与遇春为三。"曾与江南行中书省平章平起平坐的邵荣，以及大明王朝开国名将徐达、常遇春等，都是元帅将军，都是要接受更年轻的朱文正的节制和调遣的。

因为他是朱元璋最亲密、最放心、最信任的嫡系。

邵荣自是不服。他既不甘心屈居于朱元璋之下，也对朱元璋扶持朱文正掌握军权、制约诸帅的意图更为不满，于是在他第二年平定处州之乱回到应天后，组织力量阴谋推翻朱元璋。结果，消息走漏，朱元璋先发制人，邵荣被擒问斩。

当然，朱文正在权力行使上是一个傀儡，但在事功建设上却是一个能人。他喜欢读史传，智勇兼备，曾以数万守军，在洪都坚守八十五日之久，挡住陈友谅亲率的六十万大军的汹汹来势，为朱元璋在鄱阳湖一战中彻底解决陈友谅问题，创造了绝佳的条件。

"江西之平，文正功居多。"(《明史·靖江王朱守谦传》)

可以说，持续三月之久的洪都保卫战，成就了朱文正无与伦比的军事天赋。

朱元璋对他也是特别看重的。就连《明太祖实录》中还专门记载了"丁卯，皇从孙守谦生，皇侄文正之长子也"（《明太祖实录》卷九）。这是皇子皇孙、天潢贵胄的待遇。

然而，胜利归来的朱文正，没有获得常遇春、廖永忠等人所获的丰厚金帛。朱元璋重点奖励了朱大都督手下的将帅走卒，严重忽略了不畏强敌、数撄其锋的朱文正。

朱元璋喜欢朱文正初立新功时的格外识大体，也期待他再建殊勋的戒骄不小气。毋庸置疑，朱元璋的潜意识里，有意压制将帅不满、已难再封的朱文正，不使新近在功劳簿增添浓墨重彩一笔的朱文正，恃巨功而以继承者自居，成为影响朱家王朝父子嬗替的威胁。

朱元璋对朱文正的命运安排是很清晰的。

朱文正或许很清楚叔父的王者心态、帝王心术，不好直接邀功请赏，而是借酒浇愁，失去底线，纵容手下抢夺将士妻女，遭到按察使李饮冰的弹劾：朱文正强抢和奸污民女，用龙凤装饰内饰，企图投降张士诚。

李饮冰告讦，朱文正想造反。

朱元璋大怒，爱侄得守规矩。

马夫人力劝，此儿刚烈不坏。

一位军事奇才，就因格局太小，丢了远大前程。

朱文正被免官闲置，拘禁桐城，未几抑郁而终。

李饮冰并未受奖励，而被借故，惨遭主子诛杀。

朱元璋爱朱文正不假。他既是唯一幸存的侄儿，也是骨肉亲情的棋子，在朱元璋赋予其各种各样形形色色的宠爱和倚重的同时，不免有崇隆其功、压制诸将的特别厚望。

朱文正急躁易怒的劣根性，似乎有遗传。他被贬谪后，其四岁的儿子朱守谦，被朱元璋视若亲孙，养育宫中。洪武三年四月，朱元璋封王诸子，特地将已没了父亲的朱守谦，封为靖江王，还为他聘请了一位名儒当长史兼师傅，使之封藩桂林，赐予元顺帝留下的行宫给他做王府。但是，喜欢读书的朱守谦，能力远不及其父，却很快恢复了其父传承下来的暴横荒淫性格，重视小人，性情乖戾，阴贼险狠，肆为淫虐，引得属民怨声载道。朱元璋将其召回京师训诫，他竟写诗予以讽刺回击。朱元璋大怒，将其贬为庶人，发配凤阳，暴横如故。朱元璋盛怒之下，对这个纨绔从孙很是无奈，幽禁时却始终网开一面，保持了他的世袭罔替。这是朱元璋爱侄及孙的情感使然，也是对早逝爱侄的政治补偿。

但论朱文正恃功骄纵或恃宠奢靡的秉性，即便不在洪都战后见弃，也必然在洪武集权中遭遇厄运。

朱元璋是一个彻头彻尾的任人唯亲的主。

子侄有别，嫡庶自分。

亲侄如此，外甥尚远。

一代名将李文忠，另一个"骨肉重臣"，虽然被舅舅朱元璋养作儿子，爵封高位，委以重任，但一旦违逆皇帝朱元璋的意志，那亦遑论骨肉亲情。

从某种意义上讲，活到了洪武开国后的李文忠的政治遭际，可以镜鉴到立朝前夕抑郁而终的朱文正的血色宿命。

2

在追随朱元璋的战将体系中，有不少人死后被追封为王，如常遇春被封为开平王，徐达被封为中山王，但有一对父子死后皆被封王，仅此一例：

父亲李贞，死后获赠陇西王，谥恭献，赠"三世皆王爵"。

儿子李文忠，被封岐阳王，谥武靖，配享太庙，肖像功臣庙，位皆第三。

李文忠是朱元璋姐姐的儿子，十二岁丧母，随父李贞投奔舅舅朱元璋，被朱元璋收为养子，改为朱姓，十九岁首战便"骁勇冠诸将"，成为独当一面的大将。

《明史·李文忠传》称："文忠器量沉宏，人莫测其际。临阵踔厉风发，遇大敌益壮。颇好学问，常师事金华范祖幹、胡翰，晓通经义，为诗歌雄骏可观。"

李文忠是朱家甚至是开国战将系列最有学问的人，是一个实至名归的儒将。他是明朝开国六大国公之一（应该是七大，一般未把李贞算入），虽不是为首，但其父李贞同为曹国公，其母为曹国长公主，另外封赏，所得恩宠丝毫不逊于为国公之首的李善长。

朱元璋幼时，亲戚贫寒，唯姐夫李贞家还能吃饱饭，经常接济朱元璋。朱元璋称帝后，对李家格外照顾，李贞被封为恩亲侯、驸马都尉，让李贞"敕免常朝，赞拜不名"，特许他穿五爪金龙的龙袍。

朱元璋为了每天能看到李贞，邀他住在皇城内城，常和太子、诸王去李家。洪武三年加封为特进荣禄大夫、右柱国、曹国公。

李贞说："衣冠焜耀于三世，恩泽滂沛于一门，揆今食禄之家未有过于臣者。"李贞死后，朱元璋"辍朝三日"，"车驾临奠"（《明史·李文忠传》）。

3

李文忠更是舅舅兼养父朱元璋的骄傲："大封功臣，文忠功最，授开国辅运推诚宣力武臣，特进荣禄大夫、右柱国、大都督府左都督，封曹国公，同知军国事，食禄三千石，予世券。"（《明史·李文忠传》）

明循元制，定封爵之制，分公、侯、伯三等，罢子、男不置。受封而领铁券者，为世袭封爵，否则为流爵。佐太祖定天下者，曰开国辅运推诚；从成祖起兵，曰奉天靖难推诚；余曰奉天翊运推诚和奉天翊卫推诚。武臣曰宣力武臣，文臣曰守正文臣。岁禄以功为差。

至正十七年，李文忠第一次参战，率亲军击败在池州赵普胜的兵，又攻下青阳、石埭、太平、旌德四县。第二年，会同邓愈、胡大海由徽州进入浙江，从元军手中夺得建德，升为亲军都指挥，镇守建德，收降苗帅杨完者的旧部三万多人。

张士诚侵扰严州，李文忠率军抵御，大破张士诚，使之从此不敢再窥视严州。文忠升同佥行枢密院事。

朱元璋对李文忠十分宠信，常派他监军随将领出征，覆灭张士诚、陈友谅。

李文忠作战，很讲计谋，也很勇猛。胡大海俘虏陈友谅二将，李文忠"释而礼之，使招建昌守将王溥。王溥降"（《明史·李文忠传》）。

至正二十五年春，张士诚派李伯升率二十万大军进攻新城，李文忠迅速救援，在离新城十里之处扎营。

有人告知李文忠，贼军势头极盛，应当驻扎以待大军。

李文忠却说："兵在谋不在众。"

次日会战，李文忠召诸将仰天发誓："国家之事在此一举，文忠不敢爱死以后三军。"

李文忠横握长槊，率数十名铁骑，从高处奔驰而下，冲往敌军中坚之中。

李文忠亲手杀敌甚多，引骑向外猛冲，所向披靡。

李文忠转战沙场，官至荣禄大夫、浙江行省平章事，复姓李氏。

4

明朝建立后，李文忠多次领兵出塞征讨元军残余，战功显赫。

洪武三年，李文忠接管早逝的常遇春留下的军队指挥权，被授征虏左副将军，与大将军徐达分道北征，率领十万人出野狐岭，到达兴和，降服守将。进兵察罕脑儿，擒获平章竹真。驻军骆驼山，赶走平章沙不丁。驻军开平，降服平章上都罕等。

当时，元顺帝已死，太子爱猷识理达腊（昭宗）新立。李文忠派人探知此情，率军兼程，奔往应昌。

元昭宗北逃，李文忠"获其嫡长子买的立八剌及后妃宫人诸王将相官属数百人，及宋、元玉玺金宝十五，玉册二，镇圭、大圭、玉带、玉斧各一"。

洪武十年，李文忠与李善长"总中书省大都督府御史台，同议军国大事，都圜丘工"。李善长是离休返聘，而以李文忠为主。后来，李文忠又率军征讨反叛的洮州十八番族，班师后，复掌最高军事机构大都督府和全国最高学府国子监。

李文忠经常对舅舅皇帝建议，如请求凿地引龙首渠水入西安城，解决城里水含咸卤不能饮用的问题；如应天府田租过重请求"减额"……都被朱元璋采纳。"其释兵家居，恂恂若儒者，帝雅爱重之"。

建议多了，问题来了。李文忠对朱元璋的一些做法提出劝告：

一是"谏帝征日本"，劝不要发兵征讨日本。

二是"及言宦者过盛，非天子不近刑人之义"，谏在处理重要政治事务时不要过于依赖宦官。

朱元璋看到后，不理睬。但没想到李文忠不罢休，直接来了一次更猛的当面死谏，"劝帝少诛戮"："叛臣贼子，定诛无宥，惟锻炼攀诬，滥杀无辜，人不自安，伤国元气。"

这彻底激怒了朱皇帝："小子胆大包天，一派胡言乱语。朕斩绝叛逆，与你何干？"

文忠毫无惧色，朗声答道："陛下杀尽功臣宿将，一旦边疆有警，或内有叛乱，那时谁来为国效力疆场？愿陛下三思。"

朱元璋勃然大怒："李文忠，难道你就不怕死吗？朕成全你，将你一道杀了，看谁还敢再来啰唆。"

文忠抗声道："文忠死不足惜，愿陛下多念及江山黎民。"

朱元璋喝令武士将文忠押下监候。消息传到宫中，马皇后赶紧出面，泪眼求情，晓之以理，动之以情，说文忠既是皇帝的大功臣，也是亲外甥，现在对您好的姐姐姐夫都不在了，您还要杀了他们的孩子文忠，叫我怎么不流泪？！

朱元璋闻言，触痛心头，感慨万千，赦免文忠死罪，幽禁家中。

怎料，洪武十六年冬季，李文忠得病。朱元璋心痛外甥，亲临探视，并命淮安侯华中负责医治。这个华中，何许人也？《明史·华中传》记载：其父华元龙元末聚众起兵，后率众归附朱元璋，立过不少战功，"进都督同知，兼燕王左相。洪武三年冬，论功封淮安侯，禄一千五百石，予世券"。洪武七年，有人告发他在北平占据元丞相脱脱的府邸，"僭用故元宫中物"，被召南还，死于途中。朱元璋让华中继承淮安侯爵位，但当时为李文忠手下。

洪武十七年三月，李文忠突然病故，终年46岁。朱元璋"亲为写致祭，追封岐阳王，谥武靖。配享太庙，肖像功臣庙，位列第三"（《明史·李文忠传》）。朱元璋疑华中怀恨父仇，借机下毒，便降低华中的爵位，将其家属逐至建昌卫，其他医生及妻子儿女都被斩首。

美国历史学家牟复礼、英国历史学家崔瑞德合编的《剑桥中国明代史》中说："洪武帝的外甥李文忠，是皇帝至亲中唯一有点学识的人，但是从很早时候起，他对他舅父的忠诚就有些不肯定。可是，皇帝还是把他安放在极重要的位置上。他是个极有才干的行政官员。根据史籍所载，他擅长搞钱粮和刑名事务，也善于搞大项目公共工程。"

蓝玉案后，大明王朝久无良将可派

1

陈宝国主演的《传奇皇帝朱元璋》，专门给朱元璋和蓝玉安排了一场夺妻战。

事情是这样的，朱元璋二夫人郭宁莲的妹妹郭惠，与年轻的蓝玉情投意合，怎料姐夫起了淫心，娶了大姐马秀英和二姐郭宁莲还不满足，胁迫郭母假传郭父的遗嘱，要小姨子再嫁大姐夫。

郭母临终前，说出原委，郭惠不顾惠妃身份和母丧大忌，和蓝玉频频私会。朱元璋知道后，感到奇耻大辱，盛怒之下赐死郭惠妃。郭惠死后，朱元璋为掩人耳目，对外宣称郭惠妃暴卒，还对其风光大葬。

真相会是这样吗？

2

朱元璋确是有一个郭宁妃，也有一个郭惠妃。但是，她们并不是亲姐妹。

先说郭宁妃，其父为濠州人郭山甫，会看相。朱元璋来濠州城投军，某次经过郭山甫家，被老郭头看中，认为日后必有大富贵，王公贵不可言。他嘱咐参加了郭子兴造反军的两个儿子郭兴、郭英，紧跟还是郭子兴亲军的朱元璋，日后必定封侯。与此同时，他将女儿送给朱元璋做侍妾，即后来的郭宁妃。

再说郭惠妃，她是定远人郭子兴二夫人所生的亲女儿，与郭山甫家并无血缘关系。初时，年轻的和尚来濠州投军郭子兴麾下，很快被郭二夫人张氏看中，利用郭子兴好友马公托付的女儿，将其招为养女婿。郭子兴死后，朱元璋与郭子兴大夫人所生的儿子郭天叙、郭天爵争权夺利，二夫人果断地将自己的独生女嫁给朱元璋做小老婆，以示支持。果然，郭家二公子死于非命，而郭小姐成了郭惠妃。

郭惠妃与郭宁妃，都姓郭，连着后来朱元璋给她们的封号，一字之差，貌似姊妹。其实，唯同姓氏而已。倒是，郭惠妃与马皇后，还有一层养姐妹的关系。

郭惠妃生蜀王朱椿、代王朱桂、谷王朱橞、永嘉公主、汝阳公主。三子二女，按《明史》记载的朱元璋后妃生育成绩来排，在有名分的二十余后妃中，仅次于马皇后。如果按后人对马皇后生育有争议的话，如明代藏书家郎瑛《七修类稿》称"孝慈高皇后生有两个儿子，在鲁府玉牒里有记载"。嘉靖朝更是有个名叫汪宗元的高官弄了一本《南京太常寺志》，称朱元璋的孝陵后妃神位排列有特别的寓意：左一位李淑妃，因为她生皇长子太子朱标、皇二子秦王朱樉、皇三子晋王朱棡；右一位碽妃，她是成祖朱棣的生母。马皇后似乎侵占了李淑妃的生育成果，那么，郭惠妃的生育成绩无疑是第一。

从后妃的生育成绩来看，无论是冠军还是亚军，朱元璋无疑是非常宠爱郭惠妃的。一位皇帝明明知道自己的妃子爱着其他男人，不可能十余年使这个女人连续受孕。一个心系其他男人的妃子，即便再为皇帝喜欢，也不可能为他生育这么多儿女。这可证明，郭惠妃与蓝玉并无情感纠葛，是后人虚构的。

《明史·蓝玉传》说，洪武十四年，"册其女为蜀王妃"。这个蜀王，即郭惠妃所生的皇十一子朱椿。若朱元璋假造郭父遗嘱，强娶郭惠，那自然清楚郭惠与蓝玉的情爱，而又将蓝玉的女儿纳为惠妃的儿子为妻，难道是让自己心爱的郭惠妃想起儿子，多想起老情人蓝玉？故而可见，郭惠妃与蓝玉不存在情感交集。除非朱元璋变态，要让自己的妃子想着情敌，让情敌惦记亲家母。

其实，朱元璋对蓝玉确实是另眼相待。

3

洪武二十年，征虏大将军冯胜率军攻打进犯的北元太尉纳哈出，俘获纳哈出，迫降二十余万众。这是明朝开国以来的一次大捷。但因众将会见纳哈出时，纳哈出很有骨气，对明将咄咄而语，意图逃跑，激怒冯胜的女婿、常遇春之子常茂抽刀砍去手臂。

冯胜班师还朝，朱元璋遣使迎接，并命将常茂戴上枷锁。因为他砍伤纳哈出，差点激怒二十万俘虏绝地反击。

常茂为了躲避惩罚，攻讦告发老岳父、大将军冯胜藏匿良马、索要珠宝、强占元女、大损骑兵。

明太祖大怒，没收了冯胜的大将军印，命令永昌侯、右副将军蓝玉"行总兵官事，寻即军中拜玉为大将军，移屯蓟州"（《明史·蓝玉传》）。

从此，冯胜被圈禁在凤阳建宅居住，定期上京朝见，以后再也没有统率过大批量的中央军，即便第二年复出平乱曲靖，也只是几千人马。而蓝玉经常挂帅，领兵出征。

而在此前，蓝玉虽有军功，但主要被笼罩在他人的光环下。

他最初隶属常遇春麾下，很得姐夫常遇春的关照和调教，因而每战身先士卒，无所不摧。常遇春积极向朱元璋推荐这个小舅子，使之不断擢升，官至大都督府佥事。

常遇春死后，蓝玉相继追随定西将军傅友德、大将军徐达等，做过徐达北伐残元的先锋官，虽然小胜蒙古名将王保保，但被诱入重围，损兵上万。朱元璋顾及徐达情面，没有追责，也不作奖励。

直至洪武十一年，蓝玉同新任征西将军沐英一同征讨西番叛乱，俘获叛首，斩以千计，大获全胜。蓝玉因功

111

受赏永昌侯，岁禄二千五百石。

永昌是一个好名字。两百六十多年后，即大明王朝覆亡的那一年正月，李自成在陕西称帝，用的年号就是永昌。

永昌并没有给李自成带来实现长久天命的好运气，但是，对于冲锋陷阵的蓝玉来说，却不失为一个昌盛十五年的好开头。

三年后，蓝玉作为左副将军，与征南将军傅友德、右副将军沐英再次合作，一举攻克残元势力盘踞的云南地区。蓝玉亲率一支队伍，攻占大理，斩获良多，底定滇地。

朱元璋大悦，又赏赐了他五百石岁禄，还将其女指婚给宠妃郭氏所生的皇十一子、蜀王朱椿为正妃，使之作为皇亲国戚的关系又进了一步。此前，他的外甥女、常遇春之女为太子妃，如今他直接成了皇帝的亲家。

继而，蓝玉被朱元璋拜为征虏大将军，取代了宋国公冯胜。

若按电视剧《传奇皇帝朱元璋》中的设计，称蓝玉与朱元璋有夺妻之恨，朱元璋能这样慷慨地把统率大军的兵权交给想食其肉、寝其皮的情敌蓝玉吗？

蓝玉是真心为朱元璋沙场卖命，屡建大功！

在捕鱼儿海一战，蓝玉追亡逐北，追逐得新元主、顺帝孙脱古思帖木儿与太子天保奴数十骑望风而逃。

此战，蓝玉不但抓住了元主次子地保奴、公主、亲王、平章等官民八万人，还收获了宝玺符敕金牌金银印诸物、马驼牛羊十五万多，以完全摧毁北元官职体系而名震天下。"奏捷京师，帝大喜，赐敕褒劳，比之卫青、李靖"（《明史·蓝玉传》）。后来，蓝玉西征，不断深入，"复请籍民为兵，讨朵甘、百夷"，若非朱元璋下诏，蓝玉也不会班师。

蓝玉"长身颀面，饶勇略，有大将才"，徐达、常遇春死后，蓝玉"数总大军，多立功。太祖遇之厚"。但是，蓝玉立功是立功，朱元璋把骄兵悍将视为利刺，必削之而后快。他既要人给他攻城略地、开疆拓土，也要绝对保证朱明江山的安稳。他本来要封蓝玉为梁国公，因蓝玉在外不能自律，改为凉国公，并"镌其过于券"，也是警示。

但是，朱元璋还是在蓝玉平定施南、忠建二宣抚司叛乱后，再增其岁禄五百石。五百石不少了，当初刘伯温受封诚意伯，所得仅两百四十石。朱元璋为蓝玉增加岁禄，连加两次，每次比刘伯温都是两倍有余。

刘伯温不在乎这个，但对于死战沙场的悍将而言，皇帝的大量奖励就是对自己的重视。

朱元璋命蓝玉收兵，带着第二任魏国公徐辉祖、第二任曹国公李景隆安置陕西边务。蓝玉至兰州，堕马受伤，朱元璋闻讯后，又下手诏安慰，称他功劳堪比已故中山王徐达、开平王常遇春。

早在查证李善长罪证时，李存义揭发："将军蓝玉出塞，至捕鱼儿海，俘获惟庸私通沙漠使者封绩，善长却匿而不报。"（《明史·李善长传》）这是李善长的罪证不假。李善长知情不报，还知会蓝玉不报告皇帝。蓝玉不报告皇上，而将胡惟庸最重要的通敌证人，交给辞了职的前丞相。虽然在制造胡惟庸、李善长两起谋反案时，朱元璋没有株连征元大将蓝玉，但多有猜忌的朱元璋自然记下了蓝玉这笔账。

朱元璋对大将军蓝玉很是看重，但蓝玉日渐恣意骄横，蓄养了许多庄奴、义子，乘势横行霸道。这一点，朱元璋是再熟悉不过，他当初起兵时，就是广收义子和幕僚，利用他们为自己血拼抢天下。就连他的亲外甥也被他改为养子。如今蓝玉效仿当初的朱元璋，难道是在培育自己造反的力量？此为一忌。

蓝玉强占东昌民田，被御史查问，蓝玉大怒，将御史赶走。蓝玉北征南返时，夜抵喜峰关，守关官吏没能及时开门接纳，蓝玉便纵兵毁关，破门而入。大将军恃功放纵，无视国家王法律令，明摆是藐视皇帝。此为二忌。

他俘获元主妃子后，入帐强奸，致使元妃羞愧自杀。元妃虽是俘虏，但也是皇帝的女人，你作为大将军不请示，反而占为己有，也是僭越。此为三忌。

班师回朝，朱元璋宴请，蓝玉或坐或立，"动止傲悖，无人臣礼"（《明太祖实录》卷二百二十五）。同时，蓝玉统兵在外，擅自"升降将校，黥刺军士，甚至违诏出师，恣作威福，以胁制其下"，任意行使奖罚权力，还附逆旨意进止自专，这让权力控朱元璋很是恼火。此为四忌。

蓝玉西征归来，朱元璋为新册封的皇太孙朱允炆重置东宫官属，授颍国公傅友德、宋国公冯胜为太子太师，封蓝玉为太子太傅。

蓝玉放言："我不堪太师耶！"

已有公之尊的蓝玉自然不在乎这个虚荣的加衔，而是在意朱元璋给他们的排名有区别："不乐居宋、颍两公下！"（《明史·蓝玉传》）

他不情愿排名在两个老上级之后了。

明制设"太子太师、太子太傅，太子太保，掌以道德辅导太子，而谨护翼之"（《明史·职官志一》）太子三师，都是虚衔兼职，并为从一品。

蓝玉所谓"太师"，应该指太子太师，而非三公之太师。《明太祖实录》卷二百二十五记载：洪武二十六年二月乙酉，朱元璋历数蓝玉问题时，称蓝玉"至是征西还，意觊升爵命为太傅，玉怒攘袂大言曰：吾此回当为太师，乃以我为太傅"。此"太傅"为太子太傅，而"太师"则为"太子太师"。因为此次是重新"定东宫官属"，与三公无关。

他忘了洪武元年，太祖给皇太子朱标安置东宫官属，以朝臣兼宫职，李善长兼太子太师，徐达兼太子太傅，常遇春兼太子少保。至于此三人进位三公，分别为太师、太傅、太保，则是在洪武三年大封功臣时。

战功彪炳的大帅，不也是有排名在并无征战之功的文臣后的先例吗？常遇春早逝，而徐达不也是没作声吗？

更何况，论资历、比年龄，蓝玉都在傅友德、冯胜之下。拼战功、比斩获，傅友德、冯胜相较于蓝玉，亦有自己的优势。

蓝玉发牢骚，这为争权夺利，指责皇帝奖赏不明。而朱元璋的论功行赏，山头为其次，主要还看谁顺心。此为五忌。

蓝军统兵，手下自有一帮铁杆将校兄弟簇拥，这个是帝王最大的忌讳。朱元璋设置锦衣卫，四处侦知，连大臣家里吃什么菜、会什么客、说什么话都一清二楚，自然会对军营重地的将帅细节，也是洞察秋毫。

既然暂无战事，朱元璋必然腾出手来整治内务。

蓝玉犯忌太多，自然遭罪。此时的朱元璋只会把你的功劳缩小，将你的罪过放大，更不会理会什么儿女亲家、几重姻亲。蓝玉的姐姐是常遇春的妻子，常家长女即蓝玉的亲外甥女，嫁与皇太子朱标，被朱元璋册封为太子妃。

4

朱元璋之所以要彻底解决蓝玉问题，不仅仅是因为他私养兵马，对元帝皇妃施暴，而是因为他在收养义子、培植死士，威胁到了朱家皇权。

蓝玉强奸元妃，导致她自尽，事情发生在洪武二十一年（1388）。朱元璋并没有让他平安无事，而是将原来拟封的梁国公改为凉国公。

梁的封地在开封，富庶之地，而凉州地处西北，虽也是古都，但繁华程度远远比不了开封。朱元璋如此改封，就是对追逐北元有功、取得捕鱼儿海大捷的蓝玉，进行严厉的惩罚。虽然此战，蓝玉打得元主率数十骑落荒而逃，俘获巨丰，但是他强奸元主的妃子，就是僭制。元妃是战利品不假，但那是皇帝的女人，绝不容大将染指，除非朱元璋赐予。朱元璋没有大肆惩罚，主要是蓝玉大胜而归，朱元璋将其与汉朝卫青、唐朝李靖相比，不好冷了将士的心。

改封荒凉之地，就是无情的惩罚。

私养兵马，即《明史·蓝玉传》中所谓"蓄养庄奴"，此般情形大将皆有之。常遇春、徐达相继死后，蓝玉成了朱元璋倚重的统兵大将。但朱元璋记下了这一笔。

广收义子，这是犯了朱元璋的大忌。

和尚出身、投身造反的朱元璋，就是靠收纳义子义侄起家，逆袭而起的。这是他背着主帅郭子兴玩的圈子文化，帮助他成就了帝王霸业。

电视剧《朱元璋》中，朱元璋一语道破玄机，义子义侄是帮其冲锋陷阵的利器。一旦大将们也学这种伎俩，就是养自己造反的力量，直接威胁到主子的江山帝位。

查继佐在《明书·蓝玉传》中说："初，玉之出讨越嶲也，与部将十余陛辞。上方留玉与议，呼众将去，三呼无应者，玉举袖一挥尽起。"此事发生在洪武二十五年。

117

蓝玉率众将到金銮殿向朱元璋辞行，然而朱元璋狠狠地三声喝退，竟然比不了蓝玉的轻轻一挥手。

大将眼里只有大将军的赫赫虎威，却充耳不闻真龙天子的雷霆震怒。

高级将领利用上下级之间忠诚与信任，将他与下属的关系拉近，组建一个团结的利益集团。这是元末诸多地方性武装领导者不断做大做强的一杆利器，同时也成了最高领导人顾忌手下高级将领拥兵自立的最大心病。

朱元璋在叛乱运动中，深谙此道，而屡试不爽。他也清楚蓝玉在他的底下拉拢麾下将士结成小山头，为自己实现开疆拓土的蓝图去浴血奋战。一旦，他同曾经有过蜜月期的蓝玉，关系日益紧张，团结濒临破裂，他就是把蓝玉不断壮大的小集团当作了不听君命的大忌。

所谓将在外君命有所不受，那是在战场上要随机应变，然而在朱元璋的朝堂之上，大将们也只认为蓝玉是他们唯一的主子。不仅如此，蓝玉连朱元璋派来的监察御史，也借故赶走了，大有搞独立王国的趋势，这也难怪朱元璋对他"久疑之矣"！

怀疑日久，必有杀心。

至于朱元璋因为怀疑御河中的死胎，疑为楚王母胡充妃所为，将其杀之，引发蓝玉怨恨。难道蓝玉与胡充妃有私情或有私仇，查继佐没说，只是胡乱一句"玉以私怨构之"，不知是构陷胡充妃，还是仇恨朱元璋。

不论何种原因，后起之秀蓝玉已在插手宫廷政治，甚至对朱元璋处置后宫问题在指手画脚。

不论蓝玉是不是有心造反谋逆，都是朱元璋日益担忧的严重隐患，不如借助蓝玉恃功骄纵，给他编织一项造反的罪证。更何况，他同已死的胡惟庸、李善长都有过千丝万缕的联系。

早在洪武二十一年，朱元璋便对蓝玉起了杀心，却拖到二十六年二月才正式罗织蓝玉的罪行。朱元璋顾忌蓝玉为太子朱标的妻舅。二十五年五月，朱标病逝，朱元璋不再有顾忌。

洪武二十六年二月，锦衣卫指挥蒋𤩽（查继佐《明书·蓝玉传》作"蒋献"）秉承圣意，告发蓝玉谋反，下狱鞫讯后，狱词称："玉同景川侯曹震、鹤寿侯张翼、舳舻侯朱寿、定远侯王弼、东莞伯何荣及吏部尚书詹徽、户部侍郎傅友文等谋反，将伺帝出耤田举事。"（《明史·蓝玉传》）

朱元璋下旨，以谋反罪将蓝玉逮捕下狱。蓝玉不肯认罪，朱元璋为其罗织罪名。案件审理结束后，诛灭蓝玉三族，并株连枝蔓，"彻侯功臣文武大吏以至偏裨将卒，坐党论死者可二万人"（查继佐《明书·蓝玉传》，《明史》本传称朱元璋下诏曰："蓝贼为乱，谋泄，族诛者万五千人"）。当初陛辞朱元璋、只知蓝帅而不闻皇上的十余部将，想必都遭遇了雷霆震怒的严惩。

为警诫群臣，朱元璋手诏布告天下，并条例爰书为《逆臣录》，震慑朝野。

当初，朱元璋决定碎剐蓝玉，但念及蓝玉与自己是儿女亲家，改碎剐为剥皮。刽子手把蓝玉全须全尾整张人皮剥下来，填满稻草，算是留了全尸，送往蜀王府，给朱元璋儿媳妇、蓝玉女儿蜀王妃"留念"。明末农民军攻破蜀王府，在王府祭堂发现了这件"文物"。

对于蓝玉具体死于何种形式，民间传闻剥皮实草，《明史》本传未做交代，何其惨厉。但是，《明书》称"磔于市"。磔者，一为磔诛，即千刀万剐的凌迟；一为磔刑，乃五马分尸的车裂。皮不是剥下来，而是直接破解。

《明太祖实录》也只是反复强调蓝玉"谋反伏诛"，"实皆伏诛"（《明太祖实录》卷二百二十五）。

对于蓝玉之死，蔡东藩在《明史演义》中说："蓝玉与沐英，同事疆场，为明立勋，不一而足。捕鱼儿海一役，谋虽出于王弼，而从善如流，不为无功。自是残元余孽，陵夷衰微，数十年无边患，谁谓玉不足道者？乃身邀宠眷，志满气溢，既不能急流勇退，复不能恭让自全，遂致兔死狗烹，引颈就戮。明虽负德，蓝亦辜恩。"

至于蓝玉的姐夫常家，虽有传闻说其外甥常升坐蓝玉案，"有告其聚兵三山者，诛死"，但也有说常升与徐辉祖对抗燕王朱棣，同燕军力战浦之口，死于永乐初年。

明初洪武四大案之一的"蓝玉案"，是朱元璋为加强集权借口蓝玉欲图谋反、大肆株连杀戮功臣名将的重大政治案件，造成明朝"元功宿将相继尽矣"。"蓝玉案"和"胡惟庸案"，以及"李善长案"，朱元璋对明朝大将大清洗，不啻自毁长城。

建文年间，燕王朱棣发动靖难一役，朝廷已无良将可派。弄得像李景隆那样的王孙公子，被仓皇拜为大将军，率朝廷军队征讨朱棣，结果先后在郑村坝、白沟河被燕军击败，丧师数十万，以致攻守形势逆转，最终被夺职召回。燕军逼近南京时，李景隆开金川门迎敌。

而朱棣要造反之事，查继佐也曾记载，皇太子朱标在世时，妻舅蓝玉就多次对他说："臣观燕王英武，负上宠爱至，而术者言燕地有天子气。太子幸自爱。"（查继佐《明书·蓝玉传》）蓝玉力劝朱标对朱棣早早防患！

燕王朱棣镇守的北平，那是前元的大都，做过多个朝代的都城，不免是龙兴之地、有天子气象。不用术士盘算，历史俨然如此。

朱棣深为朱元璋喜爱，那是实情，故而命其镇守元朝留下的最繁华的政治、经济、文化中心。不但查继佐如此说，就是清人修《明史》，亦有朱元璋在朱标死后，于东阁议立新太子，曾言："燕王英武似朕，立之何如?"（《明史·刘三吾传》）刘三吾谏阻，朱元璋"大哭而入"，可见朱元璋属意朱棣，由来已久，甚至在不满意朱标过于仁厚时就有过易储朱棣的盘算，但是最终碍于儒家宗法制继承传统而放弃。

所以，查继佐大胆地说，蓝玉是忠于大明王朝的，但燕王朱棣从中构陷，必杀蓝玉这头夺储路上的拦路虎。

查继佐老先生感叹："存玉而无燕，不存玉以有燕。"

（查继佐《明书·蓝玉传》）

蓝玉死了，一大批悍将受到株连，朱元璋为皇太子、皇太孙装配的超强武人团队，都被清洗干净，为几年后朱棣造反早早地清除了强有力的对手。

朱皇帝为何对马皇后敬爱无极限？

1

朱元璋这个还俗的和尚，长得奇丑，民间传说他麻子脸、长下巴、高颧骨，但丑男也招美女爱。

《明史·太祖本纪一》说，二十五岁的朱元璋躲兵祸途中，碰到一个算命先生，问去留都不好，于是他问参加起义如何？结果卜之大吉，于是朱元璋就去濠州参加郭子兴的义军。

郭子兴为富家盲女找了一个算命先生入赘所生，有丰厚的家底，散尽千金，杀牛摆酒，交结绿林，组成一支数千人的起义队伍，占据濠州反元。

朱元璋前来投效时，还被卫兵怀疑为间谍。足见，皇觉寺的游荡僧，已经落魄潦倒至极，让人不由生出疑窦重重。

郭子兴见他相貌奇特，留作亲兵，而且其小老婆张夫人也说这是一个"异人"。

永州之野产异蛇，混乱之元产异人。

朱元璋作战勇敢，胜了几仗，很得郭子兴欢心，"遂妻以所抚马公女，是为孝慈高皇后"（《明史·郭子兴传》）。

郭子兴的养女马氏，即后人所说的马秀英。

为人彪悍好斗、刚愎狭隘的郭子兴，以养女嫁给能干智慧的朱元璋，不无笼络之意。他绝对没想到，他死后，幸存的两个儿子，一个为郭天叙，被小明王韩林儿封为都元帅，却遭到朱元璋的手下陈埜先阴谋杀害；一个是郭天爵，官至韩宋政权的中书右丞，因怨恨平章政事朱元璋，密谋报仇，结果反被诛杀。

郭子兴绝后。

但他生了一个好女儿，养了一个好女儿。

他的夫人张氏所生的女儿，成了朱元璋宠爱的郭惠妃，另一个则是朱元璋敬爱无极限的马皇后。

2

《明史·后妃·太祖孝慈高皇后传》说：“太祖孝慈高皇后马氏，宿州人。父马公，母郑媪，早卒。马公素善郭子兴，遂以后托子兴。马公卒，子兴育之如己女。”

父母早逝的马氏女，也算大家闺秀，“仁慈有智鉴，读史书”。郭子兴奇怪朱元璋相貌丑，但能力强，于是以养女嫁他拉拢这个丑女婿。

应该是，朱元璋与马皇后先相识于郭子兴的军营，或者府第，后来奉命成婚。当然，不排除史书看多了的马氏，早就看中了这个有异志的假和尚，而且爱得很执着。

124　　濠州大帅郭子兴虽然器重朱元璋，但他性情暴躁，忌才护短，又好听谗言，迟疑寡断，在别人的挑唆下，也曾多次猜疑朱元璋，对他加以斥骂。

一次，郭子兴发怒，将朱元璋禁闭在空室，不许进食，马氏获悉后，偷偷跑到厨房，"窃炊饼，怀以进，肉为焦"。

将刚烤熟而滚烫的炊饼，藏在胸前，结果将胸脯都烤焦了。

这是需要何等的忍痛?!

她竟然为了给老公偷食物，忘记了作为一个女人非常在乎的乳房形象严重受损。

损坏了多大程度，那也只有她和朱元璋知道。

不仅如此，马氏还经常将自己所食的口粮和肉脯，收藏起来，留给朱元璋吃，而自己经常吃不饱。

郭子兴心胸窄，因朱元璋超能干，动不动找麻烦。男人寄人篱下，马氏反而去公养母的关，使郭子兴给了朱元璋发展壮大的机会。

电视剧《朱元璋》中，有一幕很虐心，朱元璋奉郭子兴的命令，率十八兄弟外出发展，怀了身孕的马秀英留下当人质。朱元璋在外强大了，郭子兴过来抢桃子，还嚷嚷朱元璋忘恩负义，让马秀英鞭挞在外攻城略地辛苦艰难的丈夫。

这是没有深切的爱，是做不到的!

他们的婚姻，其实是真正的裸婚。

还好，朱元璋不负妻望，打下了江山，做了明太祖。

朱元璋称帝当天，封完祖宗，就立马氏为皇后。

人家是一对开国夫妻嘛。

朱元璋的军功章里，也确实有马秀英的一半。

朱元璋领着将士们在前线血战，马秀英在后方给将士们送温暖：一是和家眷们打得火热，二是亲自给将士们做衣鞋，还将自己的金帛送给将士做奖品。

好一招温情计，挠得将士们心里热乎乎的。士为知己者死嘛！马秀英给老朱赢得了一大批打天下的死士。

3

朱皇帝妻妾一大群，有名分的至少二十二人，且其生育能力强，创造了二十六子、十六女的大明皇帝第一战绩，年近七十还同几个美少女弄出了多个儿女。

正史为证，哪个战将在外俘获敌酋妻女不先给他，那是谋逆的罪证。大将军蓝玉在这上面，也算是吃过大亏。

野史疯传，他爱好睡敌手的女人，如陈友谅的、张士诚的，甚至和皇太孙朱允炆抢过一个叫香菱的小丫鬟。

但是，不论他怎样荒淫无耻，马秀英那面红旗不倒。

朱元璋于洪武元年正月初四即皇帝位，同时册立马氏为皇后，在册文中写道："天眷我，启运兴王，出自衡门，奄有四海，为君为后可不慎欤。君以仁政慎于在位，抚黎庶而统万邦；后以懿德慎于治内，表六宫而母天下；

长久之道也。咨尔马氏，同勤劳于开创之时，由家成国，内助良多，今以金册金宝立尔为皇后，其敬乃职，耿光后世，於戏，慎戒之。"（《明太祖实录》卷二十九）如此遣词造句，大有日月同辉之意，堪有开国夫妻之喻。

洪武十五年（1382）八月，马皇后病逝，年仅五十一岁。"帝恸哭"。这是真情，朱元璋因发妻亡故，非常伤心。

朱元璋亲自制定丧仪"十六条"。《明会典》做了记载。

一、辍朝百日，"闻丧次日，文武百官素服行奉慰礼"，"在京文武百官于闻丧之次日清晨，素服诣右顺门外，具丧服入临，临毕，素服行奉慰礼，三日而止"，"文武官员皆服斩衰，自成服日为始，二十七日而除，仍素服。至百日始服浅淡颜色衣服"。

二、全国"军民男女皆素服三日"，"自闻讣日为始，在京禁屠宰四十九日，在外三日。停音乐祭祀百日，停嫁娶官一百日、军民一月"。

三、凡遇时节及忌日，东宫、亲王祭几筵殿，及诣陵拜祭。东宫、亲王熟布练冠九，去首，负版辟领衰，如朝见上及受百官启见，青服、乌纱帽黑角带。皇孙熟布冠七，去首，负版辟领衰。皇妃、皇太子妃、王妃、公主及皇孙女，熟布盖头，去腰。宗室、驸马，服齐衰三年，练冠，去首。

这是名副其实的国丧。其规格要比十六年，朱元璋驾崩前对自己丧事的规定，要高出许多！

4

民间有传言，马氏大脚，不符合礼制，但朱元璋喜欢。朱元璋喜欢，也不仅在此：

一、马后善于和将士的妻妾搞好关系。《明史》马皇后本传说："太祖既克太平，后率将士妻妾渡江。"

朱元璋是将士的带头大哥，马秀英是妻妾的领军人物。"命妇入朝，待之如家人礼。"

电视剧《朱元璋》中，徐达在朱元璋登基前奉命北征时，提出的条件，不是自己要什么官爵，而是马大嫂必须是正宫娘娘。

马氏警示朱大哥，你既不能忘了我们是贫贱夫妻，也不能忘了你同群臣的艰难情义。

二、马后善于保护朱元璋的文臣武将。郭景祥的儿子遭人诬告要杀父，李文忠被杨宪诬告不法，都是马后从中斡旋才没被枉杀。宋濂坐孙慎案，被捕，论死，是马后晓之以理硬是没让杀成。

马后病重，朱元璋诏令天下求良医，并给太医下死命令要治愈，否则一律陪葬。马后对朱元璋说："死生，命也，祷祀无益。且医何能活人。使服药不效，得毋以妾故而罪诸医乎。"电视剧《朱元璋》中，有这样的场景。

就连神机妙算的刘伯温之所以肯为朱元璋卖命，马皇后亲顾茅庐请贤，是功不可没的。

三、马后在宫闱给朱元璋充当第一谋士。她"尝语太祖，定天下以不杀人为本"，使朱元璋打天下时深得民心。灾年凶岁，她身体力行给朱元璋出谋划策。她劝导朱元璋"恒恐骄纵生于奢侈，危亡起于细微，故愿得贤人共理天下"，"法屡更必弊，法弊则奸生。民数扰必困，民困则乱生"，都被朱元璋奉为"至言"。

马后重病未愈，弥留之际请求朱元璋："愿陛下求贤纳谏，慎终如始，子孙皆贤，臣民得所而已。"

朱元璋严禁后宫干政，并写进祖训，但从他以降，明朝数代皇帝都是欣然接受皇后干政的至理名言，甚至允许这个被史官记载下来。

四、马后不使朱元璋的后院起火。她"勤于内治，暇则讲求古训"，坐镇后宫，讲求孝慈，"妃嫔宫人被宠有子者，厚待之"，很得嫔妃和诸皇子尊重。

朱元璋的后宫，被马后整理得井井有条，除了电视剧《传奇皇帝朱元璋》中有达兰阴妃阴谋篡位的戏份外，还真不见有历朝历代常见的宫斗戏。这还影响了明朝好几代后宫，如明成祖的徐皇后、明仁宗的张皇后，就连明宣宗假子上位的孙皇后，都还是以贤内助的形象传世。

马皇后死后，宫中流传一首赞歌："我后圣慈，化为家邦。抚我育我，怀德难忘。怀德难忘，于万斯年。毖彼下泉，悠悠苍天。"情真意切，此歌在宫中流传，且见于正史，足见朱元璋是默许大家对其亡妻，长期追思怀念。

五、马后谢绝朱元璋对族人封赏。功成名就时，朱元璋要找马后族人进行封赏，马后力辞，说"爵禄私外家，非法"。这一点，确实难得。

有明一朝，确实不见外戚专权，自马后始。电视剧《大明王朝惊变录》中，孙太后的弟弟孙万山为王振走私神机火炮被抓，押至朝堂，仅孙太后、明英宗和王振认识，王振一声"太国舅"惊醒众多朝臣抓了一只名贵的大鸟。

马皇后和朱元璋夫妻情深，朱元璋将自己的皇陵定名为孝陵，也是与马皇后被谥曰孝慈皇后有关。

马皇后被传言不是朱元璋儿子生母

1

马皇后死后，朱元璋的皇宫里，十六年间没有女主人。

后宫还要有专人管理，怎么办？

大家都别争，朱皇帝在马后死后不久，新封一个李氏淑妃，"摄六宫事"（《明史·后妃·李淑妃传》）。李淑妃治事不久又薨了，朱元璋再用陪了他儿十年的郭宁妃主持后宫。

做皇后的事，但无名分，甚至不升级。

朱元璋"遂不复立皇后"（《明史·后妃·太祖孝慈高皇后传》），算是对马皇后最好的纪念。

他们不但是少年夫妻中年伴，而且马皇后先后给朱元璋生育了五儿二女，即皇长子太子朱标、皇二子秦王朱樉、皇三子晋王朱棡、皇四子成祖朱棣、皇五子周王朱橚，以及皇二女宁国公主、皇四女安庆公主。

但是，嘉靖朝曾任南京太常卿、官至右副都御史总理河道的汪宗元，却著有一本《南京太常寺志》，其中写道："孝陵祀太祖高皇帝、高皇后马氏。左一位淑妃李氏，生懿文太子、秦愍王、晋恭王……右一位碽妃，生成祖文皇帝。"

这种观点，没引起皇家史官的高度重视，却严重影响了明末官员李清在《三垣笔记》附志中，写道："予阅《南京太常寺志》载：懿文皇太子及秦、晋二王均李妃生，成祖则碩妃生，讶之。时钱宗伯谦益有博物称，亦不能决。后以弘光元旦，谒孝陵，予语谦益曰：'此事与《实录》《玉牒》左，何征？但本志所载，东侧列妃嫔二十余，而西侧止碩妃，然否，曷不启寝殿验之？'及入视，果然，乃知李碩之言有以也。"

这是明显有悖于《皇朝本纪》所收的《天潢玉牒》记载："太祖皇子二十四人，长懿文太子、第二子秦愍王、第三子晋恭王、第四子今上、第五子周王，高后所生也。"成祖朱棣所修的《明太祖实录》，也是将包括自己、懿文太子在内的朱元璋前五子，尽然标注为马皇后所生。

《南京太常寺志》为汪宗元于嘉靖二十四年出任南京太常卿期间所写，明显不同与《明史·诸王·太祖诸子传》所载："高皇后生太子标、秦王樉、晋王棡、成祖、周王橚。"

根据汪著，马皇后不是朱元璋前四子的生母，而是据为己生。这样的实例，在明朝后宫并不是没有发生，宣宗的孙皇后无子，"阴取宫人子为己子，即英宗也"（《明史·后妃·孝恭孙皇后传》）。

此外，还因为朱元璋的皇五子周王朱橚"为燕王母弟"（《明史·黄子澄传》），由是可推出，他亦不是马皇后所生，而是与朱棣同为碩妃所生，或为孙贵妃所生。

奇怪的是，乾隆修《四库全书》，将汪著《南京太常寺志》作为浙江巡抚采进本纳入，为何不以此为据修改《明史》，作为马后无子、朱棣造假的明朝第一丑闻？

当然，乾隆的御用文人们秉承圣意别有用心地修《明史》，虽然不以汪宗元的惊天发现而极力渲染，但是他们仍然将此书纳入全书，并不禁毁，印行传播，传之后世，不能说没有特殊的政治考虑。

2

马皇后是否真的没生儿子，而是只生了宁国公主、安庆公主两个女儿？

先说孙贵妃与朱橚的母子关系。

朱橚定为孙贵妃之子，也许是因为洪武七年九月，三十二岁的孙贵妃病逝，朱元璋命包括太子朱标在内的诸皇子为之守孝。朱元璋特别安排"周王橚行慈母服三年"（《明史·后妃·太祖孙贵妃氏传》），还敕令儒臣作《孝慈录》，规定："庶子为生母服三年，众子为庶母期，自妃始。"

孙贵妃无子，却被称帝的朱元璋册封为贵妃，位在众妃之上。

但是，朱橚生于至正二十一年，《明太祖实录》卷九记载，是年"秋七月……丁巳皇五子生"。与孙贵妃来归的时间不符。她是第二年，即元至正二十二年（1362）十八岁时被朱元璋纳为妾。

朱橚为孙贵妃服孝三年，要么作为养子，要么作为嗣子，不能理解为亲生子。

故而，李清说："惟周王不载所出，观太祖命服养母孙氏斩衰三年，疑即孙出。"（《三垣笔记·附志二条》）

3

再谈硕妃与朱棣母子关系。

他们的关系，曾在明末貌似一桩共识。大家不约而同地不为尊者讳了！

崇祯朝户部右侍郎何乔远在《名山藏》卷六中注曰："臣于南京见《太常志》云，帝为硕妃所诞生。"只是他很谨慎，将信将疑："而《玉牒》则为高后第四子。《玉牒》出当日史臣所纂，既无可疑。南太常职掌相沿，又未知其据。臣谨备载之，以俟后人博考。"

他是存疑的态度。

但是，明清之际草根史家谈迁在《国榷》卷十二中说成祖朱棣，"太祖高皇帝第四子也，母硕妃，《玉牒》云，高皇后第四子，盖史臣因帝自称嫡，沿之耳"。此外，他在《枣林杂俎》义集《彤管篇》中，更加直接地专列一篇"孝慈高皇后无子"，说："孝陵享殿，太祖高皇帝高皇后南向。左淑妃李氏，生懿文皇太子、秦愍王、晋恭王……

碩妃生成祖文皇帝，独西列。见《南京太常寺志》。孝陵阉人俱云，孝慈高皇后无子，具如《志》中。"

曾为崇祯末年著名殉国大臣、工部尚书兼东阁大学士范景文幕僚的刘振，在《识大录》卷七《帝典》中说："成祖文皇帝讳棣，太祖第四子也。母曰碩妃，姿貌秀杰，目重瞳子，龙行虎步，声若洪钟，太祖及高后皆爱之，高后因育为己子。"

曾入康熙南书房、参修《明史》的朱彝尊，在《静志居诗话》卷十三"沈元华条"中谈及南京太庙奉先殿："奉先庙制：高后南向，诸妃尽东列，西序惟碩妃一人，具载《南京太常寺志》。善高后从未怀妊，岂惟长陵，即懿文太子亦非后生也。"

他们都直指朱元璋第四子、成祖文皇帝朱棣为碩妃所生，而非马皇后生子。而他们的依据，基本上都是汪宗元《南京太常寺志》中的惊天传语："右一位碩妃，生成祖文皇帝。"

300 年过去，时值 20 世纪 30 年代初，大学者傅斯年与朱希祖为此掀起一次论战。时任北京大学代理校长兼中央研究院历史语言研究所所长的傅氏，发表《明成祖生母记疑》，强调："成祖屡言'朕高皇帝第四子'，'朕高皇后第四子'，等等，齐、黄削藩中，亦不闻斥燕、周诸王之子以母贱，此犹可曰成祖引高后以自重，齐、黄等当时文字本不能传。然《明史》所本即明《玉牒》，必隐藏其生母而后子以母贵乎？在此等互相矛盾而两面皆有有力之史料为之后盾之时，只有一解可以通者，即成祖生于硕氏，养于高后，硕氏为贱妾，故不彰也。"

他的主要根据，依然是汪著。他的第一论据，就是"记载原于《南京太常寺志》及亲见南京奉先殿之缩序者"。

此文方出，也在中央研究院兼职研究员的中山大学文史研究所所长朱希祖，写出一篇《明成祖生母记疑》，驳斥傅斯年："若使硕妃果为成祖母，李淑妃果为懿文太子及秦晋二王生母，则李淑妃既载于玉牒及实录，而《明史·后妃传》本之，亦有《李淑妃传》，何以明代官书除《南京太常寺志》外，从未记载硕妃乎？成祖既为天子，何以不敢表彰其生母，使之湮灭无传，而在北京私于宫中立庙祀之，在南京私于陵寝立配位尊之，不敢关于太常乎？若为高后讳，则于李淑妃又何解乎？若讳己为庶子，则汉文帝常言，朕为高皇帝侧室之子，又何伤乎？况皇太子标等皆属庶出，根本无嫡子争位，又何必讳乎（反之，成祖为高皇后产，故成祖于靖难时，每自称曰，朕高皇帝高皇后第四子也，时太子及秦晋二王皆薨，则第四嫡子应得继位，故为此言）？"

很快，刚从清华大学毕业留校任教的吴晗参与论争，写出一篇《明成祖生母考》。他的结论是："高皇后无子；懿文太子、秦、晋二王为李淑妃出；成祖、周王为硕妃出。成祖为高后所养，故冒称嫡子。硕妃则行历不详，只好阙疑。"

吴晗之所以将硕妃的出身存疑，缘因《李朝实录》

中没有记载。他后来辑录皇皇巨著《朝鲜李朝实录中的中国史料》，也没有找到蛛丝马迹予以修正。

而朱希祖在辩驳傅文中，指出："若高丽果有过硕氏为太祖妃或成祖母，则高丽史亦必大书特书，载其家世，如元顺帝皇后奇氏矣。且明太祖妃韩氏、明成祖权妃、任顺妃、李昭仪、吕婕妤、崔美人皆能详其家世，独硕妃则高丽及朝鲜史皆无记载。"

按朱棣出生时间来看，他生于元至正二十年（1360）四月，也就是说，传说中来自高丽的硕妃，最迟得在1359年初被进贡给朱元璋做侍妾，否则无法十月怀胎。事实上，此时的朱元璋，还只是控制江左、浙右地区的小军阀，四面为强敌，影响力还不足以威慑远在数千里之外的、还在尊奉元帝国为宗主的高丽王国，还不足以迫使高丽王进献美女为十多年后谋一个远大前程。

高丽王向朱元璋示好，是在朱元璋1368年即皇帝位后，高丽恭愍王王颛才遣使至南京应天府，表贺明帝，贡献方物，请求册封，以示其反元奉明的态度。硕妃来朝，也该是在此前后，而不是在朱元璋还没一统江南的九年前。

另，刘献廷《广阳杂记》卷二载："明成祖非马后子也，其母瓮氏，蒙古人，以其为元顺帝之妃，故隐其事。宫中别有庙藏神主，世世祀之，不关宗伯。有司礼监为彭躬庵言之，余少每闻燕之故老为此说，今始信也。"朱棣生母，为元顺帝三皇后弘吉喇氏，传闻是朱元璋攻克大都获取的孕妇。朱棣不是朱元璋的儿子，而是元顺帝的种，但为何朱元璋还将防守北元最重要的军事重镇北平（大都改名）交给他，难道是脑袋被驴踢坏了？

难道朱棣得国，为了冒称嫡子，竟然像后来人为了延长工作时间多拿丰厚的待遇，而不惜将出生年份造假吗？后人是改小，但他却将自己至少改大了十岁，挤在了不少哥哥的前面。

而且，他为了坐实冒嫡的历史，还将生母的履历抹了个干净，只是让她在冰冷的地宫独享一席。

既然他安排了懿文太子朱标并非嫡长的身份，又何必纠结于自己不是嫡子的身份呢？他完全可以揭秘朱标并非嫡出的事实，而为自己夺嫡夺位寻找到更有利的政治理论。

4

关于李淑妃为朱标生母更是疑点多。

李淑妃为朱元璋大将李杰之女。《明史·李淑妃传》记载："淑妃李氏，寿州人。父杰，洪武初，以广武卫指挥北征，卒于阵。十七年九月，孝慈皇后服除，册封淑妃，摄六宫事。未几，薨。"

马皇后死后，李淑妃"摄六宫事"，成了朱元璋后宫名不副实的女主人。但是，这句简短的传略，联系到汪宗元所称她给朱元璋生育了包括皇太子朱标在内的前三子，又让人不得不生疑：

一、即便李淑妃为马皇后的代孕女人，至少在朱元璋称帝十多年前，就已经开始了她的代孕人生。为何她的亲子，一个为储君、两个为亲王，位高权重，却丝毫不能带给生母一点母凭子贵的尊荣？

二、马皇后去世，刚刚经过两年半服除，就将其册封为庶妃，主持后宫。难道马皇后生前一直压制着给自己辛苦代孕了三个儿子的女人？她那"妃嫔宫人被宠有子者，厚待之"（《明史·后妃·太祖孝慈高皇后传》）的高风亮节，难道严重掺假？朱元璋在发妻原配新丧，急不可待地将一个苦命的老女人，擢拔至后宫第一夫人的位置，难道对马皇后心生不满已久？

三、关于李淑妃的父亲，《明史》无传，但南京却仍有一块《宣武将军金广武卫指挥使司事赠骠骑将军金都督府事李公神道碑铭》，为朱元璋安排明初大学问家宋濂奉敕而写，写的就是李杰的政治人生："字茂实，世居寿州霍丘县之寿安乡。丙申，渡江来属，上悦，使隶大将军麾下。洪武元年，诏大将军入中原，山东西河南北州郡相继而下，独所谓孔山寨者，贼恃险以抗我，公奋然先驱，与贼接战，而贼众大合，援不及继，公遂死焉。时冬十有二月乙亥也，享年三十有八。洪武二年八月庚午，葬于京城南聚宝山之阳。……女一人，今为皇淑妃。""丙申"为元至正十六年，即1356年，而生于元至正十五年的朱标，则有了一岁。当时李杰年方十七岁，是否已婚配还不好说，又怎么生有一女给朱元璋当侍妾呢？宋濂死于洪武十四年，而神道碑为"洪武三十一年夏五月二十一日立"，李杰女为皇淑妃的话，则为后来所加。

四、此碑为朱元璋驾崩前二十天所立（朱元璋死于洪武三十一年闰五月初十），在这个特殊的时刻镌刻立碑，难道是给即将即位的皇太孙朱允炆一个特殊的礼物（前提是李淑妃为朱允炆之父的生母），以纪念其亲祖母之父的征战之功？然而，只是说其为"皇淑妃"，而没有加封晋升贵妃、皇后之类，或者为了堵塞悠悠之口，以勒石的方式铁定李淑妃与朱标不存在母子关系的事实。四年后，朱棣靖难夺位，夺去了朱允炆的皇位与江山，推翻了朱元璋择嗣而立的既定事实，为何不掀翻为朱标并非嫡长子身份障眼的李杰神道碑？若朱棣推倒此碑，朱标为李淑妃所生案就扑朔迷离了，对朱棣冒称嫡子篡位是更为有利的。但是，他并没有这么做，而是继承立此残碑，向后人证实李淑妃父女归附朱元璋甚晚，潜在地证实朱标并非李淑妃所生的庶子。

五、明朝尚左，以左为大。按汪宗元所载的与钱谦益所见的孝陵享殿神位排列，左一为朱标生母李淑妃，右边才是成祖生母碩妃。碩妃虽然单居一边，却不及李淑妃尊崇。朱棣既然在冒为嫡子，又要尊奉生母，为何将也是庶出的朱标的生母仍安排在自己生母的上头呢？朱标是大哥不假，朱棣在篡位后，将建文帝追尊朱标的兴宗孝康皇帝废止，复称懿文太子。朱标为原太子，而朱棣为真皇帝，纵然朱棣要冒嫡正名，但理应将自己的生母放在朱标生母前。若非如此，只有一种解释：李淑妃为马皇后之后的太祖后宫事实上的女主，位在众妃上。而硕妃，来自高丽，属于太祖后妃序列中唯一的外来妃。

朱棣登基后，组织史官修《太祖实录》，除了自称为马皇后所生（卷八云：庚子四月"癸酉，皇第四子生，即今上皇帝，孝慈皇后出也"）外，而且在卷三中称，元至正十五年乙未九月"丁亥皇长子生，孝慈皇后出也"。

他不承认朱标父凭子贵的假皇帝尊号，却承认朱标为嫡出的真皇长子身份。

《明太祖实录》卷八未载至正二十年八月事，但《明史·太祖本纪一》记载："丁卯，置儒学提举司，以宋濂为提举，遣子标受经学。"是时，朱标还未满五周岁，朱元璋就安排刚来应天府就职的名士宋濂教授他"五经"。

按现代教育对学龄的基本规定，四岁多的朱标，只是幼儿园中班的小朋友，却被朱元璋安排了以宋濂为首的、学术精湛的金华学者团队，对朱标小朋友进行全面、系统、专业的儒学治国理论训练。

朱元璋对朱标寄予厚望，视作了自己事业和产业的第一继承者，为四年后即至正二十四年（1364）元旦册立其为吴王世子做了准备。

倘若三十岁左右的嫡妻马氏还没生育，但已怀孕（宁国公主生于1364年），朱元璋就立一个并非嫡子或只是马氏嗣子的朱标为继承人，是违反常理的。而在前一年，朱元璋已经在鄱阳湖一战彻底击败了他最大的强敌陈友谅，他在称吴王时，还只有三十六周岁，春秋鼎盛，还没必要册立世子备作不虞之需。

但是，他确实将九岁的朱标，公开地定为了霸业和王位的唯一继承人。

若朱元璋只是立了尚未正式位号甚至声名不显只是个代孕女人的李淑妃所生的庶长子为储君，那么，在满朝文武中颇具威望的马王妃也会带着大家极力反对，毕竟在那母凭子贵的宗法制社会李淑妃没被处理，毕竟深孚众望、最得圣宠的马王妃身孕待产，毕竟朱元璋所为是在为她制造母凭子贵的政治风险，以及剥夺了她日后所生子将子凭母贵的嫡子特权。

这些，即便是朱标的恩师宋濂，也是会强求朱元璋不要以身犯险的。

这些，必然会在朱元璋的后宫，为李淑妃和朱标母子带来杀身之祸。

这些，唯一可以说得过去的是，朱标就是马皇后所生的嫡出第一子，而不是李淑妃或其他妃所生的庶长子。

如果朱棣为了给自己篡位得国正名，响应儒家礼教观念中的嫡长子皇位继承制传统，镀一个嫡子的荣耀金身，而雪藏了自己生母的来龙去脉，反将阴取妃子的马皇后推崇备至，还将包括朱元璋在内的所有人的历史履历……悉数做一个十分牵强的大挪移。那也是太离奇的历史丑闻。

汪宗元在南京任职时，掌管皇家礼乐，皇帝却远在北京，他只是无事可做、高薪照拿的陪都虚设，于是对孝陵地宫陈设做了一个大胆的猜测。

毕竟，他这本只是私刻，而非官修，不料影响了何乔远、李清、谈迁、朱尊彝等，当作信史以讹传讹。

5

同样为私刻，同样为明清之际史家所撰，查继佐的《明书》并未将《南京太常寺志》奉为铁证，而是说：

"太宗文皇帝""讳棣，太祖第四子，母孝慈高皇后，或曰硕妃，后子之"（《太宗文皇帝纪》）；

马皇后"子五：长懿文太子，次秦、晋二王、次成祖、次周王。或曰，后皆以妃之子为子。"（《皇后列传·马皇后传》）

"或曰"者，可能是，但他要存疑也。

查继佐没有汪宗元的大胆猜测，而像草根史家谈迁那样据以为证，把话说得绝对，推崇马皇后无子说，或暗讽马皇后阴取宫人子说。

不仅如此，他还在传论中高度赞赏马皇后"诚足母仪天下，一洗幕北遗习，与太祖俱有廓清之功"，然后笔锋一转，对当时流言马后无子、据妃之子案进行了有力的驳斥：

他先是对比皇家《玉牒》和汪氏推测：《玉牒》上清

143

楚地写道，皇太子朱标、秦王朱樉、晋王朱棡、燕王朱棣、周王朱橚，俱为马皇后所出。而《南京太常寺志》，明书懿文太子朱标及秦王朱樉、晋王朱棡，为李妃所生，而作为燕王生母碽妃却没有生平来历。

《玉牒》所载，是必须得到朱元璋首肯的，而且历朝历代皇帝和文武百官也是不质疑的。若非汪宗元履职南京闲职，横生猜测，也不会在明末朝野兴起一股质疑之风。他们的炒作，并没有得到皇家官方的钦定和纠正，只是留于私家笔记，就连后来对明朝皇家多有不实评述的清代官修史书，也没有采取汪著观点作为唯一的修改依据。

清代不必为前朝尊者讳。

继而，查继佐分析李淑妃与朱标的关系："当时宫人姓李氏为贤妃者二，为淑妃者一。贤妃所云内政悉闻者，帝崩时与诀，称妃左右朝夕才一纪，而懿文于帝未贵时生，固不必辩。其一贤妃，唐王母也，得罪，同都、葛二妃死，盛大筐瘗太平门外。想皇后以诸妃子为子，讳不复顾其所生乎？抑皇太子孝，不敢以私恩追宥其所生乎？"

三个李妃。

一个是扬州卫指挥李某之女。都指挥使宋晟向朱元璋报告，此女出生时，天空起祥瑞。巧合的好天气，成了富贵的依据。此女进宫后，被朱元璋委任主持后宫事务。果然，她服侍朱皇上恪守礼制，照顾诸皇子释放母爱，被朱元璋比喻为汉成帝的班婕妤再世。

没接受过正规教育的朱元璋，却是喜好史学之人，动不动把身边的人拿古人相比。比一下，可见其才。这位了不起的李妃，深得朱元璋宠爱，"若朝夕左右，已逾一纪。"（《明书·马皇后传诸妃美人附》）曾引起了燕王朱棣的关注，"尝使宫人结纳妃，令赞易储之计"，李妃回复：请大王以诚孝侍君王，保全皇上对您的至爱。

她自杀于朱元璋病危时，弄得朱元璋号啕大哭。其实，她的自寻短见，是迫于朱元璋临终授意，希望她殉葬。

一纪，十二年也。这位李妃，入宫时间，以及其父为军队将领一事，与《明史·后妃》所载太祖李淑妃有位号时间、生父李杰从军情况相当。而朱标出生于朱元璋起兵造反时，与李妃入宫时间严重不符。可以说，朱标要比李妃年长不少。

另外，朱棣寻求她的支持易储，更可见李妃同皇太子朱标、皇太孙朱允炆父子并无血缘关系。否则，朱棣的脑袋就被驴踢了，寻求朱标的生母、朱允炆的亲祖母，作为自己陷害其亲儿亲孙的帮凶。

这是不可能的！

另一李贤妃，为朱元璋第二十三子唐王朱桱生母。朱桱生于洪武十九年九月，而朱标生于洪武开国的十四年前，也就是说朱标要年长朱桱三十三岁。按此计算，这位李妃若是朱标生母的话，总不能在五十岁左右还得朱元璋临幸受孕，这与古代女性生理现象不符。

更有甚者，这个李妃，因为与鄗宁妃、葛丽妃触怒了朱皇上，被安排锦衣卫残忍地杀害，用大筐盛装三具尸体，草草地掩埋在太平门外。后来，朱元璋懊悔，命人挖出，准备三棺分葬，但是尸体已腐坏，不可分辨谁是谁，于是掩埋，分了三个墓。查继佐注曰，墓地就在内官高堂。也就是说，她们并没有葬入孝陵。

倘若，此妃为太子生母，朱元璋又怎会如此草菅人命？至于查继佐称："想皇后以诸妃子为子，讳不复顾其所生乎？"马皇后死于洪武十五年四月，而李妃还在四年后生了朱桱，故而谈不上顾忌其人生死。朱元璋粗暴地处置李贤妃，追责的板子打不到早逝的马皇后的身上。但是，太子朱标、太孙朱允炆，作为恪守儒家礼教观念的积极分子、全国表率，更不会漠视慈亲受辱，而不及唐王朱桱偷偷地派人寻墓致祭的情分。

只有一个缘故，这个李妃，是朱桱生母，只是朱标的几十个庶母中的一个苦命女人。

第三个则是李淑妃。

《明史》太祖后妃传中，有一个简短的李淑妃本传，排在马皇后与孙贵妃后，可见地位尊显。洪武"十七年九月，孝慈皇后服除，册封淑妃，摄六宫事"。

另据《明史·后妃·太祖郭宁妃传》："李淑妃薨，妃摄六宫事。"

这位李淑妃和郭宁妃，死于何时，史料未载，但是，按郭宁妃能够受命继续主持后宫事务，以及李淑妃"未几，薨"的事件来看，李淑妃并没有活到朱元璋驾崩前夕。朱元璋忌讳后妃预政，断然不会在临终前，给嗣君太孙安排一个生了几个皇子的女人做中宫女主。

而在李淑妃身上，有查继佐所描述的第一个李贤妃"事上有礼，抚下有恩，遇事有断，内政悉委之"的政治任务。但李贤妃活到了朱元璋病危时，奉命自尽，而李淑妃属于芳华早逝。

查继佐也写到了一个李淑妃，却是另外一个版本，而且是夹杂在翁妃评传中，"与李淑妃侍疾"。李淑妃曾与二十一岁、深得圣宠的翁妃侍疾，朱元璋问二妃："能久侍朕乎？"二妃不明深意，连称"万岁"，结果被朱皇帝残忍地"赐练以殉"，时为戊寅年，即洪武三十一年。与《明史》所载李淑妃卒年有出入。

看来，这个"侍疾赐练之淑妃"，该是年轻女子，深得朱元璋喜爱，而且是没有生育的，绝不可能是生育了朱标、朱棣、朱橚的老女人。朱元璋临死前，责成年轻的妃子殉葬，张美人请死，朱元璋不允，因为她生育了皇十六女宝庆公主，年四岁。

查继佐说罢涉嫌朱标生母的李妃，再谈传说中的朱棣生母碽妃："又按寝庙，碽妃一主，侧立御座之西，东则列诸妃以下，必非无为。在懿文，不能明其所自出，燕王既得国，亦何忌而不明其所自出也？或曰不自贤妃，其即侍疾赐练之淑妃乎？要知燕之内靖，方将托皇后以自亲且尊，必不自露，另立碽主，义与情俱矣。夫骨肉母子何等事，而太常志敢与天潢伊始乖异如此？"

147

朱棣有意尊崇硕妃，为何又将其置于李淑妃之下，不见有其尊贵？

即便这是建文帝登基后的设计，但夺位成功的朱棣完全可以在朱元璋永不见天日的孝陵地宫来一个乾坤大挪移。

还有一件更奇怪的事，马皇后不是不能生，有皇二女宁国公主、皇四女安庆公主为证，但为何她嫁给朱元璋最早，而且是同患难共富贵，为何生育得很晚、很少？

至于李淑妃，在孝陵享殿为左一位，仅次于马皇后，最有可能的解释是，她继马皇后之后，主持六宫，虽无皇后之名，却有皇后之实。如果单纯是因为她是懿文太子的生母的隐情，朱棣完全可以隐没这些历史，或者公开此事，让朱标失去嫡长子的光环，而解释建文帝朱允炆即位不合理。

况且，朱标的嫡长子，带给了朱允炆以子凭父贵的皇太孙身份踵继太祖大统，是朱棣篡位合法性与合理性的最大顾忌。

所以，他将建文改元重新纳入太祖的洪武历史，企图淹没朱允炆在位四年的帝王事实。他需要一个更有利也更有力的理论依据，但是，他始终维护朱标为马皇后所出的嫡长子身份。

既定事实，是不容篡改的，即便朱棣把建文四年改为了洪武三十五年，方便自己具有子承父业的继承者形象，然而，建文风云已经刻进了历史。就像马皇后与朱标、朱棣的母子血缘，也不是汪宗元妄加猜测、以讹传讹所能颠覆的。

不论历史真相怎样，马皇后在朱元璋的心里，是他对群臣夸耀的资本："同于唐长孙皇后!"（《明史·后妃·太祖孝慈高皇后传》）朱元璋将发妻推崇至唐太宗之长孙皇后的高度。这是明成祖朱棣极力认定的。

朱元璋遗命自己死后不许儿子奔丧

1

明太祖朱皇帝同其精神偶像汉高祖刘皇帝，是中国历代开国皇帝中的奇葩和异数。

他们起于社会最底层，以衣衫褴褛，以草根英雄，历经艰难，而易服黄袍加身，登极问鼎。

他们自负天命，自命不凡，但也算知天命，不会为了所谓的长生不老而沉迷炼丹术，做一个癫狂的瘾君子、吸毒犯。

他们都是实干家，也算得上一个清醒者。

公元前 209 年，陈胜、吴广打出造反大旗后，泗水亭长刘邦联合县城官员萧何、曹参等，聚众三千，抗击暴秦。八年后，即汉五年，打败了盟主项羽后的刘邦，在诸侯王的簇拥下即皇帝位。又七年，刘邦去世，享年六十二岁。

刘邦病危时，吕后请良医看病。医生说病可以治疗，孰料刘邦大骂之："吾以布衣提三尺取天下，此非天命乎？命乃在天，虽扁鹊何益？"（《汉书·高祖纪》）他不但不让良医视疾，还送了他五十斤黄金，命他退下。

刘邦一命呜呼，但他自知天命。

过了一千六百年，他的粉丝、异代布衣朱元璋在位三十年有余，在临终前降下最后一道旨意："朕膺天命三十有一年，忧危积心，日勤不怠，务有益于民。奈起自寒微，无古人之博知，好善恶恶，不及远矣。今得万物自然之理，其奚哀念之有。"（《明史·太祖本纪三》）

看来，这也是一个不信鬼神、不愿求医、自知天命的主。

毕竟，十六年前，马皇后的临终遗言，让他看到了自己的宿命。

洪武十五年（1382）八月，马皇后睡觉时得病，群臣祷祀上天祈福，朱元璋诏令天下求良医，并给太医下死命令要治愈，否则一律陪葬。

马后对朱元璋说："死生，命也，祷祀无益。且医何能活人。使服药不效，得毋以妾故而罪诸医乎。"（《明史·后妃·太祖孝慈高皇后传》）

马后重病未愈，弥留之际请求朱元璋："愿陛下求贤纳谏，慎终如始，子孙皆贤，臣民得所而已。"

一代贤后还是人到中年而死，年仅五十一岁。"帝恸哭"，足见朱元璋因发妻亡故，非常伤心，于是从此不再立皇后。这对于有妻妾数十个的朱元璋而言，确实难得。

《明通鉴》记载，马皇后死后，丧仪大体引用宋朝皇后死后体例办事："凡内外百官，仍循以日易月之制，二十七日而除。"

朱元璋谥马皇后为孝慈皇后，葬入正在给自己修建

151

的帝陵，命名为孝陵。朱元璋之所以这样命名，一是因马后谥号孝慈，二是要"以孝治天下"。

2

洪武三十一年（1398）闰五月初十，明太祖朱元璋在西宫驾崩，享年七十一岁。前一月，朱元璋患了一场大病，刚好转，但"忧危积心，日勤不怠"，继续专政。他要为皇太孙朱允炆留下一个干净稳定的天下，却累死了自己。

朱元璋的遗诏，亮点有四：

一、"皇太孙允炆仁明孝友，天下归心，宜登大位。内外文武臣僚同心辅佐，以安吾民。"

这是朱元璋最后确定钦定皇太孙朱允炆即皇帝位，朱元璋的帝位传孙不传子，昭告天下朱允炆是天下人包括诸王的主子。

二、"孝陵山川因其故，毋改作。"

朱元璋不更改已葬马皇后的孝陵名称，以此再次强调"以孝治天下"的既定方针，要天下人遵照毋改。

三、"天下臣民，哭临三日，皆释服，毋妨嫁娶。"

朱元璋规定自己的丧事，一律从简，比十五年前对马皇后死后规定的文武百官服丧"二十七日而除，仍素服"至百日，至少少了二十四天。

四、"诸王临国中，毋至京师。"

朱元璋生有二十六个儿子，至其死时，皇长子即太子朱标于洪武二十五年病逝，皇二子秦王朱樉于洪武二十八年病逝，皇三子晋王朱棡于洪武三十一年病逝，皇八子谭王朱梓受"胡惟庸案"影响于洪武二十三年自焚，皇九子朱杞于洪武二年生次年受封明年殇，皇十子朱檀于洪武二十二年服食金丹伤目而死，皇二十六子朱楠于洪武二十六年生逾月未封早夭，还有十九子在世，都被封为藩王。

君父死，不许儿子们奔丧，有违人伦孝道，更与朱元璋反复强调的"以孝治天下"相悖。而朱元璋遗诏天下，一切从简，不许儿子们回京奔丧，这无疑是一个非常时期的非常安排。

朱元璋在位期间，大清洗曾一起打天下的勋臣悍将，株连甚广。仅胡惟庸案、蓝玉案，连他最敬重的大明丞相李善长、他称为圣人的太子恩师宋濂，都在劫难逃。几近五万人，死于朱皇帝精心罗织的谋逆大案。威胁皇权的淮西骄兵悍将集团，以及独树一帜的浙东智囊团队，至其死前基本消灭干净，只剩下只读兵书而不会打仗的李景隆之流做征虏大将军，为后来大明王朝重文轻武、大将少有的武备松弛埋下了祸根。

他曾两次分封诸皇子为藩王，让他们拥有重兵，掌管精锐，主管当地军政，旨在稳固朱明江山。他也想到这些有能力的王爷会不把文弱的侄皇帝放在眼里，从其驾崩伊始，就排斥在外，却没想到很快就有了一场持续四年之

153

久的皇位血战。

朱棣造反成功后，重修《太祖实录》，称朱元璋病危之际，还焚香祝天，称"寿年久近，国祚短长，子孙贤否，惟简在帝心，为生民福。即遣中使持符，召今上还京。至淮安，用事者矫诏。还，上不之知也。疾亟，问左右曰：第四子来未。"（《明太祖实录》卷二百五十七）

这与《明史·太祖本纪》所载遗诏"诸王临国中，毋至京师"，明显有出入。朱元璋特招皇四子朱棣一人，貌似有临终易储之意。难道朱元璋是想在已培养皇太孙多年、已昭告天下指定继承者的情势下，再推出朱棣，挑动天下纷争、皇家内讧？

朱棣有意再造天命，借太祖临终想见自己一人，预示自己得位的名正言顺。

他也在解释，朱允炆有悖伦常，阻止他们父子见最后一面，是太祖所托非人。

谁是谁非，全凭帝制时代的主宰者一张嘴巴。

发明八股取士，旨在培养能臣干吏

1

在我们的印象里，断然难忘中举后欣喜发狂的范进，与那整天爱待在女人堆里胡闹、嚷嚷男人齷齪的贾二爷。

深受八股文荼毒的吴敬梓、曹雪芹二先生，在八股取士的大山面前，只得迂回，绕道而行，以另类精神制造方式流芳至今，乃至将来。

然而，翻读明清两朝的主流记述和稗官野史，许多嘉惠当时、服务百姓的能杰干臣，几乎都是八股文所锤炼、熏陶甚至胁迫出来的。原因何在？我们当真切地认识八股文的本来面目。

有着放牛娃、小和尚多重卑贱身份出身的朱元璋，通过十年征战扫平群雄、十载厮杀荡定天下，最终认清了武功文治的利害和区别。登临大宝的明太祖，虽不谙文雅粗野的相异处，但清醒地意识到天下士子读了圣贤书，必然生发各式思想。他为了方便子孙坐稳江山，大肆虐杀了以前浴血奋战的生死之交，同时不忘借助手无缚鸡之力的白面书生来协同治政。

他需能做帮手的人才，也要俯首帖耳的奴才，但真正所求的是甘为奴才的人才与堪当人才的奴才，为之死心塌地地效劳于朱明河山的长治久安。如何求取明史知书、博古通今的人才，但能约束其思想深处只有忠诚而无他意，他召集刘伯温诸谋士挖空心思、群策群力，制定了八股取士的人才方略，较之于李唐以来诗词取士、宋元经义取士的政策，更为便捷于传输儒家正统思想。

素来节俭的朱元璋，为了孔孟思想占据、钳制民心民智，不惜投入巨资兴办学校、祭拜孔子、旌表忠孝节烈。骑马打天下的朱皇帝此举，让人不由想起秦末汉初的刘邦，争天下时抢来儒生帽子当夜壶，执政权时立马礼待读书人御乾坤，甚至手舞足蹈地唱起半文半俚的《大风歌》。

2

成熟完备的明清科举制，旨在八股取士融会于整个教育体系，中央（国子监）、地方（府学、州学和县学）和城乡（社学、义学及私塾）都以此为唯一内容，而县、府、道三级秀才选拔考试与乡试、会试、殿试，均是迫使人们修学、写作八股文的不二利器。

这是黑暗时代的科举考试制，是当时的高考制度与公务员制度的融合体，直接联系服务着帝制时代的人事管理。

你如想做官出人头地，就只有走上此道，哪怕是垂髫还是黄发，无论是士族还是寒门，在八股取士面前，均为平等的。

至于朱元璋当初拟订此策，受何启发，有何想法，无人知晓。

综观八股取士的发展历程，洪武、建文二朝为初创期，永乐至天顺为发展期，成化、弘治为全面成熟期，正德、嘉靖为极盛期，隆庆、万历为变革期，天启为衰颓期，崇祯为去弊起衰期，顺治以降四代为沿袭、恢复与振兴期，乾隆末年至咸丰渐已衰败，同光则为灭亡期。

八股文思想过分推崇弘扬孔孟之道的程朱理学。而程朱理学对于儒家经典的理解，除促进理论思维、教育知书识理、陶冶性格情操、维护社会稳定、推动历史进步等外，过于强调存天理、灭人欲，宣扬"三纲五常"，死套礼仪规范而无视人们维持生命的欲求，扼杀人们追求美好生活的要求，将封建纲常与宗教禁欲主义结合起来，多为断章取义，成了变味、倒置的伪儒学。

五四新文化运动反对孔孟之道，实则是欲颠覆、还原变了性的、被改造过的孔儒学说。而在封建宗法制时代，政权、族权的执掌者把程朱理学扶为主流思想，定为人们日常言行的是非标准和识理践履的主要内容，致使不少人死抱一字一义、微言大义、程朱传注的说教，越发脱离实际，用八股文盛装程朱理学来猎取功名、以理杀人。

3

不容否认，八股取士为明清两朝乃至后来的民国培养、遴选了一大批能臣干吏。

明代有所作为给民谋福祉的大人物小官员，可以说都是科举制度的胜出者，虽然言行中的迂腐和愚痴没有少，但骨子里的傲气和才气依然洋溢，更多的是巧妙灵活的精彩，其中不乏锐意进取创新图强的担当精神，真正实现了个人价值和读书人的作用。

李东阳、于谦、戚继光、张居正、徐光启……一大批治世能臣、改革大才、卫国名将、科学巨匠及以文章传世久远的文人墨客，大多是在八股科考中走过来的。民国初年以实业救国为己任的张謇，就是从八股科考场上走出来的一个状元郎。

八股科考上，只有平等，没有特殊。

发生在雍正朝著名的腰斩案，犯人也是因为其小妾泄题而招致获罪。鲁迅原本殷实的家庭破落，也是因为其祖父周福清被科考案牵扯受累。

中国文化启蒙运动先驱、中国共产党创始人之一的陈独秀，早年以截搭题应院试，被点为第一，而其说是完成母亲的任务应试，以一篇"不通的文章，竟蒙住了不通的大宗师"。陈氏所言偏激，似带有一定的政治目的，以衬托自身作为新文化运动发起者与旗帜的高洁身份。陈氏大可不必宣扬此言，标榜自身先天学识深远。纵然考官老眼昏花，如同周进，但也是作八股文的老手，岂会看不通晚辈后学的文章呢！后来陈氏声名显赫，足以证明允其夺冠的阅卷者的眼光不俗，只是遗憾的是，其看通了陈独秀的文字，却没有看到反对旧思想、旧文化、旧礼教的陈氏。

八股文贻害之深，不可小觑，就连那些文章只能当作坛子盖、柴火烧。晚清最后一科探花商衍鎏说过，八股文"定于明初，完备于成化，泛滥于清。然行之既久，而格有变化，时有盛衰，选集刊刻，指陈家数，自明至清，汗牛充栋之文，不可数计。但藏书家不重，目录学不讲，图书馆不收，停科举废八股后，零落散失，覆瓿烧薪，将来欲求如策论诗赋之尚存留于世间，入于学者之口，恐不可得矣"。

今天的人们，动不动便是引述先秦诸家言论，或选为行文的佐证，或掺作说话的材料，甚至如百家讲坛之类的大众文化节目，也有学者观众津津乐道或静静聆赏孔曰成仁、孟曰取义的话题与语录。

而八股文只是明清两代专门用来培养、识别、选拔官员的一种综合性考试文体而已，对于读书人学习"四书""五经"确有一定促进功效，对于当时中国社会、政治、文化、思想与心理诸多方面，都产生过毋庸短视的影响，我们不宜简单地将其妖魔化、吊诡化。

朱标早逝，留给朱元璋的难处不少

1

洪武元年（1368），朱元璋创建大明王朝，即以马皇后所生的嫡长子朱标为皇太子，对其极为爱护，寄予了厚望。

早在四年前，他称吴王之初，即以朱标为世子，作为大业继承者精心培养，以大学问家宋濂继续教授"五经"。当年十月乙丑日，他命年仅十三岁的朱标带着十二岁的老二朱樉代表自己去凤阳老家扫墓。

这是代表他衣锦还乡，也是代表他的功业可以告祭祖宗了。就在前一年的鄱阳湖一战，他艰难地战胜了陈汉皇帝陈友谅的精锐水师，摧毁和俘虏了陈友谅的巨大舰队。陈友谅被乱箭射死，朱元璋没了最大的对手了，反元阵营势均力敌的割据局势被打破了。虽然他把浙江的张士诚定为了下一个军事目标，但他已然胜利在望。

所以，他的称王，称与张士诚一样的吴王，就是要证明自己才是吴地真正的王。他要告祭早已化作一抔黄土的祖先，他即将成为统御四方黄土的帝王。

他在朱标临行前，语重心长地以商高宗、周成王都以早知民间疾苦而养成勤俭守成的好君主的经典案例，告诚朱标："世称商高宗、周成王为贤君者，汝知之乎？高宗劳于外，知民疾苦，成王早闻无逸之训，知稼穑之艰难，故其在位不敢暇逸，能修勤俭之政，为商周令主。"（《明太祖宝训》卷二）

殷高宗即商王武丁，少年时曾遵从父王小乙命，行役于社会底层，与平民一同劳作，得以了解民众疾苦和稼穑艰辛，后来即位后，重用刑徒出身的傅说等贤能辅政，励精图治，成就"武丁盛世"。

周成王姬诵即位年少，由王叔周公旦摄政。面对少年天子，周公不是甜言蜜语，而是《无逸》之训，训告成王：天子要像君子一样居官在位，千万不要贪图安逸享乐。你要先知道农业的艰辛困难，才能真正了解庶民的苦衷所在。成王在位期间，虽然爆发了"三监之乱"，但他还是肇启了一个还算稳定的"太平盛世"。

朱元璋还没称帝，却以天子贤君的规格教导王世子朱标，可见他在此时、在自己还要尊崇的韩宋小明王在位时，就有了帝王心术，有了寄望生于安逸、长于富贵的继承者要知道什么是艰难、什么是疾苦、什么是忙碌的良苦用心。

他对朱标说："今汝诸子生于富贵，未涉艰难。人性习于宴安，必生骄惰。况汝他日皆有国家，不可不戒。今使汝等于旁近郡县，游览山川，经历田野，因道途之险易，以知鞍马之勤劳，观小民之生业，以知衣食之艰难；察民情之好恶，以知风俗之美恶，即祖宗陵墓之所，访求

父老，问吾起兵渡江时事，识之于心，以知吾创业之不易也。"（《明太祖宝训》卷二）

朱元璋以继任皇帝的高标准，要求少年朱标体察民间疾苦，并希望他能从下而上地体会到他老爸投身反元运动的艰难历程，也传递出他事小明王为主的日子也快结束了。不然，怎么能实现儿子们"皆有国家"。

洪武元年正月初四，朱元璋率领文武百官在钟山之南，"设坛备仪，昭告上帝皇祇，定有天下之号曰大明，建元洪武"，"率世子暨诸子奉神主诣太庙，追尊四代祖考妣为皇帝皇后"（《明太祖实录》卷二十九）。

拜完天地，封完先人，朱元璋又同世子朱标一起祭拜社稷。登基的繁文缛礼，都是李善长领着一干文臣提前安排好的细节，朱元璋好不容易等来了人生最辉煌的一日，只能辛苦并快乐着。

他领袖群伦，朱标紧跟其后，开始学习做皇帝的每一步细节。返回奉天殿，朱元璋升御座，中书省左丞相、宣国公李善长代表文武百官对其上贺表、诵赞词后，又代表朱皇上奉册宝，立王妃马氏为皇后，立世子标为皇太子。

朱元璋在给朱标的皇太子任命书上写道："国家建储，礼从长嫡，天下之本在焉。朕起自田野，与群雄角逐，戡定祸乱，就功于多难之际，今基业已成，命尔标为皇太子。於戏，尔生王宫为首嗣，天意所属，兹正位东宫，其敬天惟谨，且抚军监国，尔之职也；六师兆民，宜以仁信

恩威怀服其心，用永固于邦家，尚慎戒之。"（《明太祖实录》卷二十九）

册文中鲜明地赋予了朱标抚军、监国、治民的储权，而不是使其作为朱元璋的影子。同时，这段文字清晰地交代了为后世皇位继承制立的规矩：嫡长即位，天意所属。后来，朱棣篡位成功，并未修改"国家建储，礼从长嫡，天下之本"的太祖心意，可见他也是认同乃父的观点的。此为后话，不做详解。

两天后，朱元璋向全国发通知，声明自己已经即皇帝位，"建大社大稷于京师。立妃马氏为皇后，长子标为皇太子。布告天下，咸使闻知"（《明太祖实录》卷二十九）。

登基之日，便有立储之事，几乎是同步进行的。除了与生俱来的嫡长子身份，可以让朱元璋为在新形势下进一步吸收和扩大文人学士建成文官体系，而对儒家传统作为继承制度上的反应外，朱标作了四年王世子的成绩，还是让朱元璋对这位未来帝业接班人和皇权继承者，甚是满意的。

一旦做了皇帝，朱元璋就命从陈友谅集团投降过来的翰林学士詹同，参考历代东宫官制，选拔以左丞相李善长兼太子太师、右丞相徐达兼太子少傅、中书平章录军国重事常遇春兼太子少保，带着一批勋德老成及新进贤者，组成了史无前例、后无来者的东宫顾问团队，辅导太子成才。

就连詹事府的正副职、左右谕德、左右率府使等面子上的职位，都被朱元璋安排了朝廷上的大佬兼任。就连浙东集团的两位大名士、朱元璋特别看重的御史中丞刘基、章溢，也受命出任东宫的赞善大夫。

中书省和大都督府曾联合向朱元璋提交一个报告，请求仿照元制，以皇太子为中书令。

朱元璋批示：元制不足以法。

朱元璋可以学元制建中书省，但不想过早地安排年轻的太子主持政务，与其争做政府首脑，成为他与丞相、都督们权力博弈的缓冲。朱元璋另有考虑，他一旦外出，便安排太子监国，是作为他控驭文武重臣的代言人，而不是丞相都督们做大自己、防御皇帝的防火墙。

他不择手段地强化皇权时，还想方设法提升储权。虽然历朝历代，皇帝和太子之间的权力争斗，激烈寡情，不绝如缕，但是朱元璋还是早早地安排文武重臣兼职东宫官属，只是名义上的安排，意在使太子名正言顺地管理这些老臣悍将。

为了迫使老人们接受一个毛头小子的管理，他还专门下了一道命令："朕于东宫不别设府僚，而以卿等兼领者，盖军旅未息，朕若有事于外，必太子监国。若设府僚，卿等在内，事当启闻，太子或听断不明，与卿等意见不合，卿等必谓府僚导之，嫌隙易生。"（《明史·兴宗孝康皇帝传》）

164　　这些大人物，被安排为东宫官属，只是为了方便太子朱标管理朝政、节制百官，而他们不参与东宫日常事务，不担负东宫卫率的安全管理。

朱元璋说得很委婉，不专门设置东宫机构，而以老臣充斥，以融洽他们与未来皇帝的关系，不生嫌隙。

他笔锋一转："又所以特置宾客谕德等官者，欲辅成太子德性，且选名儒为之，职此故也。"

具体辅教、规谏太子的，则是一批行为端正、饱学典籍的中低级儒臣。虽然他们级别不高，如梁贞、王仪等，但熟习儒家经典，都能写得一手道德文章，正好对政治涉足不深，尚有一种中国士大夫精神传统做些学问。

此外，朱元璋还在宫中特设大本堂，贮藏各种古今图书，在国子监选了十多个优等生，特许他们进入禁中，陪同太子读书，同时给予了他们唯有忠诚于储君和皇帝，才能换得扶摇而上的政治机会。

这些小人物，是朱元璋"东宫不别设府僚"的真正官属，是为太子出谋划策如何控驭大佬们的智囊团。

2

朱元璋之所以要给儿子配置一个强大的官属，还特别组建一个规范的智库，无外乎考虑到"继世之君，生长富贵，昵于安逸，不谙军旅"，恐怕"一有缓急，罔知所措"（《明史·兴宗孝康皇帝传》）。

朱标被立为皇太子、明确接班人时，还只十三四岁。

在这个年龄，朱元璋的正式身份，还是食不果腹的放牛娃。他在十六七岁才成为皇觉寺的小沙弥。由于连年闹灾荒，寺庙得不到施舍，为了活命，年轻的朱元璋只有手托瓦钵、足穿草履，做一个四处乞讨的游方僧。

朱元璋的游方，貌似游荡，形同流浪，看惯了世间炎凉困苦。

艰难困苦，玉汝于成。流浪者投身农民军，几经辗转，几番奋战，浴血成了大明王朝的开国天子。

他也在逆袭而上，应对各种各样的、形形色色的、错综复杂的社会问题和突发事件，敏锐感觉，快速反应，巧妙处理，游刃有余。

他希望属意的接班人，能放低天潢贵胄的身段，了解一些艰难辛苦，以便将来能像自己一样在权力角逐中积累经验、经营皇权。

天子的儿子，不用去乞讨，不用去血拼，但是，朱元璋交给了他另一份重担。这份担子，用几百年后清朝的雍正帝即位后的一句口头禅形容，就是：皇考付托江山之重，如同千钧。

洪武十年，朱元璋下令，今后一切政事并启二十三岁的太子处分，然后奏闻自己。他有意让太子"日临群臣，听断诸司启事，以练习国政"（《明太祖实录》卷一百一十三）。朱标正式监国理政，成了朱元璋处理日常政务的好帮手。

由于朱元璋有心下放部分权力，使得朱标作为储君的处分政务之权接近了皇权。但是，真正的权力掌控在朱元璋的手中。

朱元璋从严驭下，制造了一系列大案。

奉行儒家道统和治统的朱标，只能心有不平而不能插手。

若论朱标是不是中国历史上最有权势的太子，此问有些偏颇。

在一个强势皇帝之下，太子永远是太子。

就如清康熙朝的胤礽虽然做了三十多年的太子，长成后代皇帝祭祀，并数次在康熙外出亲征时监国，治绩不俗，在朝野内外颇具令名，但军政大权均牢牢掌握在康熙手中。即便胤礽联合权臣索额图、步军统领托合齐等，几番阴谋篡立，也是无济于事。

只有太子遇到一个孱弱的皇帝，那他的权势就有取代皇权的可能。有不少人以唐初的李建成为例，说他成为太子后，"高祖忧其不娴政书，每令习时事，自非军国大务，悉委决之"（《旧唐书·李建成传》），李渊将日常政务交由李建成处理，使之权力凌驾于天策上将兼尚书令李世民之上，但并不平庸的李渊还是真正的最高统治者，而且有虎视眈眈的李世民制衡。

只有在秦王李世民取胜玄武门之变后，被李渊立为皇太子，"自今以后军国事务，无论大小悉数委任太子处决，然后奏闻皇帝"（《旧唐书·太宗本纪上》）。李渊被迫提前让出军政大权给予李世民，使之在即位前的两个月里成了完全取代皇帝的皇太子。

所以说，中国史上最有权势的太子，不是明初的朱标，而是唐初的李世民。

皇帝与太子并存，皇储矛盾是绝对存在的，这是不利于帝制时代皇帝不断集中和强化皇权的。

李世民成为皇太子，是在决战玄武门之后，解决了原太子李建成的性命之后，李世民成了太子的不二人选。痛失二子的唐高祖，索性将决议军政要务的大权，悉数交与迅速掌权的李世民，使之提前进入皇帝独断乾纲的角色。

这也导致了历史上，作为开国皇帝的李渊，盛名不显的事实。

当然，唐高祖是所有史书都过分贬低的一个君王。但我们不能否认，他在恃强凌弱的隋文帝、隋炀帝时代，能够做到离京城不远的一方诸侯，坐镇太原，除了有外戚的身份外，主要靠的还是自己杰出的能耐。

所以，毛泽东给他的评价不低："倜傥豁达，任性真率，宽仁容众，遇事无断制。"真诚、宽容，使李渊有博大的胸怀，接纳和对待天下英雄豪杰，为他最后的晋阳起兵、逐鹿天下奠定了坚实的基础。

然而，他的仁义过头、优柔寡断，为后来诸皇子纷争导致玄武门流血事件，埋下了祸根。

至于李渊惧怕李世民之事，事出有因：

一、后来史家推崇李世民的英武豪气，将他做了唐朝另一个开国皇帝，而使总决策反隋建唐平天下的唐高祖李渊只是绚烂一瞬。

二、在诸多战事中，李世民军功显著，在天策上将府——秦王府，聚集了一大批能臣武将，这些人对李世民死忠效命。凌烟阁二十四臣，就是代表。

三、李世民发动玄武门之变，借大将之手干掉大哥建成、三弟元吉，对李渊具有不小的震动和威慑。

四、李渊年事已高，精力衰疲，加之丧子之痛，而强势的李世民以储君干太子之事，事无巨细都一人独专，李渊聪明，故而主动禅位退让，远离是非，希望得几天明哲保身的日子。

五、李渊留给后世的历史记载，都是李世民安排史官记录，并认真筛选留下的。李世民对于自己的过错，都强迫房玄龄、褚遂良等删得干干净净，自然也会做些抬自己声望、损先帝名节的事情，让后人看到他夺位乃迫不得已。当然，也要体现出李渊对他的亏欠。

相较于前代的李渊与李世民、后世的康熙与胤礽之间的纠葛，朱元璋与朱标之间主要是纯粹的情感，而不是权力博弈：一、朱元璋是掌握了绝对权力的枭雄帝王；二、朱标奉行儒家仁政，也是循规蹈矩；三、元末顺帝与太子爱猷识理达腊的权力争斗，潜在地给朱元璋与朱标敲了警钟。

一句话，朱标是参决大政，而朱元璋则是总领军国。这也注定了朱元璋与朱标父子情深，既不出现李渊与李世民之间的心生芥蒂，也不像康熙同胤礽的矛盾重重。

论出身，朱元璋起于草莽，与王孙皇子的李世民、天潢贵胄的康熙帝，云泥之别。但是，朱元璋的成功，李世民没有看到，而让康熙帝佩服得五体投地。康熙南巡，途径金陵，特地赴孝陵前焚香祭拜。这既要新陈代谢的炫耀，但亦有"治隆唐宋"的真实感喟。

3

2019 年元宵节刚过，PP 视频全网首播一部关于建文帝朱允炆与永乐帝朱棣纠葛的电视剧《英雄诀》。

这是一部含有不少历史成分的网络剧。

不过此剧开篇，即安排在朱元璋六十五岁（洪武二十六年九月十八日）寿诞之际，以一场喜极而悲的场景拉开序幕，却连出了不少史实错误。

一、皇太子朱标死在争夺金毛羊大赛的夺魁之时，死于一颗阴谋的石头之下。

在历史上，朱标则是在洪武二十五年四月病逝。清人所修的《明史·兴宗孝康皇帝传》有云：洪武"二十四年八月，敕太子巡抚陕西……比还，献陕西地图，遂病。病中上言经略建都事。明年四月丙子薨，帝恸哭"。

大明王朝第一任皇太子朱标英年早逝，年仅三十七岁。兴宗孝康皇帝，是他的儿子朱允炆即位后，给予的追尊。不但有尊谥，而且有庙号，无疑是要进太庙拥有专庙的。这是后话，而且后事多有变故。

朱元璋恸哭不止，那是父爱的真实流露。

清朝统治者不会为朱明王朝的阴谋讳。朱标死于奔波劳累，死于突发疾病，死于心力交瘁，而非兄弟之间的阴谋。他为人友爱，深得诸弟的尊重。

乾隆治下的史官们，遵从天子的政治需要，对这位前朝第一个太子给予了较为客观的评价："太子为人友爱。秦、周诸王数有过，辄调护之，得返国。有告晋王异谋者，太子为涕泣请，帝乃感悟。帝初抚兄子文正、姊子李文忠及沐英等为子，高后视如己出。帝或以事督过之，太子辄告高后为慰解，其仁慈天性然也。"（《明史·兴宗孝康皇帝传》）

这也算是隔代对他的盖棺论定。

更重要的是，他没有活到朱元璋六十五寿诞之时。若有阴谋论，哪怕是蛛丝马迹，也定然会为乾隆之辈别有用心地渲染。

而朱标的老部下、大学问家方孝孺，更是将其是具有"盛德"的"圣子"，一旦入承大统，能改变四海衰败，能振兴天下。

事与愿违，朱标早逝，无缘继承帝业。

对于朱标之死，明万历进士、崇祯侍郎何乔远，在其辑录明朝十三代遗事而成的《名山藏》中，认为他是不堪重负，与父皇朱元璋的政见发生严重的冲突，抑郁而终。他甚至指出，洪武七年，朱元璋宠爱的孙贵妃病逝，朱皇上命太子服齐衰杖期（即作为儿子为母守孝一年）。孙贵妃为庶母，而生母马皇后还在，朱标认为这不合礼法，拒绝执行，气得朱元璋要拔剑击打。后来在众人的劝解下，事态才得以平息。

朱元璋疼爱朱标是真，但严厉要求也是真。朱元璋对勋旧集群，大开杀戒，株连甚广。就连朱标的授业恩师、朱元璋视若圣人的大学问家宋濂，也被陷入亲人的株连案中，虽然因为马皇后与皇太子的及时援手，没有死于锦衣卫的诏狱，却死于流放的苍凉途中。

朱标的储权，虽然在朱元璋向中书省、都督府夺权时，得到了增强。但朱元璋增加其权，还是为了集中皇权。可以说，朱标虽有太子之尊，却始终活在朱元璋强势的阴影下。朱标所坚持的儒家义理和封建秩序，对强推专制政治的强者朱元璋，还是存在着无可奈何的"统"与"势"的抗争。

抗争无效，唯有弱者的几声叹息与满怀抑郁。

横遭抑塞无生机，久处雷霆成宿疾。

朱元璋把勋旧们比作满是利刺的棘杖，要给儿子拔个干净，拔得自己双手鲜血淋漓。这样血腥的宫廷教育，不免对仁厚儒雅的朱标产生了巨大的精神折磨。

清顺治朝工部尚书加太子太保傅维麟私撰《明书》，也是说朱标因为与父亲发生了激烈的争吵，死于精神压抑，抑郁而终。

查继佐版《明书》，在《皇太子标传》中说，洪武二十四年，朱元璋筹划迁都关中，朱标实地考察归来，遇到东南发生惊雷。朱元璋指示："此威震之兆也，慎之！"这是最高指示。朱标在审核左都御史兼吏部尚书詹徽帮助拟定的处决囚犯名单中，像以前一样删去了部分人选。谁料，詹徽不满太子减员，重新抄录，直接递交给朱元璋。

当朱标向朱元璋报告时，所录囚犯有不少出入。朱元璋直接说，就按詹徽的名单杀人：他所执行的就是依法论罪。

朱标求情道：儿臣听闻立国之道，该以仁厚为本，刑罚当遵循之。

朱元璋大怒，严斥朱标是孺子教君父如何执法。

雷霆之下，跪着地上的朱标，被严父一句"孺子乃教我"，吓得瘫坐在地。

第二年，朱标病危，对儿子朱允炆说："死我者詹徽也。"

与其说朱标死于詹徽的越级报告，不如说是死于朱元璋的强悍育子。虽然詹徽在朱标病逝的当年底，被加太子少保，但是很快被朱元璋弄进了蓝玉谋反案，身首异处。

谈迁在《国榷》卷十中说，洪武二十六年二月乙酉，太子太傅、凉国公蓝玉谋大逆，灭族。案发时，朱元璋因蓝玉得不到太师的奖励大发牢骚，以此为借口算总账，命皇太孙朱允炆和詹徽一同讯问蓝玉。

蓝玉不说话，詹徽叱令从实招来。蓝玉说，詹徽是他同党。

朱允炆说：有这么回事。当即命锦衣卫将詹徽拿下，掀翻在地，打入诏狱。

詹徽"才敏果决，上所最委任……然好窥上旨，终及于祸"。

詹徽是咎由自取，还是朱允炆落井下石，貌似一目了然。站在执掌都察院、吏部两大要害部门，詹徽不免要秉公执法、刚直无私，符合最高领导人朱元璋霸道治吏、整肃强悍的政治需要，却无形中与推行王道、强调仁政的皇太子朱标的网开一面理念严重背离。詹徽的越级报告、"助纣为虐"，是不符合儒家治统的，故而被后世评价揣摩圣意、祸及自身。

他是否真与蓝玉有瓜葛，或者涉嫌谋逆，那都是朱元璋一句话。刚死老爸、初涉朝政的皇太孙朱允炆，少不了因丧父之痛而转为泄父之恨，漠视朱元璋再一次妄杀无辜。

谈迁认为蓝玉遭遇横祸，是因为"虎将粗暴，不善为容"于朱元璋，而不是为了太子太师一顶高帽子。

谈迁还专门提道："何乔远曰，凉国公之亡也，岂不有狗烹弓藏之悲。"想必他是读了何乔远的《名山藏》，必然对何氏所称朱标死于朱元璋的精神折磨之事有所感伤。

而网络剧杜撰的那颗疯狂的石头，是谁投过来的？

是朱元璋吗？

不会！朱元璋虽然不喜欢朱标过于仁厚，但朱标的诚笃孝顺，是他理想的"守成令主"（《明史·兴宗孝康皇帝传》）。

是朱棣或其他皇弟吗？

朱标是一个好大哥，从做王世子到皇太子，一直都是弟弟们的保护伞，深得大家的敬重。朱元璋在培育他做储君时，努力维护诸王与他的关系，期待诸王拥戴嗣君，为之守好大明疆域和朱家天下。

就在朱标发病前，他奉命巡抚陕西，筹划迁都事宜的同时，秘密调查二弟秦王朱樉严重违纪问题。朱樉被召回京师，是返京的朱标从中斡旋，而使其重返藩地，继续做他的攘夷塞王。

与此同时，有人借皇三子晋王朱棡在藩地车裂犯人、多行不法，向朱元璋举报他在五台山秘密练兵，意图不轨。朱元璋大怒，意欲兴兵伐罪。又是朱标请命巡边，将其带回。朱棡回京，朱标为其力证被诬，促使朱元璋将其贬为庶人不久又复爵就藩。

二、朱元璋为给病危的太子冲喜，独断专行，指婚徐达小女徐妙云为妃（其实就是侍妾，太子只有一个妃）。爱上了姨妹子的燕王朱棣心有不甘，大闹魏国公府，还是被徐达劝止。

徐大将军活到了洪武二十六年？非也！

《明史·徐达传》记载：洪武"十七年，太阴犯上将，

175

帝心恶之。达在北平病背疽，稍愈，帝遣达长子辉祖赍敕往劳，寻召还。明年二月，病笃，遂卒，年五十四。帝为辍朝，临丧悲恸不已"。

姑且不论徐达是否死于传说中朱元璋赏赐的蒸鹅，导致其毒疽复发而亡，事实上，徐达早在洪武十八年二月就已病故。

三、电视剧还安排病逝在洪武八年四月的刘伯温，活到了朱标死后，朱元璋再立储君之时。

更有甚者，朱元璋遭遇择储难题，刘伯温却建议弱肉强食、大乱归治。好一招霸术，让神机妙算的刘伯温在国本大事上指手画脚，威风了一番。

这在帝制时代，可谓最大的不敬，祸及满门。纵有十族，也不够朱元璋杀。

朱元璋大开杀戒，是他留给历史的最大污点。

电视剧以朱允炆、朱棣与徐妙云之间涉及伦常的三角恋为背景，重点表现建文削藩、靖难一役与永乐之治的具体问题。

有人还是会问，如果朱元璋在朱标死前将皇位传给朱标，朱标死后再传位给朱允炆，朱棣会造反成功吗？

历史已然发生，假设不能重演。

这一假设，需要一个更大的前提，即提前安排朱元璋死了。

否则就是枉然。

朱棣发动靖难一役，打出了旗号为尊祖训、诛奸臣、为国靖难。

他似乎并不是反对明太祖朱元璋直接传位皇太孙朱允炆，而是强烈反对侄皇帝朱允炆即位伊始，在谋臣齐泰、黄子澄等的劝说下，急于削藩。

朱允炆在根基未稳、准备不足的情况下，为强化自己的皇权，而同时削弱诸叔王的藩国权益，并利用或有或无的罪名对那些较小较弱的藩王，采取了激烈的行动，导致周王朱橚、代王朱桂、湘王朱柏、齐王朱榑、岷王朱楩五个举足轻重的藩王被幽禁爵除，贬为庶人流放，甚至出现了湘王朱柏畏罪自焚。与此同时，建文帝使拥兵最强的燕王朱棣感到了前所未有的危险，他是朱允炆动手的下一个。

朱允炆的急不可耐与极不明智，导致了最初不敢轻举妄动的朱棣，在道衍和尚等人的劝说下，铤而走险。

朱棣有觊觎皇位的可能，即便对大哥朱标很是敬畏也不改野心，但最后付诸兴兵造反行动，还是朱允炆的威胁所致。

这样的内讧，不是朱元璋先传位朱标，再传朱允炆，完善父死子继的嫡长子皇位继承制所能避免的。

当然，朱标倘若即位，继续推行自己的仁治理念，能缓和朱元璋治下的紧张政治环境，但未必能改变自己的生命。而朱棣的靖难成功，也不是朱允炆多历练几年但不改急躁所能逆转的。

4

也有人假设，如果朱标当上一天的皇帝，再传位给儿子，朱棣是不是不敢造反。

这是想更好地解决名正言顺的继统问题。

其实，建文帝朱允炆，在洪武二十五年皇太子朱标死后，被太祖朱元璋立为皇太孙。这合乎嫡长子皇位继承制的宗法制观念，不存在名不正言不顺的问题。

但朱棣造反的问题，虽有不满侄儿登基的因素，但主要出在朱允炆登基后，根基未稳，却操之过急：盲目削藩。

朱允炆有帝王心术，但他心智不高。

他第一个开刀的周王朱橚，为燕王朱棣胞弟，建文帝率先对朱橚动手，就是对朱棣警告，逼迫他请罪臣服，或铤而走险。

与此同时，建文帝重新任命北平布政使，重建北平都指挥使司，意在进一步监控燕王朱棣的势力。建文元年六月，建文帝谋臣齐泰将朱棣一部将下狱讯问，命其供认朱棣造反状，并命北平都指挥使司张信逮捕朱棣。张信原为朱棣部下，主动臣服，激发朱棣蓄势待发。

朱棣也曾投鼠忌器，但经过道衍和尚的劝说和激励，张玉诸将的效忠和鼓舞，终于打出了遵祖训、诛奸臣、为国靖难的旗号造反。

　　建文帝所忌讳的藩王拥兵自重，也是太祖留下的历史问题。朱元璋为了向大将们夺权，两次封王诸子，命他们镇守一方，方便了他们拥兵自重。同时，朱元璋血洗诸将，也造成了建文削藩无将可派，仅有六旬老将耿炳文、草包大将李景隆临危受命。

　　回到假设，除非朱标登基后制定一套详细抚藩制藩方略，建文帝严格执行，或许幸免于难。

5

　　朱元璋在太子朱标死后，不是没有考虑再在儿子中择储。

　　明洪武二十五年五月，太子朱标因感风寒去世，太祖朱元璋需要新立储君。

　　朱元璋曾召集群臣在东阁会商，说："燕王英武似朕，立之何如？"（《明史·刘三吾传》）言下之意，就是要选择朱棣为储。诸子之中，朱元璋封朱棣为燕王，驻守北平，在兵力部署上，首重朱棣。显而易见，朱元璋很看重老四朱棣。

　　不料，翰林学士刘三吾挺身而出，说："皇孙年富，世嫡之子，子殁孙承，适统礼也。即立燕王，置秦、晋二王何地？"

　　这个不怕死的书呆子，硬是将朱元璋拟立朱棣、再择皇子的建储计划顶了回去。

朱元璋提议被驳，他的家事变成了国事，产生了争议，受到了影响。他大哭罢朝。他知道刘先生有章可循，有据可依，是为了他的江山永固，不好大开杀戒，但要警戒老刘一次。

刘三吾被降为国子监博士，还付出了一个女婿被以坐赃处死。

朱元璋认为朱棣最像自己，在立国之初应该考虑过，但还是以皇长子朱标为储君，并赋予实际储权，就是要给大明王朝的皇位传承立规矩，执行一条宗法制嫡长子皇位继承制。

这是一条在历代汉人王朝实行了两千多年的政治规矩，即便很多朝代因为种种原因，没有执行到位，如西汉仅三帝为嫡子，东汉皇帝无一人为嫡子，两宋十八任皇帝也只有三人为嫡子。

没有接受过正规教育的朱元璋，还是很努力地学习和贯彻儒家道统。他因为朱标早逝，想过改择最有能力的皇子为嗣，却因儒臣执言"立嫡以长不以贤，立子以贵不以长"的传统，即有嫡便立嫡，无嫡才立长，最后妥协选择朱标次子朱允炆（长子幼殇）为皇太孙，待其死后成为后继之君。

朱允炆即位不久，追尊朱标为孝康皇帝，庙号兴宗，也算修补了朱元璋所寄望的父终子及的核心嫡长子皇位继承制。

朱元璋放弃计划，主要是不想因为皇位传承，导致皇家纷争。不意四年后，朱棣发动靖难之役，对建文帝取而代之，而太祖制定的嫡长子皇位继承制，仍然被作为明朝皇位传承的最高标准。

尽管明朝十六帝，只有五人为嫡子，但这条规矩一直贯穿至明亡。其间，明成祖朱棣、神宗朱翊钧，在太子在位时，还公开指定太子的嫡长子（朱瞻基）或长子（朱由校）为皇太孙，以作为隔代储君。这都是皇帝对于体弱多病的太子不放心，而学了朱元璋做了更多的后事安排。

不可否认，儒家礼教观念深深地影响了朱元璋。他称帝后，不但强化礼乐教化，而且要给大明王朝皇位继承立一个规矩，就是要建立一个立嫡立长的皇嗣制度，避免皇子为了争储而内斗不休。

精心培育的太子朱标英年早逝，让六十五岁的朱元璋哀痛不已，不久将朱标次子朱允炆立为皇太孙，作为第二任接班人。

朱元璋之所以这样做，就是带头将嫡子皇嗣制度做示范，以便后世在继承皇位的同时继承下来。为了确保皇太孙顺利继位，朱元璋临死前安排自己的丧事一切从简，甚至有违人伦之礼地不许在藩地的诸子进京为父奔丧。

事与愿违，朱元璋死后，朱允炆即位不久，燕王朱棣誓师抗命，下谕将士，打着"清君侧"旗号起兵"靖难"。历史上著名的靖难之役，以朱棣的胜利结束，但是朱棣坚持了朱元璋立嫡立长的皇嗣制度，在册立皇长子朱高炽为太子不久，将朱高炽的长子朱瞻基立为皇太孙。

　　明朝的后继之君，基本上都是坚持着立嫡立长的皇嗣制度。皇后无嗣，便立庶长子，如嘉靖帝追封的哀冲太子即庶长子，不久嘉靖帝便立庶次子为储，不料这个太子也命薄，嘉靖帝久久不再立储，但庶三子裕王朱载垕成为内定而不正式加封的储君。

　　明朝不但历代皇帝早早地册立太子，而且几次册立储君嫡长为皇太孙，使太子、太孙并存。万历帝册立长子朱常洛为储后，临终前指定常洛长子朱由校为皇太孙。

不听小官忠告，为朱棣造反埋祸根

1

汉初和晋初，开国皇帝大肆封皇族血亲藩王，结果分别导致了"七王之乱"和"八王之乱"，差点覆灭江山。流血的悲剧，并非血色浪漫，而是血腥内讧，明太祖朱元璋不是不清楚。

但是，成功剿灭诸多抗元反王的朱元璋，在建明之初仍然大封诸子为亲王，许以藩国。

洪武三年四月初七，朱元璋一次性封了十个王，除了从孙朱守谦授封靖江王外，其他九王，就是朱元璋的儿子：第二子朱樉为秦王，第三子朱棡为晋王，第四子朱棣为燕王，第五子朱橚为吴王，第六子朱桢为楚王，第七子朱槫为齐王，第八子朱梓为潭王，第九子朱杞为赵王，第十子朱檀为鲁王。

分封有区别，皇子为一字王，旁系则是二字王。这样的封法，在朱元璋登基之时，便有先例，他追尊祖上四代考妣为皇帝皇后，又下"诏追封皇族，以皇伯考为寿春王，皇兄为南昌王、为盱眙王、为临淮王，皇从兄为霍丘王、为下蔡王、为安丰王、为蒙城王，皇侄为山阳王、为招信王，皇从侄为宝应王、为六安王、为来安王、为都梁王、为英山王"(《明太祖实录》卷二十九）。一人得道，鸡犬升天；活者称帝，死者追王。这些皇帝王爷，生前苟活在元朝的社会最底层，死后却被改变命运，成了另一个金字塔最顶层的皇族贵胄。朱元璋要让他们的亡灵，"列祀家庙，著为常典，伏惟英灵，歆此荣祉！"

而受封亲王的诸皇子中，最大的秦王朱樉不满十四周岁，最小的鲁王朱檀刚出生两个月。不满一岁者有三人，除了朱檀，还有老八潭王朱梓和老九赵王朱杞。

朱元璋早早地封初生的儿子们为王，无可厚非，但是，他这个封王，不只是让娃娃们提前穿王袍、戴王冠、做王爷，而是一律授以册宝，为之建置、配套了丞相、师傅诸官属机构以及一整套亲王礼仪，即将委以军事，专行刑罚，倚以为重。

他昭告天下："朕荷天地百神之佑、祖宗之灵，当群雄鼎沸之秋，奋起淮右，赖将帅宣力，创业江左。曩者命大将军徐达统率诸将以定中原，不二年间，海宇清肃，虏遁沙漠。大统既正，黎庶靖安，欲先论武功以行爵赏，缘吐蕃之境未入版图，今年春复命达等帅师再征，是以报功之典未及举行。朕惟帝王之子，居嫡长者必正储位，其诸子当封以王爵，分茅胙土，以藩屏国家。朕今有子十人，即位之初，已立长子标为皇太子，诸子之封，本待报赏功臣之后，然尊卑之分，所宜早定。"(《明太祖实录》卷五十一）

　　疆土是徐达等将帅率兵开拓的，朱元璋可以给他们不同等级的公侯高爵和不同分量的年俸岁禄。但是，对于将士们用血和生命换来的江山，他却要分封诸子为王，授予藩属之国，以求他们统率各地武装力量以及掌控势力范围内的官僚行政。

　　皇子们还年幼，少不更事，朱皇上也早早地遴选了一批优秀的儒士做他们的师傅，教授他们忠君敬父的孝道与屏藩皇室的使命。

　　汉晋分封之乱，难道给朱皇帝经筵讲史的李善长们没有意识到吗？

　　意识到了，而且很强烈。朱元璋培育藩王，大搞近亲繁殖，设计一套并非创新的政治制度，让近亲藩王统率一方军政，就是要剥夺文武勋贵裂地封疆的权利。

　　为何他们没有反应？

　　还在四方冲锋陷阵的将帅们，已经觉察到了他们曾经的朱大哥、现在的朱皇帝，正想方设法地创造条件迫使他们交出兵权。汉高祖清除韩信、英布等也好，宋太祖杯酒释兵权也好，都是教育后世将领：兵权归属于皇权，皇权兼容着兵权。一旦皇帝大权在握，将帅们只是领兵之将，统兵之帅则是皇帝及其最为亲信的代言人。

　　李善长等不好作声，他们可以在朝堂上争权夺利，可以接受食邑丰厚的巨额岁禄，却不能把手伸入地方和军队。更何况，他们已然贵为公爵侯爵，怎能干涉皇帝把王朝当作家天下经营，反对皇帝别有用心地分封诸皇子。他们即便不满，也只能欣然接受。此外，皇帝已给了他们师傅保的高位，让他们做了东宫的顾问，安排他们提前进入了未来皇帝的辅政团队，自然不好反对皇帝对太子以外的其他皇子的分封。他们可以按规矩死后晋升王爵，但活者，却与真正的王爵无缘。

坚守儒家治统的士大夫们，不少人成了藩王府的丞相、师傅。他们也成了既得利益的分享者。他们未在天子跟前谋得重要席位，却可以远离京城实现位高权重，以求更好地推行儒家治统的理想主义。

聚集在太子身边的儒臣们，虽然对皇帝分封诸子有担忧，但认为亲王离京就藩，对太子不再存在实质性威胁。后来，虽然引发了燕王朱棣的靖难一役，篡位成功的永乐帝也做了一些削藩的举措和行动，但在根本上，明朝君臣却没对此分封制进行实质性改革，以内阁为首的文臣集团捍卫国本，最关心的是亲王就藩，而不是藩王割据。像宣德朝的汉王朱高煦之乱，正德朝的安化王朱寘鐇之乱、宁王朱宸濠之乱，都是他们以亲王府护卫做基本武力，绑架藩国的武装力量，向朝廷和皇帝发起了挑战。

儒臣们的领袖宋濂，则是太子的首席师傅，受命与礼部尚书陶凯组织秦王府、翰林院、国子监的力量，编纂一本亲王管理教材《宗藩昭鉴录》，自是少不了顺势而为而借题发挥，以强调藩王对皇帝及储君的忠诚恭顺之理与屏藩效命之道。

对于朱元璋的分封，宋濂大唱赞歌："天子如首，诸王如手足，故可称为同气一体。"（宋濂《宋文宪公全集》卷八）当然，宋大学士口中的"天子"，已将朱元璋和他的得意门生朱标融为了一体。

这让人不由想起《左传》的一个典故：曹刿论战。鲁庄公十年春，齐国举兵来伐，小人物曹刿请见鲁庄公，被人嘲笑。曹刿直言："肉食者鄙，不能远谋。"

朱元璋大肆分封诸子，为的是巩固皇权，其所封的九大攘夷塞王，也确实在元明之际挡住了北元势力的复国梦想，但却为此后明朝皇族内耗严重、祸及江山社稷，埋下了祸根。

朱元璋屏藩的防火墙，其实是致命的守护者。

2

明朝的皇子，天生就是王。他们被赋予了地方军事权和司法权。

他们是统领藩国的诸侯王，也是代表皇帝的方面王。一旦羽翼丰满，他们就足以割据一方，拥兵自重，成为皇帝和朝廷的最大威胁。

汉初的"七王之乱"，就是因为汉景帝的削藩政策威胁了藩王们的利益，他们就相互结盟，公然反叛。晋初的"八王之乱"，主要是晋武帝的继承者无能，导致后宫乱政，皇族争夺，一场大规模的骨肉战争打了七年之久，导致数百年刀兵之祸。

这些，想必李善长们，给朱元璋讲史时，都认真反复讲过。

朱元璋不是没有考虑过。他在责成宋濂、陶凯修成《宗藩昭鉴录》的同时，还亲自撰写了规范亲王们的权力和责任的《皇明祖训》，反复修改，不留死角。

可是，他还坚持派出诸子分领藩国，一旦有人提出批评，那就是死罪。

这不，就在皇子亲王们还没就藩封国时，一个胆大的地方官给朱元璋寄来了一封言辞恳切的批评信。

这个人，就是浙江宁海人叶伯巨。他在元末朱元璋举兵造反时，就有文名，年纪轻轻就与朱元璋身边的谋臣们有过交际。洪武开国，建国子监延揽天下文人学士，叶伯巨被人荐举，以经学专长，进入国家最高学府镀金。洪武八年，朱元璋下诏，选国子生分赴北方任职，宣政教化，废元末轻文之陋俗，振兴民间读书风气。叶伯巨被吏部分发山西，任平遥儒学训导。

平遥是县级行政。而训导，按《明史·职官志四》记载："儒学：府，教授一人，训导四人。州，学正一人，训导三人。县，教谕一人，训导二人。教授、学正、教谕，掌教诲所属生员，训导佐之。"叶伯巨这个平遥训导，也就是县教育局局长的助手，不过现代的基教科长。级别嘛？正股副科。

这样的级别，是不能直接上书皇帝的。然而，叶科长是京城来的小人物，有过交游卿大夫的经验，还是懂门道。洪武九年，天象有些反常，朱元璋当作上天示警，下诏全国官员谈治政得失（应该主要想知道地方违法乱纪的不法问题），正好给叶先生创造了机会。叶伯巨赶紧给朱皇帝送达了一封长长的批评信，期待朱皇帝欣赏他的直言，改变命运，把他调回京师。

他要批评朱皇帝的最高政策：一、分封血亲藩王授权太多；二、推行严刑重罚过于繁杂；三、寻求大治盛世欲速不达。

后两点，不是本文要谈的重点，仅此专说他反对"分封太侈"一事。

《明史·叶伯巨传》对这一点，基本录下了叶先生的直言："先王之制，大都不过三国之一，上下等差，各有定分，所以强干弱枝，遏乱源而崇治本耳。今裂土分封，使诸王各有分地，盖惩宋、元孤立，宗室不竞之弊。而秦、晋、燕、齐、梁、楚、吴、蜀诸国，无不连邑数十。城郭宫室亚于天子之都，优之以甲兵卫士之盛。臣恐数世之后，尾大不掉，然后削其地而夺之权，则必生觖望。甚者缘间而起，防之无及矣。议者曰：诸王皆天子骨肉，分地虽广，立法虽侈，岂有抗衡之理？臣窃以为不然。何不观于汉、晋之事乎？孝景，高帝之孙也；七国诸王，皆景帝之同祖父兄弟子孙也。一削其地，则遂构兵西向。晋之诸王，皆武帝亲子孙也，易世之后，迭相攻伐，遂成刘、石之患。由此言之，分封逾制，祸患立生。援古证今，昭昭然矣。此臣所以为太过者也。昔贾谊劝汉文帝，尽分诸

189

国之地，空置之以待诸王子孙。向使文帝早从谊言，则必无七国之祸。愿及诸王未之国之先，节其都邑之制，减其卫兵，限其疆理，亦以待封诸王之子孙。此制一定，然后诸王有贤且才者入为辅相，其余世为藩屏，与国同休。割一时之恩，制万世之利，消天变而安社稷，莫先于此。"

他跟朱元璋重提了汉初的"七王之祸"和晋初"八王之乱"爆发的原因，直指："分封逾制，祸患立生。"

坏了规矩，没了底线，就是隐患，就是灾祸。

他并不是反对分封，而是认为朱元璋应该趁皇子亲王们还未就藩时，对分封程度有所节制，不要给太广的封地、太多的兵力、太多的藩属，不能为了彰显"一时之恩"而损害了"万世之利"。

这个末流官员，期待最高领导人的江山千秋万载，也是一片赤忱，一份心思。如果只说史，或许会引起朱元璋的一夜沉思。但是，他"援古证今"，严厉地批评朱元璋对诸皇子画地分封给予太多，意图改变宋元不封藩王而造成国破家亡的陈弊，却不免遗祸无穷。现在，朱皇上所封的诸藩国，都是大国连城，王宫建制稍逊皇宫，还为之配置了强盛的甲兵卫士。

叶伯巨大胆地说：几代之后，这定是朝廷尾大不掉的威胁，如果待其势力坐大，再行削藩之事，必然会导致祸患。

他身处边地之远，却深忧朝堂之事，为了阻碍朱元璋反问："诸王皆天子骨肉，地虽广，立法虽侈，岂有抗衡之理?"而不惜提前预设情境，寄望断了朱皇帝的疑虑。

他却没想到，朱元璋不与他唇枪舌剑地辩论，而是直接下令：叶伯巨这小子是离间吾骨肉，速速逮来，我要亲手将他射死！

还是大做骨肉的文章。

朱皇帝雷霆震怒。锦衣卫迅速锁拿。叶伯巨在劫难逃。

有人想为之求情，没料到"丞相乘帝喜以奏，下刑部狱"，叶伯巨死于狱中。

这个"丞相"，应该是中书省右丞相胡惟庸。当时，左丞相李善长已在五年前致仕，躲在家里很少上朝。右丞相徐达长期统兵在外，戍守北平未还；而另一个右丞相汪广洋则曾被贬黜广东行省参政，复召为左御史大夫，洪武十年才复右丞相。此时的中书省，几乎是胡惟庸独相，把持朝政，疯狂打击浙江集团成员。叶伯巨应该作为浙江党人，而被胡丞相借机弹劾。

3

见过大世面的小人物叶伯巨，死于非命，也死于直言。

像喜欢直言的浙江集团代表人物刘伯温，也因瞧不起朱元璋重用的杨宪、汪广洋、胡惟庸，直言胡惟庸当丞相会弯道翻车，结果被胡惟庸矫诏毒死，朱元璋也没有及时自辩清白。

朱元璋大权在握时，对淮西勋贵展开血腥的打击，推行文官行政体系建设。然而，他是不希望有人质疑他的君王绝对权威的。

叶伯巨的宁海老乡、民间学者郑士利，因为哥哥时任湖广按察使金事郑士元陷身"空印案"，借朱元璋下诏求直言时，上书批评朱元璋粗暴地处理空印案，导致许多无辜官员蒙冤受罚，甚至被处死："自立国至今，未尝有空印之律。有司相承，不知其罪。今一旦诛之，何以使受诛者无词？朝廷求贤士，置庶位，得之甚难。位至郡守，皆数十年所成就。通达廉明之士，非如草菅然，可刈而复生也。陛下奈何以不足罪之罪，而坏足用之材乎？臣窃为陛下惜之。"（《明史·郑士利传》）朱元璋勃然大怒，判了郑氏兄弟苦役。

叶伯巨也含蓄地批评了空印案的扩大化，按郑士利所获之罚，罪不当死。但是，朱元璋最恨他对分封藩王指手画脚。

朱元璋不但这次封了十个藩王，而且在处死叶伯巨的几年后命诸王就藩，还在后来陆续封了十五子为一字王。唯有洪武二十六年出生的第二十六子朱楠，因一月而殇，而没来得及分封。

朱元璋确实有点蛮拼，拼命地生子，拼命地封王，封了儿子又封孙子做二字王，为的就是寄望他们屏藩皇帝，以便朱明天下江山永固。

朱元璋之所以弄封藩制，让皇子们率领精兵分驻全国要塞，建立起由皇权直接控制的军事体系，像燕、宁、辽等九大塞王均立国塞上，驻守在东北、北方和西方边疆，经常奉命领兵出外作战或巡阅边陲。内地则有齐、鲁、赵、周等十五王分布于江、淮、河、汉、川等地区，"内资夹辅"。

这是朱元璋为捍卫家天下所进行政治和军事战略部署的产物。他这样做的目的是：一、巩固北方边防，重点防卫尚未彻底解决的元朝残余势力；二、节制和削弱诸功臣将领的军权，监视各地的文武官吏；三、运用强大亲藩为屏卫，确保朱氏皇统的巩固，强化专制皇权。

虽然朱元璋在统治后期，意识到了约束骄兵悍将可以采取杀伐与清洗的方式迅速处理，但是，管理就藩而多有过失、不断违纪的皇子们却显得不那么容易。他反复修改《皇明祖训》强调皇子们不得"轻佻、乱我家法"，将皇子们的岁禄从原来的五万石缩减至一万石，将藩地的钱粮案件、大不敬罪案件收归国家司法体系统一处理，甚至改变了过去皇子藩王可以随时召唤御医赴王府看病的惯例，努力控制皇子藩王们的特权。

但是，他将全国武装力量的领导权，从过去的大将手中收回，又分解到纷纷就藩的皇子们手中，虽然及时维持了北部边疆和内地城池的社会稳定与秩序新建，但大大地方便了皇子们做起了拥兵自重的藩国皇帝。

让他没想到的是，就在他死后不久，入承大统的建文帝朱允炆急不可待地削藩，引发了封藩北平的燕王朱棣打着《皇明祖训》的旗帜，向中央发起了大规模的军事行动。

此时，朱元璋刚死一年。

此时，叶伯巨死了二十二年。

《明史·叶伯巨传》记载：叶伯巨上书时，曾对朋友说："今天下惟三事可患耳，其二事易见而患迟，其一事难见而患速。纵无明诏，吾犹将言之，况求言乎。"清人修史，因此延伸，称："其意盖谓分封也。然是时诸王止建藩号，未曾裂土，不尽如伯巨所言。迨洪武末年，燕王屡奉命出塞，势始强。后因削夺称兵，遂有天下，人乃以伯巨为先见云。"

叶伯巨没有提及朱棣会造反，毕竟他谏阻分封时，朱棣还是养在深宫的小皇子，虽有燕王之名还无燕王之实。

至于朱棣造反，那则是其羽翼丰满，足以拥兵自重时。叶伯巨没有看到，但其预言，却让清人笑话朱元璋之蠢。

不仅如此，明朝的灭亡，很大程度上同封藩制有关。明朝开国伊始建立的各大亲王世系，世袭罔替，开枝散叶，盘根错节，加重了民众的沉重负担，也成了国家尾大不掉的巨大包袱和毒瘤。如神宗封爱子朱常洵为福王，要给四万顷好田，河南补不了，就伸到邻省划拨。到了明末，要国家地方财政养活的明朝皇族，男性贵族不下十万人。庞大的皇族，最大限度地吞噬着国家和百姓的血肉，哪还管国家兴亡与百姓生死。

清朝皇帝以此作为血的教训。皇子并非天生的王，即便封王也没有封疆，要想离开京师离开皇帝的视阈，不提前报批就是死罪。

自努尔哈赤开始，对于自己的兄弟和儿子们，一律以军功和嫡庶行赏赐，给予相应的俸禄，但不给藩地。皇太极称帝后，施行汉人的王公侯伯子男爵位制。藩王不就藩地方，没有爵土。皇子和皇帝的兄弟也不是天生的王，都必须留在京城，老老实实地领岁俸银和禄米。像皇太极在位时，有兄弟如代善封礼亲王、多尔衮封睿亲王，其他兄弟为郡王、贝勒等，还有得更低的，如皇太极的十一弟巴布海只封了一个镇国将军。就连皇太极的亲生儿子，除了老大豪格因军功受封肃亲王外，其他诸子只有皇子的身份，而无爵位和封地。当然，像代善、多尔衮和豪格这样的和硕亲王，有自己亲率的旗，但那不是他们的封地。

皇太极的这种做法，直接影响了后继之君。顺治帝在位时，仅追封了幼殇的皇四子为荣亲王，其他七子皆不给封爵。康熙皇帝继位前，身份是皇子，他是大清皇帝中生育儿女最多者，但他分封诸子，除了皇二子因嫡出而被直接封为太子，其他诸子封爵一律按功劳大小来，被封亲王者寥寥可数，而且没有被直接封为亲王的。雍正帝胤禛于康熙四十八年被封为和硕雍亲王前，是贝勒（岁俸银两千五百两，禄米两千五百斛），为康熙三十一年所封。他

195

被封为贝勒和亲王，完全是因政治表现和理政才干争取来的，而不是因为他是皇四子。像大家都知道的康熙帝十四子胤祯（胤禵），于康熙五十七年十月被任命为抚远大将军统率大军进驻青海，讨伐策妄阿喇布坦，称大将军王，并以天子亲征的规格出征，"用正黄旗之纛，照依王纛式样"，但实际上他的封爵只是宗室爵位中的第四等贝子（岁俸银一千三百两，禄米一千三百斛）。康熙帝去世后，胤禵被召回京师，随即软禁于景陵读书，后因皇太后去世，被授予郡王虚衔，但后来又被革去王爵，降为固山贝子。

清朝的皇子并不是天生的王，这是最有别于明朝皇家的特质和进步。综观清代皇家王公贵族兴衰史，宗亲并没成为国家财政真正的负担。他们可以有自己的庄园，但他们不能像明朝皇子那样有自己成建制的护卫军。

在皇权面前，血亲是屏藩，也是妨碍。清朝设防太多，明朝顾忌不少。

大明创内阁图强，怎为王朝埋祸根

1

洪武十三年正月，朱元璋诛杀左丞相胡惟庸，同时宣布废除中书省，一切军政要务皆由皇帝独裁。

这意味着在中国封建社会延续了两千多年的丞相制，被朱元璋终止了。

《明史·宰辅年表一》记载："明太祖初壹海内，仍元制，设中书省，综理机务。其官有丞相、平章、左右丞、参政，而吏、户、礼、兵、刑、工六尚书为曹官。行之一纪，革中书省，归其政于六部，遂设四辅官。"

"四辅官"，顾名思义，为辅政之官。洪武十三年九月丙午，朱元璋设置四辅官，告太庙，以王本、杜佑、龚敩为春官，杜敩、赵民望、吴源为夏官。另有秋官和冬官，由春官和夏官兼任。

四，不是四个人，而是四种职官。出任者，都是饱学儒家经典的士子，而非朝廷的政要。

对于"四辅官"的使命和职责，朱元璋以敕书的形式做了严格规定。《明太祖宝训》卷三《任官》中记载："昔之耕莘者为政，社稷永安。筑岩者在朝，君仁民康。二臣继出于殷商，致君六百年之大业。是贤者虽处同出异，其

197

忠君济民之道则一。朕政有未周，化有未洽，访近臣而求士，故召尔等来朝，命为四辅官，兼太子宾客。位列公、侯、都督之次，必欲德合天人，均调四时，以臻至治，其敬慎之。"

四辅官入朝为官，为虚职，但朱元璋给了一个"太子宾客"的实衔。这大有汉初"商山四皓"之意。商山四皓，本为秦始皇七十博士中四人，各有职掌，后归隐商山。汉高祖有意废储另立，吕后请张良出主意，找来了商山四皓辅佐太子刘盈，使刘邦改变了易储的主意。

朱元璋设四辅官，无疑是表达了任用贤能但属临设的政治设想。

他要进行政治体制改革，集中皇权，而罢黜相权。

但是，起于庶民的儒士团队，精通学问，但不谙政务，不能有效地帮助朱元璋理政安民。

于是，洪武十五年七月，朱元璋终止四辅官的任期。他探索四辅官计划失败了。

2

迫于工作的压力，朱元璋没有因为四辅官试验的失败，而停止探索新的辅政职官制度。

他开始设置殿阁大学士，备作顾问。洪武十五年，朱元璋仿宋制，置华盖殿、武英殿、文渊阁、东阁诸大学士、文华殿大学士。

大学士的品秩为正五品，而出任此职的人，原职和出身各有不同。华盖殿大学士邵质为礼部尚书，这是朝堂之上、皇帝亲率的要员。武英殿大学士吴伯宗为翰林院检讨，文渊阁大学士宋讷为翰林学士，而东阁大学士则是因一次奏对失旨降级的翰林院典籍吴沉，他们都是翰林院的中层干部。文华殿大学士则是由民间学者鲍恂、余诠、张长年等出任，他们的职责为辅佐开始监国理政的皇太子朱标。

这些大学士，只有顾问之任务，却无参决之权力。

朱元璋如此做，目的就是皇帝独操权柄，独裁政务。他将此定为大明制度，写进了祖训，于二十八年，还敕谕群臣："国家罢丞相，设府、部、院、寺以分理庶务，立法至为详善。以后嗣君，其毋得议置丞相。臣下有奏请设立者，论以极刑。"（《明史·职官志一》）

建文帝即位后，不但遵守了太祖废相祖训，而且改大学士为学士。殿阁大学士也就成了殿阁学士。

所以，朱元璋在位三十一年，及建文帝四年，凡三十五年，我们在《明史·宰辅年表》中，只能看到洪武十三年正月胡惟庸被赐死前，有宰辅名单，尔后二十三年无宰辅一职。

直至永乐元年八九月，成祖朱棣先后特简黄淮、胡广、杨荣、解缙、杨士奇、金幼孜、胡俨等翰林官，直文渊阁，参与机务。

《明史·职官志一》曰："阁臣之预务自此始。"明朝内阁出炉了。

永乐二年四月，侍读学士解缙晋学士兼右春坊大学士，成了内阁首辅。

3

明朝的大学士，是皇帝的辅臣，但品级不高。然而，随着皇帝的信任、倚重以及文官自身的经营，这些被安排在殿阁工作的皇帝秘书们，虽然只有五品官阶，但一旦兼了六部尚书，或做了经筵讲官、加了师傅保之类虚衔，那么就非同一般了。

明朝大学士的官衔，多以某部尚书兼某殿阁大学士，尚书为本官，大学士为兼职。如著名的张居正，最初在隆庆元年以吏部左侍郎兼东阁大学士，入阁参与机务，同年四月又改任礼部尚书兼武英殿大学士。虽然大学士只换了阁名，这是兼职，而本官则是吏部左侍郎改为了礼部尚书，官阶进了一级，班次上前一步。

皇帝建置大学士做顾问，每遇大事情，皇帝专赴诸殿阁和大学士们商量，小事情则由大学士在条子上写好送呈皇上审批，开启了明清二朝的内阁制度。

随着仁、宣二帝以降的皇帝懒政，而对内阁的过分倚重，部院主官入阁参决机务，兼理大学士，并被加以师傅保和经筵讲官之类的荣誉，内阁大学士的地位被变相抬高，位极人臣。

然而时间久了，后来的皇帝长年累月地不去内阁，像嘉靖皇帝、万历皇帝，在位都是几十年，但有二十多年不上朝，一切奏章、政务、军机，都由大学士们票拟，即用一张小条子拟具意见，送皇帝斟酌。

尤其是首辅，独掌票拟大权，如嘉靖帝时的严嵩，利用皇帝不视常朝，而独专内阁大权二十年。

而至万历初年，由于万历帝年幼，首辅张居正秉政十年，与司礼监冯保订立攻守同盟，达到了威权震主、代行皇权的地步。

万历后期长达十余年，内阁严重缺员，只有一两人在阁，甚至出现了一个长期休病假，一个独力主持政务。

内阁首辅，虽无丞相之名，却行丞相之权。不仅大学士们把自己当成了丞相，而且皇帝也在潜意识里把大学士当作了丞相。这是千年相权制度留下的影响，而不是朱元璋废相所能抹去。

像明武宗暴卒，无子嗣即位，首辅杨廷和力挺藩王朱厚熜成为嘉靖帝。可见，内阁大学士已有皇位继承人的建议权。而在万历朝，闹腾了二十多年的国本之争，虽然内阁换了不少大学士，但最后还是以万历帝的承认既定太子，而宣告内阁捍卫国本、反对易储的胜利。

票拟本章，始于明朝正统年间，是内阁文官协助皇帝处理国家事务的基本形式，也是其权力之所在。《明史·职官志一》记载：大学士"掌献替可否，奉陈规诲，点检题奏，票拟批答，以平允庶政"。

内阁票拟，皇帝朱批。如果皇帝不批，改由亲信太监批红，那么朝廷也就越来越乱。

太监专权乱政，内阁专权亦乱政。至晚明崇祯朝，内阁权力几乎到了威胁皇帝的地步。

崇祯初年惩治阉党案后，此消彼长的内阁首辅揽权擅政，越发制约甚至威胁到皇帝的绝对权威。李自成进入山西后，有大臣建议崇祯南迁，就是因为以首辅大学士陈演为首的文官们不答应，结果一拖再拖、一败再败。李自成打到京师城下，向崇祯帝提出和谈，索银一百万两和让他在西北自立称王，但因继任首辅大学士魏德藻的不同意，造成明朝灭亡不可逆转的命运。

阁臣掣肘皇权，导致了崇祯在位十七年，竟然更换了十九任内阁首辅、五十多个大学士。其中有忠臣，有能臣，有庸臣，更多的如周延儒、薛国观、陈演、魏德藻之类的奸臣。

所以，崇祯帝在上吊前哀鸣"文臣个个可杀"，也是一句大实话。

但崇祯帝的性格缺陷，导致了他有帝王抱负，却无英主眼光。

明朝内阁的权力越来越大，出现了左右朝政、制衡皇帝的局面，引起了清朝统治者的警醒。清初顺治朝设置内阁，大学士连票拟要务的权力都没有，虽然后来有过改变，也出现了索额图、明珠这样的权臣，但皇帝还是不断组建新的特殊权力中枢，如康熙朝的南书房、雍正朝的军机处，都是在限制内阁的权力。

中 篇

永乐宏图

权谋、怨恨和无赖行径的操弄高手

1

朱棣成为明永乐皇帝，似乎天命所归。

正史对于天子的出生，总会给予造神的先兆。司马迁写完商周秦先祖乃少女野外感应受孕而生后，写刘邦乃刘媪在河边"遇交龙而得"，是真龙天子，在前辈君王均为世袭罔替的时代，为出身地痞的刘邦造就了一个神奇的出身背景。那《明史》的撰著者对于朱棣的描述，虽未及时造神像，但也不免俗："王貌奇伟，美髭髯。智勇有大略，能推诚任人。"

好一个美帅男！朱元璋那种丑和尚还能生出此等娇娃，想必是老天在帮老朱。

虽然后来有诸多闲话，说朱棣的生母有林林总总的来源，甚至是被陈友谅搞大了肚子的降妃，奇形怪状，荒诞有趣。这该是后来无聊的文人们，想给朱元璋的残暴嗜杀，戴一顶高高的绿帽子，还给他朱明皇朝最高贵的血统加一点异色。

小沙弥出身的朱元璋是何等的精明狡黠，不论如何好色，不管哪般绝色，我料想他不会将最大敌人的遗腹子，还当"最肖我"的宝贝，格外倾心，委以重任。可以

205

说，朱元璋最中意的接班人该是朱棣，而非儒雅的朱标，更不会是后来的毛头小儿朱允炆。在二十六个儿子中，老朱最看重此儿，断然不会搞混他的来历的。

野史传闻，朱元璋定都南京后，曾筑高墙，问谁能飞过。刘伯温说，燕可飞过。好一个燕字，燕子也，燕王也。

朱棣，就是当时的燕王，留守北京，镇守北方，防御北元残余和鞑靼瓦剌，手握重兵。一旦起兵，摧枯拉朽。这不能说朱元璋没想过，英明的君王为了江山永固，对于牺牲最亲近的骨肉也不足惜，这与常人殊异耳。

虽然拼了几年血战，朱棣通过发起靖难内战的形式，还算是顺利地坐上了侄儿尚未坐热的那把金光闪闪、寒光莹莹且有些冰凉的龙椅。按儒家正统，此为叔谋侄位、篡国自专，当为逆贼。但当朱棣荣登大宝，自视礼仪为生命的儒家士子们，除耿直而迂腐的方孝孺辈外，纷纷顶礼膜拜、效忠表诚。

2

姑且不论朱棣权力谋取是否具有合法性，只看其在社会、政治、经济和文化方面的努力，自是远胜于建文帝，殊不知强过多少倍。他在位二十二年，在担心不知去向的建文帝哪天突然归来的同时，废寝忘食，焚膏继晷，高度集权，把本趋衰朽的封建国体治理得暂时生机勃发。

那皇皇巨著《永乐大典》的纂修，那郑和多次下西洋，如果没有这位武功登极的朱皇帝鼎力支持，都是难以完成的。

海外华人学者蔡石山曾一改以往帝王传记写法，在《永乐大帝——一个中国帝王的精神肖像》中，以永乐朝廷中具体一天（1423年2月23日）的活动场景为开端，写其四更晨起、沐浴更衣、早餐、乘轿、早朝、坐车、天坛祭祀、御药房短暂小憩、午朝、处理公文、参观马厩畜舍、和朝廷大员商议国事，直至晚间选择哪宫妃子侍寝、睡前阅读一些文字等，写得较为详赡、不蔓不枝，但张弛有度、要言不烦。是时距永乐帝驾崩尚足不到一年半时间。按部就班，定时作业，做皇帝也辛苦，虽然没写到朱棣是否要像秦始皇那般要看多少文书，但也足见最高领导者并非自由人。

自朱元璋称帝后，虽孔武英明多年，但其为了朱明王朝的生命延续，屡屡制造借口枉杀曾一同打天下的兄弟战将，如此举措，却为接班人减少了不少干臣良将。而其所选中的小皇帝除了遗传父亲仁慈孱弱衣钵外，就是将制定政治与军事政策的权力悉数交与不知谋略治军的齐泰、黄子澄之辈。

齐、黄二氏，虽有不少识见和修为，但不长于管理，而且各怀心思；尤其是黄子澄食古不化，怂恿幼主重拾千百年前的汉代战略，宣扬天地演化论和圣王概念，大开法律规章的历史倒车。朱元璋封诸子王天下各地，旨在镇守朱家天下，而朱允炆上位伊始，不是大削叔叔们的王权封地，就是扣押堂兄弟为人质，甚至胁迫亲叔叔写下诬蔑、指控其他叔叔的所谓不法行为，并派员捕杀、迫害不少直系亲人。这般愚举，貌似巩固虚弱的建文政权，但过分地中伤并非坚韧的家族体系，无疑会激愤于表面恭顺、心怀不忿且能力强盛的燕王朱棣。

朱棣经过拘杀监视者、夺北平九门、援祖训起兵、兴靖难之师，三年过去，南面称帝。但受命于其父的老臣们，虽有许多跪迎之，但亦有不少"奸臣"逆天为之。一场惊心动魄但不可避免的流血政变，使得胆战心惊的老燕王、新明主不由大开杀戒，株连甚广，为刑罚史制造了诛杀"十族"的沉冤案例。不论其后怎样励精图治，拯救了一个刚刚兴起慢慢弱化的王朝，但他难得片刻安宁，还想着为不受责难做足够的弥补。

3

朱棣时常引用秦始皇和汉武帝为教诲范例，也如同二位前辈一般运用铁腕强制整个国家，多有成效，境内近乎安宁，经济渐趋繁荣，同时他放弃了隔代师尊们从事巫术和服食长生丹药的恶行。

永乐的政治人生，可以说是中国史上一段富于戏剧性又意味深长的时期，它肇始于名不正言不顺的内战叛乱，也见证了北京城的建造、大运河的竣工、官僚体系的巩固，以及中国版图向北方和南方的扩张。

朱明政权的国家机器，在永乐皇帝庞大的野心和计划中，急速运转，其承继乃父的绝对主义发展到了一个极致，随意可以罢免一个资深宰辅大员，操纵一切朝廷大事，哪怕是兴兵谋略近邻领土，或数度派人赴东南亚、印度洋宣扬国威。

永乐授命郑和下西洋，传言为追杀匿逃在外的建文帝。先帝尚在人间，后来者自是在龙椅上坐着不舒服，在龙榻上睡不安稳。只有痛下杀手，哪管什么亲哥哥的那点血脉。是否可信，故作坊间逸事，但声势浩大地赴海外辗转几番，换来了不少珠宝象牙，但不如后来达·伽马、麦哲伦那般为本国开启资本主义的大门。

曾骁勇善战的朱棣镇守朱元璋的北方，让父皇甚为安心，但因明太祖信守长子嫡系继承大统，而使坚强能干也睿智进取的燕王不得不长期备受冷落和放逐。好不容易找到一个机会，杀！几番争斗拼杀，永乐终于如愿以偿，但仍属违背先皇旨意的谋反篡位，即便是他用武力威权慑服了政治情绪，用超常能力化解了种种大型危机，用忍耐宽容了许多不敢冒险又一事无成的庸俗人群，用绝对主义符合了传统中国的政治哲学……他也亟须有文字来彰扬其合法性和孝心，他选择了支持文艺计划和他的著述，以此宣传道德陈词，促进社会和谐。

他以儒释道三家一身自居，支持编写美化马皇后的《天潢玉牒》，汇编佛家教义北方版《三藏》，辑选传播孝道的《孝顺事实》，还委派重臣解缙征募147名学者大规模、长时间地汇编《文献大成》。后经三年修整，《文献大成》经过2180位各种背景的学者、国子监监生等努力协作，终于成就了今日中国人仍在盛传的22877卷本的《永乐大典》，永乐欣然题写长序，但因不曾复写刊刻，仅抄写一部，存于皇宫深院中。其后几位继承者，唯嘉靖末年敕令摹写正副二本，正本后不知踪迹；副本清代收藏不善而续有遗失，近代又遭八国联军焚毁、劫掠，现于全球范围尚存400余册，其中223册存藏国内，虽为残存，但仍具重要的文献价值，堪称学界珍宝。

武功系于权位，文治服务国家，朱棣虽亦如乃父，为马上皇帝。但知道怎样坐好江山，玩好权术。

蔡石山曾说"永乐这位有很强个性的奇伟男子，是一位非凡的、不辞辛劳的专制君主，也是一位苛求的皇帝；他是积极政府之理念的化身"，"对永乐来说，生命就是冒险和战斗，经常要冲破重重的困难。我们从他身上可以了解到一位权力、阴谋、怨恨和无赖行径的操弄高手之秘密"。

而从精神分析的视阈，观照有人称为帝制中国最好的君王、有人视作帝制中国最坏的皇帝的永乐，朱棣在殚精竭虑之余有过灵魂的不断挣扎，他努力谋求国泰民安不无愧对侄先帝的精神赎罪。

《明史·成祖本纪》评价永乐："威德遐被，四方宾服，受朝命而入贡者，及三十国。幅员之广、远迈汉唐、成功骏烈、卓乎盛矣。"

是文为清人著述，如此褒扬前朝皇帝，足见朱棣的不世之功影响后世深矣。

但令人遗憾的是，朱棣有了锦衣卫再设东厂，又制八股文章钳制读书人的思想，还派太监监军，将朱元璋的铁血专制更推进一步，也埋下了宦官乱政的祸根。

朱棣造反时，拥兵的兄弟连在忙啥

1

洪武三十一年（1398）闰五月初十日，明太祖朱元璋在西宫驾崩，享年七十一岁。

六日后，朱允炆登基，是为建文帝，诏令天下"行三年丧"，"群臣请求用日代月"，朱允炆也说："朕非效古人亮阴不言也。朝则麻冕裳，退则齐衰杖绖，食则饘粥，郊社宗庙如常礼。"

朱允炆和群臣对朱元璋的遗诏，在执行时做了部分改变，但有一条却始终贯彻，即诸王不得回京奔丧。

虽然朱元璋死前都做好了安排，但朱允炆还是匆忙上台，并错误地估计情势，"诸王以叔父之尊多不逊"，及他们"拥重兵，多不法"，在自己规定的祖父丧期对皇叔们下手，大肆削藩！

建文元年七月，朱元璋的皇四子燕王朱棣在北平举兵，打着遵祖训、诛奸臣的旗号，发起靖难一役。

一场席卷全国的残酷兵祸，在大明王朝的腹地肆虐。

一次祸及萧墙的江山争斗，系皇家利益的分割不均。

侄儿不再是侄儿，叔叔不再是叔叔。

他们是君臣，是主仆，是天子与反贼。

朱棣打出的旗号，是维护朱家天下，是捍卫太祖遗命。他要彻底毁了太祖隔代传位的顶层设计。

此时，朱元璋的其他儿子在忙啥？是领兵助阵，或是出面调和，或是坐观火并，还是其他呢？

2

建文帝先发制人，逼叔自焚或废为庶人。

朱元璋的皇五子、周王朱橚，按《明史》所述，是懿文太子朱标和燕王朱棣的同母弟，建文帝"颇疑惮之"。但其蓄有异谋，长史王翰数谏不纳，诈作发狂而离职，朱橚次子、汝南王朱有爋向朝廷举报父亲图谋不轨。洪武三十一年，朝廷第一个对他下手，遣李景隆突袭开封逮捕朱橚，把他贬为庶人，徙云南，建文四年召到京城禁锢。

第二年夏四月，建文帝把矛头指向朱元璋的皇十二子、湘王朱柏，以私印钞票的金融罪，下令带其回京讯问。朱柏是一个爱读书、喜谈兵、善兵器的人，"尤善道家言，自号紫虚子"，《明史》称其"开景元阁，招纳俊义，日事校雠，志在经国"。他不甘受辱，没有开门迎接使臣，而是把老婆孩子都召集起来，紧闭宫门，自焚而死。

紧接着，朱元璋的皇七子齐王朱榑、皇十三子代王朱桂，被人告发有反意，于建文元年初被召回京师，废为庶人，幽所圈禁。

建文元年六月，朱元璋的皇十八子岷王朱楩被西平

213

侯沐晟告发不法，被废为庶人，由封地甘肃岷县远徙福建漳州。

3

坐观兄侄血拼者，做沉默的大多数。

朱元璋的皇六子楚王朱桢坐镇武昌，却按兵不动，并未驰援京师。

一是因建文帝疑藩，无天子明诏不好轻举妄动。

再则深察大势，为保全自身，立场明显偏向燕王。

朱桢算得上"奉祖训，率礼度，留心典籍"，"旦夕自警，恭慎俭约，恒存省己"的"贤王"，故朱棣即位后，将朱桢由宗人府右宗人晋升宗正，成为朱氏皇族的大族长，名义上统管皇族事务。

朱元璋的皇十一子蜀王朱椿，是一个待人谦和、钻研学问的人，"性孝友慈祥，博综典籍，容止都雅"，朱元璋曾称呼他为"蜀秀才"。他曾聘请大儒方孝孺为世子傅。朱椿没有参与这场战争，而是"独以礼教守西陲"，注重与少数民族搞好关系，得到后来明成祖朱棣的尊重和礼遇。

朱元璋的皇十四子肃王朱楧算是一个逆来顺受者，主动在"建文元年乞内徙，遂移兰州"，作壁上观。

朱元璋的皇十五子辽王朱植"习军旅，屡树军功"，封地距朱棣不远且拥有重兵。燕王起兵，朱植服从建文帝的命令，从海路来到南京后，封地被改为荆州。朱棣夺得帝位后，埋怨朱植不支持自己，故不喜欢他。

朱元璋的皇十六子庆王朱㮵"好学有文，忠孝出天性"，甘守在封地，两不助战。后来，朱棣对其还算优待。

朱元璋的皇二十子韩王朱松、皇二十一子沈王朱模、皇二十二子安王朱楹、皇二十三子唐王朱桱、皇二十四子郢王朱栋、皇二十五子伊王朱㰘，都作壁上观。

4

被迫助燕王者，却在成功时，宛如废人。

朱元璋的皇十七子宁王朱权，就藩大宁。

大宁地处喜峰口外，属古会州之地，东连辽左，西接宣府，为一大镇。朱权带有甲兵八万，战车六千，所属朵颜三卫骑兵均骁勇善战。朱权多次会合诸王出塞作战，以善于谋略著称。

燕王起兵，朱棣和建文帝都想拉拢朱权，朱棣率先一步，绑架朱权一起造反。朱权进入燕军之后，时常为朱棣草拟檄文。朱棣对朱权许诺，事成之后，平分天下。而后，朱棣得了天下，就开始对朱权边缘化，至仁宗、宣宗时期，也是不时敲打。

朱元璋的皇十九子谷王朱橞最初应建文帝诏，带兵三千赴京师护卫金川门，防止朱棣入侵。建文四年，朱棣渡江成功，朱橞见大势已去，开门归顺，以献城有功，受封颇丰。但朱橞自恃功高，越发骄横霸道，"夺民田，侵公税，杀无辜"，大肆搜刮民财，招兵买马，立命中官，妄图造反，遭群臣弹劾，遂于永乐十五年及二子皆被废为庶人，追随者多遭杀戮。

朱权和朱橞，是朱棣造反的胁从者，按理有功，应该优待，但朱棣对此二人一直设防，对其的待遇尚不及那些作壁上观的兄弟。

嗜杀和尚成黑衣宰相，不战却首功

1

明洪武十五年八月，朱元璋的马皇后病逝，儿子燕王朱棣千里奔丧，在灵堂遇到做法事的道衍和尚。

电视剧《郑和下西洋》安排齐泰和方孝孺向提前来吊孝的朱棣发难，道衍挺身而出，为之解难，故而异志通途，走到一起。道衍要给朱棣送一顶白帽子。奔丧戴白帽是孝，而王上添白冠为皇。道衍一语双关，道破朱棣的心思。

《明史·姚广孝传》虽没铺设这个情景，但说"高皇后崩，太祖选高僧侍诸王，为诵经荐福。宗泐时为左善世，举道衍。燕王与语甚合，请以从"，却不能说没有道衍给燕王送白帽之事。

道衍虽是出家僧人，却师从道士席应真，"得其阴阳术数之学"，相士袁珙称他"是何异僧，目三角，形如病虎，性必嗜杀，刘秉忠流也"。

刘秉忠何人也？一百年前的一个出家和尚，帮助忽必烈取天下，拜相封王。道衍闻相士言，不怒而大喜，看来他要以搅朝局为己任，故相中了同忽必烈一般强悍、拥握重兵的燕王朱棣。

　　燕王朱棣"智勇有大略，能推诚任人"（《明史·成
祖本纪》）。

　　道衍随朱棣"至北平，住持庆寿寺。出入府中，迹
甚密，时时屏人语"。行事诡秘，窃窃私语，道衍和朱棣
在密谋大事。

　　朱棣和道衍在花园加紧练兵，在地下室打造兵器，
放养不少鹅鸭"乱其声"。为了造反，手段无奇不有。

2

　　明太祖驾崩，皇太孙朱允炆继位。小皇帝上位伊始，
禁止诸王奔丧，立马加紧削藩，相继把几个和其父朱标同
母生、异母生的皇叔，废为庶人，画地圈禁。

　　朱棣自危，装疯卖傻，躲进鱼缸里生吞活鱼、自称
龙王。朱允炆也想动手，但忌惮朱棣强势，不敢轻举妄
动，除了分兵据守燕王府外，便是掌管燕系部队。

　　道衍劝朱棣起兵，并找来那个称他嗜杀的相士袁珙
助威。道衍鼓动朱棣："臣知天道，何论民心。"

　　起兵前夕，暴风骤雨，将王府的檐瓦吹落在地。风
吹落瓦在当时被视为不祥之兆，朱棣不禁变色。道衍说：
"祥也。飞龙在天，从以风雨。瓦堕，将易黄也。"飞龙在
天起风雨，王府青瓦换黄瓦，挠得朱棣内心痒痒，再无
所惧"民心向彼"，亲率卫队头领张玉、朱能、丘福等带

八百死士，迅速血战监控燕王府的都指挥使谢贵、布政使

张昺，正式造反。

师出该有名，造反应有理。道衍又给朱棣出谋划策，上书建文帝朱允炆说主张削藩的齐泰、黄子澄是奸臣，扯来朱元璋制定的《皇明祖训》当大旗："朝无正臣，内有奸恶，则亲王训兵待命，天子密诏诸王统领镇兵讨平之。"

造反本谋逆。朱棣借尸还魂，道是奉先帝密诏，看来此等手段，也是道衍教的。

靖难之师，篡位之实。

3

朱棣谋反，发动靖难一役，不但得到了姚广孝的帮助，更主要是得益于他的劝说。

首先，我们要先了解姚广孝这个人。

他本是一个和尚，法号道衍，俗名姚广孝，虽是出家人，却精通儒学，还师从道人学得阴阳术数之学。他通晓儒释道，但是一个不安分的出家人。相士袁珙称他"是何异僧，目三角，形如病虎，性必嗜杀，刘秉忠流也"（《明史·姚广孝传》）。

刘秉忠，最初也做过和尚，无书不读，尤精通天文、地理、律历和占卜，遇到忽必烈后，誓死相随，助成忽必烈成为元世祖，为之规范政治体制和典章制度，规划设计元大都，成就了大元朝。他死后，被元朝统治者追赠国公藩王。有元一代，汉人位列三公者，唯刘秉忠一人耳。

姚广孝虽对权势利禄欲望不大，但他有兼济天下的疯狂梦想。他要为大明王朝成就一个改天换地的霸主，而不是普通的明君。

其次，姚广孝是一个治世大才。

姚广孝不但有刘秉忠嗜杀宰相的面相，也有刘秉忠治平天下的大才。建文帝即位不久，采取对诸王削藩，意在对实力最强的燕王朱棣动手。朱棣有心反抗，又投鼠忌器，是姚广孝以"只知天道、不管民心"，帮助朱棣下定决心造反夺位。

当然，姚广孝深得朱棣倚信。

姚广孝不但为朱棣运筹帷幄，还推荐了不少奇才，并自愿带着少量的兵力留守北平、为前方解决粮草，稳定朱棣的大后方。朱棣不但对其礼遇如师，还请他教导世子朱高炽，聘为皇太孙朱瞻基的师傅。

4

朱棣对道衍和尚，言听计从，说退就退，劝进就进，就是朱棣想稍事休整，只要道衍劝破釜沉舟出师决战，也是从之。

《明史》卷一四五说：明成祖"在藩邸，所接皆文人，独道衍定策起兵"，"成祖奋起方隅，冒不韪以争天下，未尝有万全之计也。乃道衍首赞密谋，发机决策"。

若朱棣不遇道衍，历史也许又是另一个模样。但历史还是安排朱棣这个"威名大振"的皇子亲王，遇到了"性必嗜杀"的道衍和尚，改变了朱明王朝的走向。

燕军名曰靖难实则造反，历时三年多，智勇善战的朱棣攻城略地，但"战守机事皆决于道衍。道衍未尝临战阵，然帝用兵有天下，道衍力为多，论功以为第一"。朱棣做了明成祖，姚广孝虽未入内阁成为首辅，但他在朱棣心中的地位，远非首辅阁臣黄淮、解缙、夏原吉和杨士奇、杨荣等所能及，故有称"黑衣宰相"。朱棣编《明太祖实录》，交由道衍主持。

道衍还有一个俗名叫姚广孝，那是永乐二年四月，朱棣拜其为资善大夫、太子少师时的赐名。

功成名就时，道衍常居佛寺，打理政事，上朝着冠带，退朝着袈裟。朱棣让其蓄发，他不肯，也不接受皇帝"赐第及两宫人"。这点比刘秉忠有操守，元世祖"诏以翰林侍读学士窦默之女妻之，赐第奉先坊，且以少府宫籍监户给之"，刘秉忠皆受之。

永乐皇帝朱棣，与其父洪武皇帝朱元璋，对待首功之臣的行事风格截然相反。朱元璋对李善长，坐实罪证后灭门，而朱棣一直真心厚待道衍。就是道衍为曾助建文帝逃遁的人说情，成祖也"以广孝言，即命出之"。要是此事放在朱元璋时代，定是一个谋反株连大罪，有免死三次的铁券丹书也枉然。李善长之死，就是因为与胡惟庸有些说不清的瓜葛。

永乐十六年三月，八十四岁的道衍病逝于庆寿寺，

221

朱棣"震悼，辍视朝二日，命有司治丧，以僧礼葬"，追赠推诚辅国协谋宣力文臣、特进荣禄大夫、上柱国、荣国公，谥号恭靖。后继之君朱高炽还将道衍"加赠太师，配享成祖庙庭"。

5

明仁宗朱高炽确实应该礼遇道衍和尚。

明成祖"往来两都，出塞北征，广孝皆留辅太子于南京"，还命皇太孙朱瞻基"出阁就学"师事姚广孝。

此外，朱棣发动靖难一役，燕王世子朱高炽留守北平，"以万人拒李景隆五十万众"（《明史·仁宗本纪》），而依靠的是"道衍守御甚固，击却攻者。夜缒壮士击伤南兵。援师至，内外合击，斩首无算。景隆、平安等先后败遁"（《明史·姚广孝传》）。此战，我们通常认为是朱高炽坚守之功，而鲜知是道衍攻守之力。

道衍死后，朱棣"亲制神道碑志其功"，《国朝献徵录》卷三记载朱棣对道衍的赞语：

"广孝器宇恢弘，性怀冲澹。初学佛名道衍，潜心内典，得其阃奥，发挥激昂，广博敷畅，波澜老成，大振宗风，旁通儒术，至诸子百家无不贯穿，故其文章闳严，诗律高简，皆超绝尘世。虽名人魁士心服其能，每以不及也。……广孝德全始终，行通神明，功存社稷，泽被后世，若斯人者，使其栖栖于草野，不遇其时以辅佐兴王之运，

222

则亦安得播声光于宇宙，垂功名于竹帛哉。"

明代著名的异端思想家李贽在《续藏书》卷九中说："我国家二百余年以来，休养生息，遂至于今。士安于饱暖，人忘其战争，皆我成祖文皇帝与姚少师之力也。"

丘福打江山第一，保江山一败涂地

1

朱棣嗜杀成性，杀了方孝孺"十族"八百七十四人。一本《李朝实录》渲染，他为某太监和某宫女鬼混之事而发怒，大肆杀戮，一次性活剐了三千宫女。

方孝孺株连案是铁板钉钉。但三千宫女被杀是否属实，民间传闻，不见正史。

朱棣同其父朱元璋相比，没有屠杀勋臣悍将，就连从建文帝阵营走过来的夏原吉、解缙等，都被他恩宠更隆，成为数朝重臣。

然有一人，他为朱棣造反时的第一猛将，建功多多，却因一事，被朱棣给予了最严厉的惩罚。

2

此人为丘福。

朱棣起兵，丘福以燕山中护卫千户，与副手朱能、张玉夺九门，战真定，过关斩将，长驱直入，"皆为军锋"。

他与朱能率数百人，同朝廷大将盛庸对阵，几番血战。盛庸败走，丘福抢船渡江。

丘福这个人，《明史·丘福传》评价："为人朴戆鸷勇，谋画智计不如玉，敢战深入与能埒。"焦竑《国朝献徵录》也说："福质直无文，有勇力，善战，辄轻敌深入。"

丘福是冲锋在前，论功在后，成祖经常感叹：丘将军功，我自知之。

朱棣制胜，大封功臣，丘福为武将之首，"授奉天靖难推诚宣力武臣、特进荣禄大夫、右柱国、中军都督府左都督，封淇国公，禄二千五百石，与世券"，"每奉命议政，皆首福"。

朱棣对丘福的奖励，岁禄要比一同冲锋陷阵的成国公朱能，多出三百石。

册封朱高炽为太子时，丘福为太子太师，而朱棣的第一谋士姚广孝为太子少师。

按明朝官员品级，太子太师为从一品，太子少师为正二品，二者是有区别的。

朱棣对丘福的封赏，是最高的。

3

让大家大跌眼镜的是，打江山的常胜将军丘福，到了保江山时却成了绝对的输家。

永乐七年七月，鞑靼可汗本雅失里杀死大明使臣郭骥，激怒成祖。

朝堂议战，朱能已死，张辅正在征战安南，67岁的丘福请战，佩征虏大将军印，充总兵官，率武城侯王聪、同安侯火真、靖安侯王忠、安平侯李远共十万精骑，北征鞑靼。

成祖担心丘福轻敌，告诫他：兵事须慎重。你到开平北后，即便看不到敌军踪迹，也应做好时时临敌的准备，相机进止，不可固执己见。如果一战未捷，那就等下一仗。

大军出发后，成祖又连下诏令，反复提醒丘福："毋失机，毋轻犯敌，毋为所治，一举未捷俟再举。"

重要的事情说三遍：不要轻敌！不要轻敌！不要轻敌！

而丘福兵至鞑靼，却撇下大军主力，率千余骑先行，在胪朐河南击败鞑靼游骑。

他趁胜渡河，俘获鞑靼尚书一人。尚书诈道：本雅失里闻大军北上，惶恐北逃，离此地不过三十里。

丘福深信不疑，决定疾驰追击。诸将纷纷反对，建议等主力到达，探清虚实后动。丘福拒不采纳，坚持以鞑靼尚书为向导，直捣敌营。

4

在之后的两日中，鞑靼军每战都诈败。丘福更认为自己虎威震北，要乘胜追击。

李远、王聪竭力反对。丘福厉声而言："违命者斩！"

不久，鞑靼大军突然杀至，将丘福等人重重包围。王聪战死，丘福与李远、王忠、火真尽皆被俘遇害，全军覆没。

明成祖闻讯震怒，召回张辅整兵，决定御驾亲征，并剥夺丘福的世袭爵位，将其全家流放海南。

《明史》记载，成祖对随行战将，追封李远、王聪为国公，褫夺王忠、火真爵位。

至于丘福家人，据《中华丘氏大宗谱·海南省澄迈分谱》载，丘福之子丘松，在父死后被贬至海南澄迈，但成祖惩处不彻底，在削爵后，让其子孙世袭海南卫指挥。这个不见于正史。

5

丘福之殇，是有原因的。

他轻敌而惨败。李远说："将军轻信敌间，悬军转斗。敌示弱诱我深入，进必不利，退则惧为所乘，独可结营自固。昼扬旗伐鼓，出奇兵与挑战；夜多燃炬鸣炮，张军势，使彼莫测。"

丘福对防守北部敌人是有经验的，他曾随朱棣多次北征，建有军功。

正因为太熟悉，容易轻敌，朱棣再三强调要谨慎，丘福不听。李远、王聪搬出皇上的叮嘱，更让丘福不满。

丘福对朱棣是有情绪的！

朱棣的二子朱高煦，是一员猛将，多次建功，也和丘福关系很铁。朱棣曾许诺立朱高煦为储君，但最后还是立了朱高炽。

朱高煦封了汉王，却不就藩，经常在朝堂上，和丘福联手打压太子。朱棣有防备，不到迫不得已时，决不让朱高煦、丘福领兵。

其实，朱棣也一直在想办法缓解丘福对朱高炽的敌视，封他为太子太师、东宫首辅，让他和蹇义等辅导皇长孙朱瞻基，为此特地给他加岁禄至三千五百石。

丘福并不领情，还是掺和皇家夺嫡之争。

这是朱棣很恼火的！

超忠勇的大将，支持靖难进行到底

1

电视剧《郑和下西洋》临近尾声，正儿八经又出现一个熟悉的面孔，但已非英姿勃发，而是老态龙钟。

明成祖先是笑他爬山气喘吁吁，再是直呼老兄弟多保重，再是让他收了朱高煦的赃银好好留着。

此人便是靖难先锋大将朱能，官拜成国公。

他是否和朱皇帝沾亲带故，史书没载，但他是安徽人士。其父朱亮曾随朱元璋渡江作战，"积功至燕山护卫副千户"。朱能顶了父职。看来是本家的成分多些，不能因姓朱而归为皇族。

电视剧表现朱能对明成祖是极其忠勇的。朱高煦与朱高炽内斗白热化，送万两白银给老将朱能，朱能不敢不收又不敢收，也不想掺和太子之争，于是找到朱棣告罪。朱棣说，你收了就收了，干净了一辈子也没什么积蓄，就拿这笔钱养老。

朱能推辞不掉，就辞职归养。宣德元年，朱高煦造反，朱能又出场了。老将披挂，率千余家丁参战，原来他拿朱高煦送的那笔钱操练家丁。

编剧和导演整出这一曲戏，也是为了表现明成祖深谋远虑，未雨绸缪。只是，他们却忘了历史上的朱能，早在永乐四年就病逝军中，不存在老态龙钟的人生，他死时只有三十七岁。

还好，电视剧把朱能之子朱勇征战朱高煦的历史事件，改成了朱能战朱高煦的戏份。

功成不必在朱家儿子，建功必须有朱家父子。

朱家父子作为大明朝超忠勇、一等一的悍将，建功不惧死，功成自封王。

2

朱能最初是燕王藩邸副侍卫长，随朱棣北征，降服北元太尉乃儿不花。他只是参战人员，护卫主帅，有功也不见封赏。

当朱棣发动所谓的靖难一役，就要靠他真刀真枪地拼军功，用实力说话。果不其然，被主子调教得好的特务营副营长，一旦放出就独当一面，很快战功卓著。

《明史·朱能传》说："能于诸将中年最少，善战，张玉善谋，帝倚为左右手。玉殁后，军中进止悉咨谘能。"

朱棣起兵时只有府中八百勇士，而城外有防患燕王的十万甲兵。只要他造反，特务营长是一马当先、最不怕死的。丘福、朱能与张玉，冲杀出府，迅速诛杀北平布政使张昺、都指挥使谢贵，夺九门，进指挥同知。

朱能升格为先锋大将。他时而独率大军夺蓟州，杀马宣，攻遵化；时而随朱棣破雄县，擒守将，降鄚州，过关斩将，长驱直入。

在真定一战，朱能击溃明太祖留下的大将、朝廷主帅耿炳文，并率三十死士追击至滹沱河。耿炳文整兵再战，朱能跃马大呼，直冲南军，俘获三千余众，升都指挥佥事。

李景隆代耿炳文挂帅，兵将翻倍，但已掌燕军左军的朱能，在郑村坝大败李景隆。

而在此前，随朱棣拿下宁王朱权的大宁八万精锐，也是朱能率部袭击成功。

建文二年十二月，燕军兵败东昌，朱棣身陷重围，张玉战死。朱能与周长等人殊死战斗，护着朱棣突围而出。

建文三年，燕军在夹河失利，大将谭渊战死。朱能赶到，击败南军，重振士气。

建文四年，燕军在泲河战败，大将王真战死。众将都劝朱棣退兵，朱能按剑而起，道："汉高十战九败，终有天下。今举事连得胜。小挫辄归，更能北面事人耶！"

朱言一出，燕王更坚决，诸将都闭嘴。破釜沉舟，直捣应天。

朱能越战越勇，燕军势如破竹。朱棣拿下金川门，成为南京城和大明王朝的主人。

论功行赏，武将序列，朱能仅次于丘福，"被授奉天靖难推诚宣力武臣、特进荣禄大夫、右柱国、左军都督府左都督，封成国公，禄二千二百石，与世券。永乐二年兼太子太傅，加禄千石"。

3

朱能为人"雄毅开豁，居家孝友。位列上公，未尝以富贵骄人。善抚士卒。卒之日，将校皆为流涕"。朱能左右逢源，谦和待人，爱兵如子，很得军心，难怪备受朱棣厚待。

丘福不然，起兵前是燕山中护卫千户，而朱能是副千户，丘福是朱能的上司。功成名就时，淇国公丘福通好汉王朱高煦，常同朱高煦打压储君朱高炽，惹朱棣很不高兴，加之多次外征连连吃败仗，甚至被俘遇害，惹恼明成祖"夺福世爵，徙其家海南"。

而朱能在永乐四年七月，被明成祖任命为征夷将军，征讨安南，同年十月病逝于军中，时年三十七岁，追封东平王，谥武烈。

不仅如此，在《明史·张玉传》中记载：张玉在"洪熙元年三月加封河间王，改谥忠武，与东平王朱能、金乡侯王真、荣国公姚广孝并侑享成祖庙廷"。这将朱能列为朝廷给予最大表彰的靖难四大元勋之一，可谓是荣耀备至。

让朱能想不到的是，在他病逝二十年后，朱高煦起兵造侄儿皇帝朱瞻基的反。再过六百年后，电视剧《郑和下西洋》特地将他延寿至少二十年，将其子朱勇挥师讨逆的功劳，设计到了他的身上。

当年，朱能死后，朱勇袭爵成国公，被明成祖"以元勋子特见任用。历掌都督府事，留守南京。永乐二十二年从北征。宣宗即位，从平汉庶人"。

汉庶人，即朱高煦，宣宗以其谋逆贬为庶人。

宣德元年，朱高煦叛乱，朱勇随宣宗出兵讨伐。朱勇建议兵贵神速，应全速前进。宣宗采纳，大军直抵叛军盘踞的青州城下。朱高煦慑于威势，出城投降。

不久，朱勇代替张辅接掌中军都督府，甚得宣宗倚重，宣德三年进封太保。

朱勇虽是武将出身，"勇颒面虬须，状貌甚伟，勇略不足，而敬礼士大夫"。着实难得。

正统十四年秋七月，也先率瓦剌大军南侵，王振怂恿明英宗御驾亲征。

王振全权掌握大军一举一动，使能征惯战的朱勇、张辅不能出谋划策、调兵遣将，导致深陷土木堡做困兽斗。朱勇"迎战鹞儿岭，中伏死，所帅五万骑皆没"。

一代骁勇悍将，在阉宦专权的时代，竟死于无可奈何的全军覆没。

但朝廷并未因此宽恕他，"于谦等追论勇罪，夺封"。其子朱仪请求安葬祭祀，被景泰"帝以勇为大将，丧师辱国，致陷乘舆，不许"。

天顺初年，明英宗复位，并未因朱勇战败全军覆没而归罪于他，而是追封为平阴王，谥武愍。

　　在这一点上，于谦执法太认真。但明英宗要比景泰帝大度，毕竟他是当事人，最有发言权。

第一纨绔大将，做皇帝梦玩死自己

1

虎父犬子。此言用在明初李文忠和李景隆父子身上，还是很恰当。

李文忠是朱元璋的亲外甥。老朱打天下，为报姐夫饱饭之恩，特地把文忠收为养子，改姓朱，也是怕外甥没军功不好在将来封个国公郡王之类。然而，文忠很争气，不但仗打得好，而且有谋略，功成名就时，老朱让他改回李姓，成为大明开国六大国公之一。明太祖"大封功臣，文忠功最"，与文臣首辅李善长"总中书省大都督府御史台，同议军国大事"，死后皇帝"亲为文致祭，追封岐阳王，谥武靖。配享太庙，肖像功臣庙，位皆第三"。他是一个货真价实的虎父（《明史·李文忠传》）。

李文忠出身贫寒，但其子是皇家贵胄。老大李景隆（小字九江）不用上战场攒军功，其父一死，他就顶职做了曹国公，且"进掌左军都督府事，加太子太傅"。

老朱皇帝也喜欢这个外侄孙。《明史·李景隆传》重点表扬了这个娃，一是长得好，"长身，眉目疏秀，顾盼伟然"；二是懂礼仪，"每上朝，进止雍容甚都"；第三点最为关键，"读书通典故"，这对于从小没读过什么书的朱元璋而言，是朱家的明日之星，幸甚。

所以，老朱经常历练小李，让他平时来列席朝会，或外放多省练兵，或让他负责到西番买马，还让他为副帅随征西大将军耿炳文出征。

小李表现不错，建文帝上台后还请他抓回了图谋不轨的周王朱橚。但是，也是这个能干的小李，最后跟老奸巨猾的舅爷爷朱元璋开了一个大玩笑。

2

朱棣发动靖难一役，老将耿炳文率军北征，吃了几次败仗，进入相持阶段。

兵部尚书齐泰、太常卿黄子澄想到了李景隆，赶紧联名向建文帝保荐，由其出任大将军。建文帝朱允炆对这个表兄挂帅，极其重视，"赐通天犀带，帝亲为推轮，饯之江浒，令一切便宜行事"。赐先帝拜将的通天犀带，赠天子斧钺，与专征专伐大权，以示恩宠，足见对其寄予了殷切厚望。

李景隆涕泪婆娑，立誓六个月内，提朱棣头颅报效皇恩。

牛！但这个牛气哄哄的李大帅，以前没打过一次大仗。经验没有，教训没有，虽有过一点军功，那都是纸上谈兵，敲边鼓捡些桃子而已。

燕王朱棣获悉李景隆代替耿炳文，大喜，说："李九江，纨绮少年耳，易与也。"他率领精锐出击，留老和尚道衍辅佐胖世子朱高炽留守，说只要坚守不战，就可以取胜。

果然，李景隆听说善战的燕王表叔外出，便率大军进围北平，却被不善战的朱高炽"以万人拒李景隆五十万众"。李景隆围而不攻，还被道衍不时派出的兵将袭杀，最后被回师反击的燕王精锐打得落荒而逃。

与其父"文忠器量沉宏，人莫测其际。临阵踔厉风发，遇大敌益壮"完全相反，李景隆与燕军对阵，坐拥重兵，却心胸褊狭、人性肤浅，活脱一狗崽子，窝囊之至：

一是"不知兵，惟自尊大"，吆五喝六，弄得手下众将都不愿为其所用。

二是"忌能功"，谁有本事就敲打谁，都督瞿能猛攻北平张掖门，几近城破，李景隆赶紧鸣金收兵，谁敢进攻就砍了。

三是权欲很大，虚报战事，弄得建文帝误以为李景隆"权尚轻，遣中官赍玺书赐黄钺弓矢，专征伐"，哪知李贵公子仗打不好，却弄得"风雨舟坏，赐物尽失"，建文帝只好重新再赐。

草包打仗本无能，再大权力也枉然。李景隆信誓旦旦，要大败燕军，要活捉朱棣，以报皇上隆恩，但集结了六十万大军，在白沟河一战被朱棣打得"复大败，玺书斧钺皆委弃……王师死者数十万人，南军遂不支"。

237

御史大夫练子宁、宗人府经历宋征、御史叶希贤纷纷上疏，认为李景隆"失律丧师，怀贰心"，应予诛杀。

建文帝出于表兄弟情深，放过了李景隆。这一放，李景隆在朱棣屯兵金川门时，率先"开门纳降"。

3

大将军李景隆做了投降派第一人。

《明太宗实录》卷十二说："以曹国公李景隆、尚书茹瑺、都督同知王佐、都督佥事陈瑄有默相事机之功，加封景隆为奉天辅运推诚宣力武臣、特进光禄大夫、左柱国、太子太师、曹国公，增禄一千石，通前四千石，子孙世世承袭，赏银四百两、彩币四十表里、钞四千贯。"

朝廷每议大事，李景隆自恃功高，主动站在"班首主议"，惹得靖难诸功臣为此愤愤不平。

李景隆为何这样不谦虚呢？

一、他给燕王打开了南京城门，跪迎燕军杀入。

二、他被永乐帝加官增禄，比在前朝的位置更显耀了。

三、也是最主要的，他自视大明正统的统帅，陷害数十万朝廷大军，才让燕军势如破竹。

李景隆嚣张，凌驾于文武百官之上，还有一个原因。他的祖父李贞在洪武年间死了，被追封为陇西王，赠"三世皆王爵"，其父李文忠死后封岐阳王，所以他李景隆该是一个王，当初建文帝连续赏赐御用之物，何况现在还给朱棣称帝立了大功。

这些，他应该跟永乐皇帝炫耀过，不然朱棣断然不会给这个自始至终看不上的玩意那么多封赏。但朱棣早在进兵时，就把他树成了反面教材。

朱棣还对当时的南军统帅李景隆做了入木三分的评点："兵法有五败，景隆皆蹈之。为将政令不脩，纪律不整，上下异心，死生离志，一也；今北地早寒，南卒裘褐不足，披冒霜雪，手足皲瘃，甚者堕指，又士无赢粮，马无宿稿，二也；不量险易，深入趋利，三也；贪而不治，智信不足，气盈而愎，仁勇俱无，威令不行，三军易挠，四也；部曲喧哗，金鼓无节，好谀喜佞，专任小人，五也。九江五败悉备，保无能为。"

在朱棣的心里，李景隆只是一个大草包，自然不会重用。而对于他自恃功高而不可一世，未必不是"欲使其灭亡，必先使其猖狂"。

果然，李景隆的祸事到了：

永乐二年，被解放的周王朱橚上疏揭发李景隆，在建文年间"至邸受赂"。刑部尚书郑赐、都御史陈瑛弹劾"景隆包藏祸心，蓄养亡命，谋为不轨"。明成祖不予追究。

不久，成国公朱能、吏部尚书蹇义与文武群臣，在朝会时弹劾"景隆及弟增枝谋逆有状"。明成祖遂削去其功臣勋号，不许上朝，以公爵赋闲在家。

后来，礼部尚书李至刚等上疏："景隆在家，坐受阍人伏谒如君臣礼，大不道；增枝多立庄田，蓄僮仆无虑千百，意叵测。"

款款都是谋逆大罪。这不是朱棣故意要整他，而是李景隆这个国公爷，自我拔高到亲王得了逞，还做起了皇帝梦。

事不过三，明成祖不是建文帝，立马下诏，褫夺李景隆的爵位，将他与李增枝及妻、子数十人一同圈禁于家中，并抄没家产。

李景隆能耐不怎样，但生命力顽强，曾绝食十日不死，至永乐末年去世。至于他何时死的，怎样死的，不见记载，但未必不是皇家做了手脚，只是限于颜面而不为外道哉。

人作孽，不可活。

李景隆是自己作死的。

若其投降后夹着尾巴做人，做不了武将做文臣，或能得善终。

4

有一个问题，值得为李景隆辩诬。

有人问：李景隆是朱棣的内应，是他造成建文帝反击朱棣靖难之役的最终失败！

李景隆作战无能是实。

建文四年，朱棣的燕军打过长江，直逼南京。建文帝忧惧不已，方孝孺再次上疏，请诛李景隆。建文帝不准，反命李景隆与兵部尚书茹瑺、都督王佐到燕军营地请和，表示愿意划江而治，被朱棣拒绝。

燕军兵至金川门。李景隆与谷王朱橞开门投降，迎燕军入城，南京陷落，朱棣发起的靖难一役以建文帝不知所终而告终。

历史上著名的"金川门之变"，李景隆是主谋。但他不是朱棣的内应。虽然成为永乐帝的朱棣重赏了李景隆"默相事机之功"，但从骨子里瞧不起这个草包。

朱棣曾对诸将领谈论李景隆，说："李九江，豢养之子，寡谋而骄矜，色厉而中馁，忌刻而自用，况未尝习兵，见战阵而辄以五十万付之，是自坑之矣。汉高祖大度知人，善任使，英雄为用，不过能将十万，九江何等才而能将五十万？赵括之败可待矣。"（《明太宗实录》卷四）

这个被朱棣以纸上谈兵的赵括相比的李九江，就是大名鼎鼎的李景隆。

方孝孺请斩李景隆，主要原因还是秋后算账，直指建文元年，兵部尚书齐泰、太常卿黄子澄在老将耿炳文节节败退后，联名向建文帝保荐李景隆为大将军。李景隆听说朱棣外出，便率大军进围北平，却被不善战的朱高炽以万人拒战李景隆的五十万大军。李景隆围而不攻，最后被回师反击的燕王精锐打得落荒而逃。

李景隆信誓旦旦，要大败燕军，要活捉朱棣，以报皇上隆恩，但集结了六十万大军，在白沟河一战被朱棣打得"复大败，玺书斧钺皆委弃……王师死者数十万人，南军遂不支"。

李景隆因统军无能，致使建文朝廷能战的兵力悉数覆灭。

蔡东藩《明史通俗演义》说："景隆仅优文学，素未典兵，安可寄以干城之任？子澄误荐，建文误用，宜其丧师覆辙也……南北战事，一误于李景隆，再误于盛庸，白沟河之战，燕王矢尽剑折，逸走登堤，景隆不麾军追擒，使燕王得遇救杀回，转致败溃，是景隆之咎，固无可辞。"

当初极力保举他挂帅的黄子澄更是悔青了肠子，和方孝孺连连上奏，要诛杀之。

而反击靖难一役的失败，主要还是建文帝在统治家族内部，失去了有力的外援，大失人心。

无情最是帝王家，皇帝的叔父对帝位也有觊觎之念。

建文帝以皇太孙承统，他是先帝太祖指定的正式接班人。正因为隔代即位，所以叔父们很有意见。朱元璋临终前，命令缩短丧期、藩王不得入京吊孝等，更让不满的藩王们怀恨新君。

朱允炆即位之初，根基未稳，就急于削藩，考虑怎样强化皇权而同时削弱诸藩王的权力，并且利用或有或无的罪名对较小较弱的藩王采取过激行动，一年之内废除了以周王朱橚为首的五个叔王。

朱橚与燕王朱棣是一母同胞，惨遭朱允炆以谋逆之罪贬为庶人，流放云南，最后召回京城禁锢。这是一个信号：一、建文帝即将对朱棣动手；二、朱棣也难逃被幽禁的厄运。于是，对帝位一直有想法的朱棣，在道衍和尚等人的帮助下，发动靖难一役，最后将建文帝取而代之。

李景隆，只是一颗被寄予厚望而见风使舵的棋子。

建文旧臣懂扶摇术，逆袭成不倒翁

1

1402年7月17日，朱棣登基做了永乐皇帝，用了一批建文朝的旧臣。

一朝天子一朝臣，但永乐此用不是暂用，也非小用，而是重用，委以重任。

虽说是建文旧臣，但大多是洪武朝留下来的精英分子，如解缙、蹇义、夏原吉，而著名的"三杨"确是实打实的建文帝的大臣。

杨士奇是被人举荐修《太祖实录》的，而杨荣和杨溥则是建文二年的同榜进士。

"三杨"中，杨士奇和杨溥都进过永乐帝的锦衣卫狱，但杨荣一路高升，极受重用。

2

朱棣破城时，杨荣是跪迎者之一。只不过这时的他，还叫杨子荣。

杨荣当时的身份很低，只是翰林院的七品编修。但他上前以一语，受到即将君临天下的朱棣关注。

此语是："殿下先谒陵乎，先即位乎?"（《明史·杨荣传》)

一语惊醒皇帝梦中人。

为何此语重要? 朱棣成为四年血战的最后胜利者，正是得意忘形时，但不论怎样都是篡位谋反，毕竟他是一个藩王叔叔造了皇帝侄儿的反。如急于登基，那就坐实了谋逆的历史罪证。

只有他先禀皇陵，则是对他声称的承祖制、清君侧、诛奸臣的靖难，弄了一个圆满。

既然建文帝跑了，甚至焚烧了宫殿，但可以先帝宾天来掩盖下落不明，再在群臣以国不可一日无主的劝进声中，堂而皇之地登上奉天殿的龙椅。

"既即位，简入文渊阁，为更名荣。同值七人，荣最少，警敏。"

三十一岁的杨荣直接进入了永乐皇帝的内阁。他性警敏通达，善于察言观色，在文渊阁治事三十八年，荣耀不衰，在永乐朝尤为突出。连其名都是永乐皇帝改的。

明人王世贞在《名卿绩纪》卷三中说："荣为相，以才敏见知，上当大系未决者，取片言信。又周习地理兵将、险阨强弱，然于礼乐儒雅，则无称焉。宾守大不及才，亦一时之捷臣也。"

杨荣是永乐初内阁七臣中年纪最小的，但老成持重，谋而能断，尤其擅长谋划边防事务，曾五次扈从出塞。

杨士奇说："荣晓畅边务，臣等不及，不宜以小眚介意。"

明成祖誉其为岁寒松柏。

3

杨荣论事常情绪激昂，不能容人之过。但遇有别人触怒朱棣获罪时，他往往以微言劝导朱棣，从而使他们得以免祸，包括夏原吉、李时勉、刘观，都曾受其救护。

宣宗平定汉王朱高煦叛乱时，杨士奇反对株连赵王朱高燧，杨荣厉声叱之："汝欲挠大计耶！今逆党言赵实为谋，何谓无辞？"

杨士奇为报成祖的知遇之恩，而给其多留一脉子嗣。而杨荣忠君报国，不想留隐患。朱高燧虽没有朱高煦那般嚣张明显，但也是窥伺神器十分阴险。明枪易躲，暗箭难防，若非宣宗后来以非常手段灭了朱高煦全家，朱高燧未必警醒，不会铤而走险。此为后话，不再赘述。

杨荣曾对人说：事君有体，进谏有方，是我的原则。感情用事，怀着怒火进言，从而得到祸害，是我所不为的。

永乐帝在位二十二年，杨荣备受恩宠，没有恃宠而骄矜，始终没有隔阂。

4

成祖威严，与众臣议事未决时，常发怒，弄得诸臣工心惊胆战。但杨荣一到，朱棣龙颜大悦，事情也便速决。

杨荣父母去世，成祖都是因为需要杨荣的帮助，进行夺情的非常要求。夺情，在古代不到情非得已时，是不能进行的。万历皇帝为了扳倒张居正，怂恿言官追责夺情，向他开了第一刀。足见，朱棣是离不开杨荣的！

朱棣称帝后五次北征，杨荣每次随行，要么让其率领亲兵护卫皇帝，要么兼管玉玺、令符之类御用国器，以其为第一谋士，襄赞军务。

凡杨荣提出的进退建议，都被善战的成祖采纳。成祖直呼杨学士，而不称名字，给予极大的尊重。

永乐十六年，胡广去世，命杨荣掌管翰林院事务，杨荣因而更见亲任。大臣们多嫉妒杨荣，想让朱棣疏远他，联名推举杨荣为祭酒。朱棣说：朕当然知道他可以胜任，现在要找可以代替他的人。大臣们才闭嘴。

永乐十八年，杨荣进升文渊阁大学士，仍兼翰林掌院学士，成为名正言顺的首辅。

成祖最后一次北征，老迈体衰，军务悉数委托给杨荣处理，昼夜相见不定期。

就连朱棣病逝在班师途中，都是杨荣和张辅、金幼孜等商定计策，如何秘不发丧、平稳过渡政权给朱高炽，使朱高煦、朱高燧密谋叛乱计划落空。

《文敏杨公墓志铭》记载："仁宗皇帝嗣位，进公太常寺卿，授嘉议大夫，仍兼两职学士，逾月，进太子少傅，授资善大夫，兼谨身殿大学士。"

杨荣并未因永乐皇帝驾崩，以及他在永乐帝大行时所决定的非常手段，而遭到后继之君指责，而是继续被此后三朝重用，直至老死。

仁宗功臣被虐杀，受恩者不给平反

1

朱棣打入京师，南面称帝，组建内阁，大才子解缙和黄淮、胡广、杨荣、杨士奇、金幼孜和胡俨七人入阁。解缙入阁前是六品侍读，入阁后成从五品侍读学士，但因为有才华、文笔好、多策略，一年后由第四位阁臣跃居首辅，把热衷权位的前首辅黄淮拱到了后面，因此结仇。

明成祖朱棣对解缙是重用的，让他总裁《太祖实录》《列女传》，著名的《永乐大典》也是由解缙担任总裁官。明成祖升他为翰林学士兼右春坊大学士，赐他五品官服和金绮衣，与尚书地位相同。

正在解缙最得意时，问题来了。成祖为立储犯难，他想兑现对帮他征战建有大功的朱高煦的承诺，而老大朱高炽是太祖朱元璋指定的燕王世子，于是找来解缙排忧解难。

哪知解缙素来看这个不上，看那个不顺眼，而这次是力保跛脚肥胖的朱高炽。他说"皇长子仁孝，天下归心"，见朱棣不应，又说朱高炽给朱棣生了一个"好圣孙"。朱棣听了他的建议，"太子遂定"，但得罪了朱高煦。

2

朱高炽当了太子，做事总不让朱棣称心如意，不免对解缙有埋怨。

安南想独立，朱棣发兵讨伐，解缙力阻，但执意而为的朱棣还是出兵，大胜。

朱棣对朱高煦倍加恩宠。这时，解缙上疏，说皇帝的爱子心切，越位了。

成祖不作声，于是给内阁成员黄淮等五人赏赐二品纱罗衣，单单不给首辅解缙。这是一个警告！

3

朱高煦和黄淮一起发力，联手敲打共同的敌人解缙。

一个说解缙泄露同皇帝的"禁中语"，一个抓住他"坐廷试读卷不公"，于永乐五年（1407），将这个一人之下的首辅大臣弄到广西布政司做右参议。

朱、黄还不解恨，他们是一个丢了储位还是王，一个重返首辅靠近皇，干脆把这个可恨的解缙一撸到底，借力礼部郎中告发解缙对皇帝有怨言。

果然奏效，朱棣一怒之下，索性把解缙贬到临近安南的化州做了一个督饷官。这个安排，是要让解缙看看朱棣当时决策打安南的结果到底如何，这是炫耀，也是侮辱。

从京师到边境，一贬何止千里。但朱高煦、黄淮还是不罢手。

4

永乐八年（1410），解缙进京汇报情况，不巧，永乐帝北征未还。

解缙参拜皇太子朱高炽后就离京了。本来是程序上的事情，朱高炽当时监国，理应向他汇报。朱高煦抓着这个大做文章，报告永乐帝，说解缙是看准了皇帝北征未还，私自觐见太子后，不等皇帝归来就直接回去了，"无人臣礼"。

明成祖大怒，这还了得！这时，复任首辅的黄淮又出场了。黄淮报告，解缙此次进京，搞串联结党营私。

而此时的解缙，并没有原路返回，而是正偕同检讨王翱取道广东，游览山川，还"上疏请开凿赣江勾通南北"。

明成祖下令，"解缙被逮入诏狱，拷打备至，还牵连到大理寺丞汤宗、宗人府经历高得、中允李贯、赞善王汝玉、编修朱、检讨蒋骥、潘畿、萧引高以及李至刚，将他们全部投进监狱"（《明史·解缙传》）。

本来是构陷，但"王汝玉、李贯、萧引高、高得都死于狱中"，而解缙虽然被关了五年，却还没死。

5

永乐十三年正月，天寒地冻，天子录囚（历代皇帝偶尔命刑官以狱囚名册呈阅，或有赦免）。锦衣卫指挥使纪纲呈上囚犯名册，成祖见到解缙的名字，顺便问了一句："解缙还活着吗?"

纪纲这个出了名的奸臣，典亲军并掌诏狱，素来善窥圣意、手段毒辣，于是用酒将解缙灌醉，埋在雪中。解缙立死，终年四十七岁。"籍其家，妻儿宗族徙辽东。"(《明史·解缙传》)

虽然朱棣说过："天下不可一日无我，我则不可一日少解缙。"但他还是弄死了解缙，即便是纪纲希图迎合成祖，但没有平日里成祖对解缙的态度表现，纪纲也没有这样大的胆子。即便纪纲被朱高煦买通，也是在赌，使解缙"醉卧受寒而死"，死无对证，但是成祖并没有追责。

至于后来，纪纲日见胆大妄为，把各地给成祖选美的绝色美人占为己有，查抄吴王冠服私藏家中穿戴，"其家蓄养亡命之徒，私造铁甲弓弩数以万计"，还在成祖主持射柳比赛时玩指鹿为马的把戏。不料，被一个与他有仇的太监揭发了，成祖大怒，将纪纲押送都察院审讯，查清楚他的种种不法行为后，将纪纲凌迟处死，将他全家男女老少发配戍边，并列其罪状颁示天下。

然而，在很大程度上，解缙还是因为力保朱高炽为储君而死。

6

明成祖死后，朱高炽继位，成为明仁宗，虽只当了九个多月的皇帝，但为大明朝的繁荣昌盛做了不少好事。

看来解缙看人还是挺准的。尤其是那个"好圣孙"上台后，把"仁宣之治"和"永宣盛世"推至顶峰。按朱高煦赳赳武夫的那点功夫，是办不到的。

焦竑在《玉堂丛语》中说："解缙之才，有类东方朔，然远见卓识，朔不及也。"

仁宗也跟首辅杨士奇说过："言缙狂，观所论列，皆有定见，不狂也！"其潜台词是，解缙当时力保他为储君，是正确的。

仁宗下诏，放回被流放的解缙妻儿宗族，但并未完全给他平反。

朱高炽对朱高煦更是厚爱，加禄两万石。黄淮也被释放，"擢为通政使，兼武英殿大学士，与杨荣、金幼孜、杨士奇同掌内制。丁母忧，乞终制。不许。明年进少保、户部尚书，兼大学士如故"（《明史·黄淮传》）。为了嘉勉黄淮在成祖晚年被屈入狱，特地给了他一品，以示弥补。

而对于解缙，却不然。朱高炽和朱瞻基对这个死保他们继承帝业的第一功臣，却忘了。

直至正统元年八月，明英宗朱祁镇下诏，赦还从解

缙府上所抄家产。成化元年（1465），明宪宗朱见深下诏
为解缙平反昭雪，恢复官职，赠朝议大夫，谥文毅。

解缙死保朱高炽，也是为成祖的大明江山考虑，也许是他如朱棣一样看中了朱瞻基。如朱高煦做了皇帝，朱瞻基顶多是个亲王。但按朱高煦的性格，他会找个借口杀掉最能干的侄儿。

从解缙被成祖贬黜到宪宗平反，历时五十八年。

此人敢杀仁宗的恩人，睡成祖女人

1

在电视剧《郑和下西洋》中，最猥琐的人莫过于锦衣卫指挥使纪纲。

纪纲首次出场，是由郑和嘴里说出来的，说他愿意为举兵靖难的朱棣效犬马之劳。而其第一次露面，确实跪在地上，肩扛朱棣大腿，用力按摩着。

传说中的狗奴才抱大腿，该是这种情景。

这虽与《明史·纪纲传》记载"纪纲，临邑人，为诸生。燕王起兵过其县，纲叩马请自效"有些出入，但也都算是抱腿而出。但电视剧忘记了纪纲原本是个读书人，有辱斯文。

此人乃《明史》专设的大明王朝第一号奸邪，性格阴鸷，做事勇猛，但弓马娴熟，武功不错，尤其"善钩人意向"，很得新皇帝朱棣的喜欢。

2

纪纲最初也算是一头忠实的狗，眼里只有明成祖朱棣这个唯一的主子。

255

他擅长投其所好，捕杀建文旧臣及家属数万人，比朱棣本人还要卖力。"都御史陈瑛灭建文朝忠臣数十族，亲属被戮者数万人"，纪纲可谓是立了汗马功劳。

他在给朱棣监控天下百官的同时，不忘对太子朱高炽和汉王朱高煦、赵王朱高燧也是死死地盯着，稍有异动就赶紧举报。他心里只有皇上，没有皇子。因而，很得朱棣的信任。

几年工夫，纪纲由燕王的亲兵忠义卫千户，成了成祖的锦衣卫指挥使。这个大特务头子，"广布校尉，日摘臣民阴事"，同时负责皇帝的护卫，管理天牢。

朱棣的首辅大臣解缙，因力保皇长子朱高炽成为皇太子，得罪了彪悍的汉王朱高煦，同时与黄淮搞权力之争而成政敌，朱、黄联手，以"无人臣礼"把解缙弄进了天牢。

这一关就是五年。永乐十三年正月，天寒地冻，天子录囚，或有赦免，纪纲呈上囚犯名册御览。成祖见解缙的名字，顺便问了一句："解缙还活着吗?"

不知纪纲是善窥圣意，还是得了汉王好处，于是用酒将解缙灌醉，埋入雪堆。朱高炽被立储的第一功臣解缙，被活活冻死，终年47岁。"籍其家，妻儿宗族徙辽东。"(《明史·解缙传》)纪纲使解缙"醉卧受寒而死"，也是玩了小聪明，死无对证。

当然，成祖并没有追责，太子也没有过问，更没有言官弹劾。朱棣对纪纲，"帝以为忠，亲之若肺腑"，擢升为都指挥佥事，兼掌锦衣卫。

这时候的纪纲可谓是真正的一人之下万人之上，他是直接对皇帝负责，而且时刻紧跟左右。朱棣对其之信任，应该不下于对内阁诸大学士。因为朱皇帝需要他组织有效警力，对文武大臣、宗室成员、平民百姓进行严密的监控。有材料显示，朱棣还曾命锦衣卫秘密调查皇太子朱高炽。

纪纲的受宠，是因为永乐帝害怕自己的篡位不合法，除了组织内阁要员大肆涂改《太祖实录》、恢复洪武旧制而藏建文历史外，还要严密防患一切对自己的不利因素。他要将洪武年间的特务政治进行到底。

3

小人得志，野心爆棚。

纪纲打着皇帝的旗号，干好皇帝交办的差事，也暗中行使矫诏妄为的阴谋。

至高无上的皇权，就被纪纲这个阴险小人一次次地干着权力寻租的勾当。

纪纲几次让家人矫旨，下盐场取盐数百万斤，夺官船运输，尽入私囊。他伪造诏令，抢夺官船牛车数百，构陷富商上百家，抄没金银财宝，夺为己有。他还私自给交趾下旨，诈取奇珍异宝，私藏家中。

浙江按察使周新不顺从，被纪纲做一谋反的伪证，将其拿掉。

同样是都指挥的哑失帖木儿，因当街冲撞纪纲，从而结仇。纪纲寻机，以其和鞑靼使节有沟通为由，向朱棣进言，将其弄进锦衣卫诏狱，当天死于诏狱。

纪纲看上了一个女道士，想占为妾，不料被阳武侯兼都督薛禄先得到。某日，纪纲在大内皇宫与薛禄不期而遇，纪纲用铁瓜打其脑裂几乎死掉。

不法得逞，更加嚣张。

纪纲假传圣旨，私下阉割良家幼童数百人，服侍左右。

朱棣之兄晋恭王朱棡之子第二代晋王朱济熺、建文帝的弟弟吴王朱允熥先后被削爵，遭到籍没。纪纲带队查抄，不但"干没金宝无算"，还将抄没的晋王、吴王的王冠蟒袍侵吞不报，在家中穿戴，命令左右举杯祝贺，高呼万岁。其所用器物和乘辇，都是僭越帝王规格。

永乐五年，徐皇后病故，成祖下诏全国选美，各地送来的美人到达京师后，朱棣看上了的，但因为年纪尚幼，不到册封的年龄，就让她们暂居外宅以"待年"，纪纲于是同明成祖抢人，挑出绝色美人藏于家中，占为己有，让其侍寝。

明初被朱元璋查抄的首富沈万三之子沈文度，为报家仇，投到纪纲门下，给纪纲进贡黄金、龙角、龙纹被、奇宝吴锦和吴中美女。

纪纲在锦衣卫中建立独立王国，培育指挥庄敬、袁江，千户王谦、李春，镇抚庞瑛等为党羽，"又多蓄亡命，造刀甲弓弩万计"，阴谋造反。

4

纪纲在宫里给朱棣做奴才，但出了门就把自己当成了"万岁爷"。若非他太过嚣张，玩指鹿为马的游戏，或许明朝的历史会改写。

永乐十四年端午节，成祖主持射柳比赛，纪纲吩咐庞瑛："我故射不中，若折柳鼓噪，以觇众意。"

果然，纪纲没射中，庞瑛等折柳鼓噪，在场的王公大臣、妃嫔宫女、卫士太监竟无一个人敢出面纠正。纪纲高兴地说："是无能难我矣。"

没有人敢难为他了，他似乎成了真正的皇帝。他加紧准备谋反。

不料，两月后，与他有仇的太监揭发他射柳作假，欺君。成祖下令，当即将纪纲押送都察院审讯，迅速审完，"即日磔纲于市，家属无少长皆戍边"。他的那帮党羽无一漏网，绝大多数被处死，其余的都被流放。

结果处理完了，过了一些日子，朱棣才将纪纲的罪状：假传圣旨、滥杀无辜、贪污索贿、阴谋造反……颁示天下。看来朱棣早有准备，应了那句"欲使其覆亡，先使其猖狂"。至于那些告发者和那些罪状，是否虚实掩映、真假参半，都是朱棣的一句话。

但纪纲的这些忤逆之罪，与朱棣的纵容有着很大的关联。

其实，大多数宫廷政变的起因，都是皇帝自己在玩火。朱棣处死纪纲后，并没有及时反思特务政治对皇权、朝政、国家的损害，而是新创东厂这一特务机关，任命自己信任的宦官管理，在监控举朝臣民的同时制衡锦衣卫的一举一动，将祸国殃民的特务政治扩大化。

下篇

梦断紫禁

十月短帝，却为强盛做了十件大事

1

明成祖朱棣选择长子朱高炽继承皇位，情非所愿，但情势所迫：

一、朱棣发动靖难一役，次子朱高煦英俊孔武，奋力拼杀，几次于混战危难中救了朱棣的性命，并扭转了战局。故而，朱棣曾对朱高煦说，你大哥身体不好，将来立你为储君。这既是父子之情，亦有战友之义，朱高煦也赢得了丘福等武将的支持。

二、太祖立国，钦定嫡长子继承制，长子朱标被立为皇太子，而作为朱棣长子的朱高炽也被册封为燕王世子。也就是说，朱高炽是燕王朱棣的合法继承人。此宗法制继承办法，赢得了文官集团的欢迎和支持。朱棣登基后，以大学士解缙、黄淮为首的文官集团力挺朱高炽为储君，多次做成祖的工作。

三、朱高炽虽然身体肥胖，也有疾病，却仁爱智慧，深得太祖、徐皇后的喜爱和文官集团的拥戴。不仅如此，建文元年十一月，李景隆利用朱棣大军南征，率五十万将士袭击北平，结果，朱高炽在姚广孝的协助下组织好城防，以万人兵力击溃李景隆，保住了朱棣造反的大本营。

四、朱高炽生了一个好儿子，即朱瞻基，深得朱棣喜爱。解缙以"好圣孙"进谏，促成朱棣最后决意立朱高炽为皇太子。朱高炽被立为储君后，进一步倚重杨士奇、杨溥等大学士，受到了内阁和文官集团的集体翊护。其子朱瞻基也在永乐九年被册立为皇太孙，长期被朱棣带在身边，为之登基再次加码。

五、皇太子未必能成功继承皇位。然而，朱高煦在储位失落后，诽谤皇太子，还私养死士图谋不轨，被徐皇后和大学士杨士奇及时报告成祖，削其护卫，力促就藩。而朱棣第三子朱高燧，竟然利用成祖在永乐二十一年患病期间阴谋篡弑，矫诏即位，被成祖察觉重罚。成祖后妃成群，但只生四子，一子幼殇，二子不轨，这也使朱高炽成功即位不再有悬念。

朱高炽做了九年王世子、二十年皇太子后，终于艰难地在永乐二十二年八月正式掌权，九月登基，成为明仁宗，次年改元洪熙。

谓其即位艰难，是因为他不论做王世子还是做皇太子，他的两个弟弟朱高煦、朱高燧都是虎视眈眈，有恃无恐，不断挑衅构陷，就连其父永乐帝都不喜欢这个患有肥胖症且跛了腿的嫡长子。

1424 年，六十五岁的朱棣北征返京，在榆木川病逝，朱高炽的岳父兼英国公张辅、内阁大学士杨荣为防止朱高煦、朱高燧趁机作乱，因此秘不发丧，将军中漆器融成一口大棺材，将朱棣的遗体装入，每日照例进餐、请安。军中一切如常。同时，杨荣与太监海寿带着遗诏进京密报，朱高炽闻讯后派皇太孙朱瞻基出京迎丧。由于大臣们的精心安排，政权得以平稳过渡。

这一招，一千六百多年前秦始皇驾崩后，赵高和李斯应该也玩过，只是他们拱上位的未必是秦始皇中意的继承人。

2

让人感叹唏嘘的是，朱高炽这个合法继承人在位不到十月，洪熙元年五月"无疾骤崩"。

《明仁宗实录》《明史·仁宗本纪》等只说"帝不豫"，只字不提死因，后人有诸多猜测，如根据侍读李时勉奏疏劝其谨嗜欲险遭砍头而认为朱高炽死于嗜欲过度，如因明人陆钺《病逸漫记》中记述"仁宗皇帝驾崩甚速，疑为雷震，又疑宫人欲毒张后，误中上。予尝遇雷太监，质之，云皆不然，盖阴症也"，如《明史·罗汝敬传》记载仁宗"嗣统未及期月……献金石之方以致疾也"，还有人认为朱高炽是被其太子朱瞻基下毒弑父。而最可信的还是因其肥胖、足疾引发心脏病。

不论明仁宗朱高炽暴毙系于何种死因，但他在不足十月的任期内，对大明王朝的强盛所做的，远远不止十件大事。

他开启了历史上著名的"仁宣之治"。

一、重用大明第一理财高手夏原吉。

朱高炽掌权的次日，就释放了因反对永乐帝第三次远征蒙古而被囚禁的前户部尚书夏原吉。登基第一天，恢复夏原吉的户部尚书。《明史·夏原吉传》称："原吉以理财见长。初理部事，首请裁冗食，平赋役，严盐法、钱钞之禁。又清仓场、广屯种，以给边利民，且便商贾。时兵革初定，为封赏功臣、分封诸蕃、建北京宫殿、增设武卫百司等，钱粮转输以亿计，他均悉心计应之，国用不绌。"

清代史家赵翼说："历朝论理财能者，唯桑弘羊、夏原吉二人也。"而这个总管全国财政、筹划国家开支的财神爷，却很清廉，不但辞谢皇帝增加的俸禄，还将他人送来财物悉数挂在屋檐下。

二、矫枉过正，赦免建文旧臣和平反冤狱。

朱高炽刚刚登基，就两次恕免忠于建文帝而被永乐帝处死的齐泰、黄子澄等官员的家属，专门下诏礼部："建文诸臣家属在教坊司、锦衣卫、浣衣局及习匠、功臣家为奴的，悉宥为民，还其田土"，"宥建文诸臣外亲全家戍边者，留一人，余悉放还"。使明成祖铁定的方孝孺的"诛十族"案、解缙"无人臣礼"案等一批冤案得以昭雪。

建文旧臣与燕王集团是血战的敌人，明仁宗此举，可能得罪原燕王兵将，但缓和了统治集团内部矛盾，更显其仁怀。

三、改组内阁，起用先帝贬黜的能臣进行集体领导。

在明仁宗的内阁，杨士奇为礼部左侍郎兼华盖殿大学士，进杨荣为太常寺卿，金幼孜为户部侍郎，留任大学士。被永乐帝撤职的黄淮任通政使兼武英殿大学士，被监禁的杨溥为翰林学士。

朱高炽与这些官员有一种亲密的关系，经常召集进行正式会议，要求在他拍板前在密奏中提出意见。内阁不再是咨询机构，大学士参加决策，实行集体领导。

四、任贤选能，削汰冗官，推行普通官员七十岁退休。

朱高炽选用贤臣，任命杨荣、杨士奇、杨溥三人辅政，处处以唐太宗为楷模，修明纲纪，爱民如子。"三杨"领导在他死后的若干年中继续保持稳定,内阁虽有某些缺点，但在维持文官政府方面，仍举足轻重。

他强化行政改革，对可有可无的官员解职，失职的官员降职，其他官员七十岁奉命退隐；有突出才能的官员升任更重要的职务。

五、广开言路，不包庇贵族及皇族违法。

朱高炽广开言路，善于纳谏，要求大臣直言不讳，不必担心报复，不包庇贵族及皇族的枉法行为，如其激动时训斥或惩处少数官员，常常后悔并要求原谅。

他对謇义、杨士奇等五臣赐"绳愆纠缪"银章，说："前世人主，或自尊大，恶闻直言，臣下相与阿附，以至于败。朕与卿等当用为戒。"

六、取消皇帝专享，推行公平购买制度。

朱高炽一改永乐帝耗费巨大的种种计划所引起的黎民百姓的财政困境，连续颁布了几道诏令，取消皇帝征用木材和金银等专享商品购买，代之以一种公平购买的制度。

他接受夏原吉的建议，取消预定的郑和下西洋、边境茶马贸易，停派使团赴云南、安南采办奢侈品。

七、减免赋税，改贷为赈，减轻农民负担。

洪熙元年四月，朱高炽闻讯山东、淮徐等地民众缺粮，而地方征收夏税正急，于是直接下诏"免今年夏税及秋粮之半"，由内阁发布，不中转户、工二部。隆平闹饥荒，户部请提议只借粮，他的答复是免费发放。

他专门颁发诏令，要逃亡者重返故里，承诺免除他们所欠的税，在所在地登记后，还免除两年赋税和劳役。他还派巡视组下去调查农民的纳税负担。这为宣宗实施减税打下了基础。

八、在思想上，崇尚儒学，褒奖忠孝。

他在京城思善门外建弘文馆，常与儒臣终日谈论经史。他的许多政策措施，反映了儒家的王道。

历史盛赞朱高炽是一个开明的儒家君主，像他模仿的古代圣王那样，坚持简朴、仁爱和诚挚的理想。这是对明朝前期三位君王摇摆在霸道与王道之间，回归王道的确定。

九、改良科举制度，顾及南北合理取士。

当时，南方人聪明刻苦，进士多为南方人；北方人纯朴忠贞，文采出众者较少。

为了保证北方人可以考中进士，朱高炽规定八股取士的比例"南六十、北四十"，被明清两朝沿用。

十、取消宫刑，慎用株连，限制皇帝法外用刑。

明仁宗给刑事部门下诏："诸司不得鞭囚背及加人宫刑。有自宫者以不孝论。非谋反，勿连坐亲属。"

皇帝有至高无上的最终裁定权，但朱高炽为限制自己法外用刑，给刑部下正式诏令："或朕过于嫉恶，法外用刑，法司执奏。五奏不允，同三公、大臣执奏，必允乃已。"以备有章可查。

此外，朱高炽听取夏原吉等人关于把资源从北方边境转移出来的策略，以及北方首都费用耗费巨大，试图把京师迁回南京，甚至派太子和有关官员着手办理，但因其突然暴毙而终止。后继之君明宣宗朱瞻基对此计划并无兴趣。不然，明朝的历史又是另一番情景。

3

《明史》给朱高炽登基后的篇幅不长，但对他所做的大事反映还是不遗巨细，对其评价甚高："当靖难师起，仁宗以世子居守，全城济师。其后成祖乘舆，岁出北征，东宫监国，朝无废事。然中遭媒孽，濒于危疑者屡矣，而终以诚敬获全。善乎其告人曰'吾知尽子职而已，不知有谗人也'，是可为万世子臣之法矣。在位一载。用人行政，善不胜书。使天假之年，涵濡休养，德化之盛，岂不与文、景比隆哉。"

在清代史官的笔下，明仁宗朱高炽足以与西汉文、景二帝相比。只可惜是个让人遗憾的短命帝王！

有人依据明仁宗是十月天子，疑问：如果朱棣再多活一年那么他会效仿朱元璋将皇位传给孙子吗？

明仁宗朱高炽很不幸，好不容易坐上龙椅，但只是一个十月短帝。

早在明太祖洪武二十八年，朱高炽便被朱元璋册立为燕王世子，朱元璋颇喜欢他的儒雅和仁爱。应该说，朱元璋在朱高炽的身上，看到了早逝太子朱标的影子。

若朱棣不发动靖难一役，朱高炽即为燕王的继承者。

然而，朱棣造反成功，成了永乐帝。在造反途中，老二朱高煦作战勇猛，多次在危难中拯救朱棣。朱棣承诺朱高煦，一旦成大事，即封其储君。

朱棣登极，并未第一时间迎回留守燕京的朱高炽为皇太子，一直拖到永乐二年五月，才在大学士解缙、黄淮的力荐下，朱棣才迫不得已地册立朱高炽为储。

朱棣宽慰朱高煦，太子有病，你可以等等。但是，朱高炽生了一个好儿子，即解缙力挺朱高炽的理由：朱瞻基是一个好圣孙。

朱棣对朱瞻基也是格外宠爱，于永乐九年册立为皇太孙，即为第二顺位继承人。朱棣如此做，在已有太子的同时册立皇太孙，就是防患身体不好的朱高炽早逝，以便传位朱瞻基，而彻底舍弃图谋储位的朱高煦，以及朱高燧。

子死孙存，这点类似朱元璋传位皇太孙朱允炆。但是，朱允炆是朱标死后，朱元璋权衡之后的结果。而朱棣提前指定隔代继承者，是在朱高炽身体堪忧的情势下，做的两手准备。

4

明成祖朱棣为何册封朱瞻基为皇太孙？朱瞻基有没有辜负朱棣的期望？

永乐九年，朱棣册封皇太子朱高炽所生的皇长孙朱瞻基为皇太孙，即继太子后的第二顺位继承人。

朱棣之所以如此册封，有三个原因：

一、朱棣对朱瞻基的喜爱。朱瞻基早慧，又是皇长孙，爱好习武，深得尚武的明成祖朱棣的特别宠爱。朱棣不但请最倚信的大臣姚广孝教育朱瞻基，而且经常带着朱瞻基离京外巡和进行军事行动。

二、朱瞻基出生，朱棣梦有吉兆。当时，朱棣还是燕王，在朱瞻基出生的当晚，梦见太祖朱元璋赐以象征权力的大圭，托言："传之子孙，永世其昌。"朱棣第二天去见新生的长孙，认为很像自己，一脸英气，认为预示自己有贵重之兆。此事，主要见于《明宣宗实录》，是确有其事，还是宣宗朱瞻基虚构，都不好说，但清人修《明史》，郑重其事以此作为《宣宗本纪》开篇故事，为康熙传位看孙辈做了铺垫。

但有一点，值得注意，朱棣造反时，承诺传位给从征的次子朱高煦，很不愿意传位给朱瞻基的父亲朱高炽。既然要传位朱高煦，又怎么考虑叔终侄及，再传朱瞻基？

只是朱瞻基的聪慧，深得祖父朱棣喜爱，加之大学士解缙、黄淮等满朝文官援引太祖的嫡长子皇位继承制，力劝朱棣考虑朱瞻基是"好圣孙"，而使朱棣下定决心在永乐二年册立皇长子朱高炽为储君。

三、朱棣担心朱高炽早逝，而提前安排皇长孙以备不虞之需。朱高炽肥胖多病，早在朱棣造反时，就被认为活不长。从某种意义上讲，朱棣决意立朱高炽为太子，还是为传位朱瞻基做铺垫。事实证明，朱棣虽然没有看到朱高炽早逝，但他死后仅十月，朱高炽就暴卒了。

朱高煦学父，宣德借故烹杀祸九子

1

朱棣的次子朱高煦，虽不读书，但"性凶悍"，粗鲁轻佻，朱元璋在世时就很厌恶这个亲孙子。

朱元璋死后，燕王朱棣发动靖难一役，与侄皇帝朱允炆血拼，攻破南京城。建文帝逃匿，不知所踪。朱棣做了明成祖，组建东厂继续追捕建文帝，派心腹太监郑和多次下西洋寻找他的踪迹。

朱棣对侄儿一战胜利了，朱高煦也想走其父的老路，阴谋做掉被朱棣喜爱的"好圣孙"、自己的大侄儿朱瞻基。

永乐二十二年（1424）七月，明成祖在北伐回军途中，在榆木川病逝。

留守北京的太子朱高炽继位，是为明仁宗。在乐安州的汉王朱高煦派心腹入京，伺机叛乱。

明仁宗获悉，将朱高煦召回京城，不追责，反而增加其俸禄二万石，赏赐宝物数以万计，仍命他返回乐安。

朱高炽对这个不老实的二弟，一直以德报怨，但朱高煦没有停止阴谋篡位。

朱高炽的皇位没坐热，暴病而崩，故有人认为是朱高煦做了手脚。

2

仁宗病逝，正在南京忙迁都的太子朱瞻基赶往北京奔丧。

朱高煦打算在半路设伏，截杀朱瞻基，但行动仓促，没有成功。

早在永乐九年十一月被立为皇太孙的朱瞻基顺利继位，成为宣宗。他对两个亲皇叔朱高煦、朱高燧，像其父一样厚待，赏赐多于其他藩王。

朱高煦貌似感恩，宴请侄皇帝，"陈利国安民四事"。宣宗命官员将其建议予以实施，又复信答谢。

朱瞻基对群臣说："皇祖父曾告谕先帝，说二叔有异志，要防患于未然。先帝还是厚待二叔，现在二叔真诚地对朝政提出建议，可见没了坏心。"此后，凡是朱高煦提出的请求，宣宗一一照办。

朱瞻基是真心表扬，还是欲擒故纵？虽没有史料记载，但历史不乏要使其灭亡，先使其猖狂的案例。

朱高煦也只看到宣宗表面上怯弱顺从，更加骄横狂妄。

3

宣德元年八月，朱高煦起兵造反，联合山东都指挥靳荣等，又在卫所散发刀箭、旗帜，掠夺周边郡县的所有马匹，设立前后左右中五军，留守世子领四哨兵马。

部署完毕，朱高煦为篡位成功做准备，提前任命王斌、朱恒等为太师、都督、尚书等伪职。

朱高煦企图勾结英国公张辅为内应，被张辅告发。招揽丁父忧在家的李濬，李濬不从，抄小路赶往北京告变。

宣宗还是忍而不发，派宦官侯泰送书信给朱高煦。

朱高煦部署重兵压阵，面南而坐会见侯泰，并道："成祖听信谗言，削去我的护卫，把我封到乐安。仁宗也用金帛引诱糊弄我，我怎能这样郁郁不乐地长居于此？你回去告诉皇帝，将奸臣夏原吉等人送来，然后再慢慢商议我的要求。"

侯泰恐惧，返回京师。宣宗问朱高煦所言，兵力情况，侯泰不敢据实回答。

朱高煦嚣张至极，派百户陈刚上疏，又给公侯大臣写信，以"靖难"为借口，檄文列举各大臣的罪状，大学士夏原吉排在第一个。

宣宗叹道："汉王果然谋反了。"于是，派阳武侯薛禄率军讨伐。

首辅杨荣极力主张趁朱高煦尚未切实准备之际，出其不意，御驾亲征，掌握战争的主动权。

夏原吉对宣宗说："您难道不知道李景隆的故事吗？臣昨天见到所派遣的将领，命令才下脸色就变了，临事就可想而知了。兵贵神速，卷起盔甲，快步前进，正可以先声夺人。杨大人的计策好!"

宣宗遂下决心，御驾亲征，以郑王朱瞻埈、襄王朱瞻墡留守北京，命阳武侯薛禄、清平伯吴成为征讨先锋，率兵五万，不日至乐安。

其间，宣宗还写信给朱高煦：张敖失国，始于贯高；淮南被诛，成于伍被。今朝廷大军压境，你只要交出怂恿谋反之人，朕就可免除你的过失，恩惠礼遇与原先一样，不然的话，一开战你必然被擒，或者你的部下把你当成奇货绑了献于朕，到那时，你后悔也来不及了。

朱高煦初闻薛禄率军，非常高兴，认为容易对付，当得知宣宗亲征，方才害怕。

征讨前锋到达乐安后，朱高煦下战书，约定明晨开战。宣宗命大军疾行，驻军在乐安城北，包围四门，并发射神机铳箭，震慑叛军。此时，宣宗还不顾众将请求，再次把劝降书信射入城内，朱高煦仍不理会。

4

城内叛军都想抓住朱高煦献给宣宗。朱高煦获悉大惊，暗中派人到行营面见宣宗，打算明日出降，得到允许。

当夜，朱高煦把兵器与通谋书信全部烧毁。次日，宣宗移驻城南。朱高煦打算出城，被王斌等劝阻"宁一战死，无为人擒"。朱高煦骗王斌等入王府，然后偷从小路出城拜见宣宗乞降。

群臣纷纷上奏，请求将朱高煦明正典刑。朱瞻基不许，还把弹劾奏章给朱高煦看。朱高煦叩首："臣罪万万死，惟陛下命。"

余党全部被擒后，宣宗赦免城中守军之罪，命征讨先锋薛禄与尚书张本留守，改乐安州为武定州，然后班师回朝。

一向仁慈的朱瞻基，这两招是很有用意的。

改州名，是警告朱高煦集团和看热闹的其他人，他朱瞻基有足够的武力荡平不安居乐业的异己分子。

留文武两位大员镇守，自是要搜捕、查清一切追随叛乱者，彻底清洗朱高煦的谋反势力。

宣宗返回北京后，将朱高煦父子废为庶人，圈禁在皇城西安门内。

朱高煦一党，除长史李默曾谏阻免死被谪为民外，王斌等伏诛，天津、青州、沧州、山西诸都督指挥约举事者，相继被诛杀。同谋伏诛者六百四十余人，因故意放纵和藏匿反贼而被处死或戍边的一千五百余人，发配到边远地区的七百二十人。

宣宗亲自把御驾亲征、平息朱高煦叛乱一事，编写成《东征记》，昭示群臣。

5

后来，宣宗去幽所探视朱高煦，被朱高煦故意绊倒。

宣宗大怒，命人用三百斤重的铜缸将朱高煦扣住。

朱高煦勇武有力，竟将大缸顶起。

宣宗命人在铜缸周围点燃木炭，把亲叔叔朱高煦活活炙死在铜缸内。

斩草须除根，朱瞻基这次将朱高煦的十一个儿子，除长子朱瞻壑、三子朱瞻坦早卒外，其他九子都被杀，包括与朱高煦不和、被朱高炽派往凤阳守陵的朱瞻圻也被废后处死。

此事，《明史》没写，但详见《国朝献徵录》卷二《宗室二·汉庶人传》。

6

朱瞻基登基后，一再宽恕造反的二叔朱高煦，逼其猖狂现形。一旦被彻底激怒，即便一件小事，也会痛下杀手，连根拔起。宣宗曾说："汉王自绝于天，朕不敢赦。"

其实，朱瞻基与朱高煦的恩怨由来有之。

明成祖曾派汉王朱高煦随太子朱高炽去拜谒孝陵。朱高炽身体肥胖，又患有足疾，由两个太监搀扶着行走，不慎跌了个跟头。

朱高煦在后讪笑道："前人蹉跌，后人知警。"

已是皇太孙的朱瞻基在后面应声："更有后人知警也。"

朱高煦回顾，大惊失色。

使人感叹唏嘘的是，永乐帝所属意的"好圣孙"朱瞻基，却只活了三十八年，寿命比他那病秧子老爸朱高炽还短了九年。

但是，朱瞻基在位十年，却在政治建设、经济建设和文化建设上取得了很大成就，国家政治清明，百姓安居乐业，经济空前发展，国力强盛富足，造就了著名的"仁宣之治"，堪比汉初的"文景之治"，算得上没有辜负永乐之期望。但是，他活得太短，对皇子教育不多，导致九岁的长子朱祁镇登基，倚重"三杨"成就大明强盛至极，同时也宠幸太监王振，导致土木堡之变，差点亡了大明王朝。

四朝统帅所向披靡，却死得最窝囊

1

他不是大明的朱家血脉，但所得殊荣，绝非朱家王公所能媲美。

此人，便是大明王朝的首任英国公张辅，大明四朝统帅。

他之所以能跨四代，虽有中间两任皇帝短命的历史原因所致，但他本身就有一个强大的技能包。

拼军功。他冲锋陷阵，战功赫赫，赢得老将少壮共欣赏。

建文四年，朱棣发动靖难一役，张辅"从父力战……从战夹河、藁城、彰德、灵璧，皆有功"（《明史·张辅传》）。

朱棣登基，张辅初次受封信安伯，岁禄千石，获得世券。被封为国公的丘福、朱能联名上奏，称张辅父子功劳大，不能因为是皇亲而薄其封赏，故进被封新城侯，加禄三百石。

当然，张辅也是靖难名将，冲锋在第一线，军功有目共睹，不是靠关系而封侯。

拼背景。他是勋旧重臣之子，被爱屋及乌，格外垂青。

其父张玉本是元朝的枢密知院，降明后屡立战功，后来成为朱棣当燕王时的左护卫，"以骁果善谋画，为王所亲任"（《明史·张玉传》），被燕王造反时倚重为左右手，在东昌一战为救朱棣而被杀，明成祖追封荣国公，谥忠显；明仁宗加封河间王，改谥忠武，"与东平王朱能、金乡侯王真、荣国公姚广孝并侑享成祖庙廷"。

张玉是朱棣铁杆追随者、先锋大将之一，又是救命恩人，即便其死后，也是殊荣加身。明成祖曾说："胜负常事，不足计，恨失玉耳。艰难之际，失吾良辅。"（《明史·张玉传》）后来谭渊、王真战死，朱棣虽哀悼痛惜，但程度明显不及对张玉。

张辅是勋旧之子，不免被朱棣爱屋及乌，格外垂青。

拼关系。张辅是皇亲国戚，亲上加亲，辈分亦是水涨船高。

张玉死了，朱棣报恩，除了嘉奖授封外，还将张辅的妹妹纳为帝妃，永乐七年成为两大贵妃之一，当时徐皇后已死。

另外，张辅的女儿张氏被明成祖选为皇太子朱高炽的妃妾，朱高炽即位后，封为敬妃。

朱高炽病死，按明制度规定皇帝去世以活人殉葬，共殉葬五人，张敬妃没生育，却因是勋旧之女特恩免殉，得以在后宫安度余生，逝后谥贞静敬妃。与他一同为靖难名将、爵封宁阳侯而多次出任北征先锋的陈懋，其十多岁的幼女嫁给花甲皇帝朱棣做丽妃，却没有张辅的女儿幸运，年仅不到二十岁，却因朱棣病逝，而被做了人殉的牺牲品。

保全了女儿的张辅，是成祖朝的国舅，仁宗朝的国丈，到了宣宗、英宗朝，更是辈分递增、皇亲尊荣，倍加高贵。

拼运气。无论是参加靖难大战，还是统军平定藩属，他是个常胜将军。

安南国内动荡未平，明成祖派朱能为征夷将军，张辅为右副将军，不久朱能病逝军中，张辅代理大将军继续进军。张辅对阵安南，四战四捷，奠定其在大明四朝统率兵马的地位。

2

建文元年，安南外戚黎季犛篡位，改陈朝为大虞，自称太上皇，立其子黎苍为帝，永乐二年称陈朝皇室绝灭，向明成祖请求册封。

此时，原陈国王孙陈天平从老挝来投奔朝廷，黎季犛假装请他回国。朱棣派都督黄中率五千士卒送他回去，命前大理寺卿薛嵓为辅，不料黎季犛设伏，杀死陈天平和薛嵓。

朱棣大怒，永乐四年七月命成国公朱能率兵征讨。朱能死后，张辅代领，一路进军，攻城拔寨，势如破竹。

朱棣得知朱能去世，以李文忠接替常遇春为比，敕令张辅为帅。安南军驱象迎战，张辅用画成的狮子蒙在马上冲击，再补以神机火器。安南溃败。数月后，张辅军抓获逃至海上的黎季犛父子及其所立的太子、诸王、将相大臣等。

一战告捷，自唐亡后，交趾沦为蛮服达四百余年，至此又收入版图。张辅整军班师。朱棣论功行赏，写《平安南歌》，封他为英国公，岁禄三千石。此份额，要高于当初丘福、朱能所得。

永乐六年冬，陈氏旧臣简定叛乱，朱棣命沐晟征讨，结果生厥江战败。张辅佩征虏将军印，率军前往征讨。当时简定僭称越上皇，另立陈季扩为帝，势力扩张坐大。

张辅伐木造船，划船迎战，乘风纵火，大破陈军。陈季扩自称陈氏后代，派使者袭封王位。张辅说："先前遍找陈王的后人，他都不响应，现在是在欺骗我们。我奉命讨贼，不知其他。"不久，在美良山中抓获作乱的始作俑者简定，押解至京。

永乐八年正月，朱棣留下沐晟讨伐，召张辅班师。张辅在兴和拜见朱棣，受命到宣府、万全练兵，督运北征。

永乐九年正月，陈季扩口头投降，但不悔改，乘张辅回师，又率军攻掠如故，沐晟无法控制局势。朱棣仍命张辅和沐晟协同进讨。张辅到后，申明军令，斩首素来骄纵的都督黄中以服众，生擒陈军元帅邓宗稷等。

张辅在神投海攻击陈军，左右齐进，殊死力战。一战定输赢，不到三个时辰大破陈军，擒获其首领七十五人。明军进到乂安府扎营，陈军将领不断来降。陈季扩逃到老挝，张辅派兵向老挝索要，将陈季扩及其妻子儿女擒获。

永乐十三年春，张辅抵京，朝廷旋即命他为交趾总兵官前往镇守，而陈军残余又作乱，张辅将他们都讨平。次年冬，张辅被召回。

张辅一共四征交趾，前后建置州县以及增设驿传递运，规划得很全面。交趾人所怕的只有张辅，张辅回朝一年而黎利又反，朝廷多次遣将征讨，都无功。

安南的失而复得，以及得而复失，与明政府派出的监军太监和地方官员胡作非为，也有着很大的关系。太监马琪曾前往监军，压榨勒索，仅孔雀尾一项，就每年要一万只，凑不齐，就对安南人严刑考掠。

官逼民反，叛乱纷起。

3

永乐七年，淇国公丘福讨元，兵败遇害，张辅成了大明王朝名副其实的军队统帅。

洪熙元年，明仁宗即位，张辅掌中军都督府事务，进封太师，并支给二职的俸禄。明成祖驾崩后，也是张辅和大学士杨士奇联手，保证了朱高炽平稳接班。

朱棣丧满二十七日，群臣都已改吉服，只有张辅和杨士奇穿戴同朱高炽一样，素冠麻衣临朝。

朱高炽叹道："辅，武臣也，而知礼过六卿。"（《明史·张辅传》）从此更加敬重他。

宣德元年，朱高煦造反，引诱功臣们做内应。张辅及时报告宣宗，查清汉王造反的证据，便请率兵去攻打。

宣宗朱瞻基亲征，张辅扈从。事平，给张辅加禄米三百石。

张辅威名更高，而久握兵权。宣德四年，都御史顾佐请保全功臣，朱瞻基因此下诏解除张辅都督府的职务，朝夕在左右侍奉，谋划军国重事，晋升为光禄大夫、左柱国，逢初一和十五上朝。

明英宗即位后，张辅加号翊连佐理功臣。王振专权，文武大臣"望尘顿首，惟辅与抗礼"。

瓦剌入侵，王振唆使英宗亲征，七十五岁的老帅张辅随行，"不使预军政。辅老矣，默默不敢言"。

这位大明四朝统帅，却被不懂兵的王振挟皇命绑架，在土木堡之变中窝囊殉国，何其惨烈。

明人唐枢在《国琛集》中评价张辅之死，让人感叹唏嘘："土木之变，死者十万余人，而臣工且五十二员，蠖僵藦腐，无所见于其生，则无所齿于其死。中间所惜张公辅、王公佐，然英国老不充役，户书弱不任事，其耿耿不死，独曹、邝两公而已。"

《明史》称张"辅雄毅方严，治军整肃，屹如山岳。

三定交南，威名闻海外。历事四朝，连姻帝室，而小心敬慎，与蹇、夏、三杨，同心辅政。二十余年，海内宴然，辅有力焉。"

永乐皇帝慧眼看中的"女中尧舜"

1

美国历史学家牟复礼和英国历史学家崔瑞德合编《剑桥中国明代史》，第五章中有一段文字，是专门写给明仁宗诚孝皇后张氏的：

"宣德帝在短期患病后出人意外地死去，张太皇太后就领导了一个事实上的摄政团。她在朝廷中，不论在礼仪上和事实上都取得了最受人尊敬的地位。此外，在前一代皇帝统治时期，她作为皇太后已在一定程度上参与了政治的决策。"

张太皇太后，是针对明英宗一朝而言。对于宣德帝明宣宗而言，她是张太后。

张氏在明代历史上是一个了不起的政治女性。论其对明朝的历史功绩而言，丝毫不逊色于朱元璋的马皇后和朱棣的徐皇后。马、徐二氏，备受老公皇帝敬重，但她们不幸都短命，不像张氏，经历了开国以降六朝天子，且对后三任天子影响至深。

张氏出身家庭并不显贵，其父张麒因女儿做了燕王世子妃，才获赏为兵马副指挥，后来参加亲家朱棣的靖难战争。女婿成为储君，女儿做了太子妃，他升任京卫指挥使，但没过多久就死了，无福享受国丈的尊荣。亲家封他彭城伯，那是虚荣。女婿追其彭城侯，也是他死后的事。

张氏是洪武二十八年册封的燕世子妃。她老公朱高炽是一个严重的肥胖症患者，但甚得朱元璋喜爱。朱皇帝封朱高炽为燕世子时，由朱棣报候选人名单，朱元璋最后考察审定。同时册封燕世子妃，朱元璋自然会对这个孙媳妇有了解。朱元璋生前是否联想到老四会造反，且不好说，但他想到身后第二任燕王妃一定要贤良淑德，同时要绝对爱护他的病秧子孙儿。

既然是世子妃，当世子转为太子时，张氏在永乐二年成功晋级。

2

太子朱高炽"体肥硕不能骑射"，虽然是老大，虽然有解缙等重臣力保，但论身体、论军功、论心机，根本就不是老二朱高煦、老三朱高燧的对手。

朱棣心中理想的接班人，不是朱高炽。他多次承诺给救命恩人朱高煦，立他为储。

但是，朱高煦不如朱高炽的命好，找了一个旺夫的好老婆。

张氏抓住了朱棣爱家庭和爱老婆的这一点，在后院专攻公婆的重视家庭关系，经常嘘寒问暖，带着朱棣喜欢的好圣孙朱瞻基去看皇爷爷皇奶奶。

《明史·后妃·张皇后传》说："后始为太子妃，操妇道至谨，雅得成祖及仁孝皇后欢"，甚至成祖对朱高炽不满意，"濒易者屡矣，卒以后故不得废"。

这个"后"，就是麻雀变凤凰的张氏。

与此同时，张氏应该对两个小叔子，也施展了长嫂如母的爱心。虽然史书没有明确的记载，但不见得不存在亲情路线的小动作。只有张氏和小叔子搞好了叔嫂关系，才会更加坚定朱棣立储不变的决心。

朱棣最怕的是儿子兄弟手足相残，毕竟他是通过四年血战从侄皇帝手中夺来的位置。而老二高煦以李世民自许，李世民就是靠杀兄、屠弟、逼父的途径坐上龙椅的。

3

永乐二十二年，明成祖驾崩，朱高炽顺利登基。掌握军权的英国公张辅功不可没。

为何要特地讲张辅呢？

大将军张辅，其父是明成祖的靖难名将、河间王张玉。张玉死于建文二年的铁血征程上，从征的张辅承袭父职，靖难有功，又平叛安南，是明成祖中后期的中军都督、兵马大元帅，还是朱棣最信任的大舅哥。

张辅曾与朱棣属意的朱高煦一同南征北战，是生死战友，但能够全力支持朱棣冷落的长子朱高炽，有一个关系不能忽视，他的女儿在朱高炽当太子时就成为侍妾之一。

太子纳妾须征得皇帝同意，但不能说没有张太子妃的暗箱操作。就凭这一招，也拉近了同本是张辅妹妹的成祖张贵妃的关系。

朱高炽即位成功，命岳父张辅掌管中军都督府，进位太师。

十个月后，朱高炽暴毙，张辅的女儿未生育，是拟定的殉葬五妃之一。但因其是勋旧之女免除，改殉葬五妃为四妃。若无张太后的首肯，宣德帝和张辅都是无能为力的。

这个恩德，张辅在后来也是结草相报，直至七十五岁时屈死在土木堡。

4

朱高炽成为明仁宗，太子妃张氏"及立为后，中外政事莫不周知"。朱高炽经常把朝政，拿到张皇后的寝宫找老婆商量，不然张氏也不可能成为政治百事通。

这明显有违太祖遗训。

《明史·后妃传》序云："明太祖鉴前代女祸，立纲陈纪，首严内教。洪武元年，命儒臣修女诫，谕翰林学士朱升曰：'治天下者，正家为先。正家之道，始于谨夫妇。后妃虽母仪天下，然不可俾预政事。'"

后妃不得预政！

朱高炽身体不好，却后妃成群，然其最信任的还是张皇后。

张后干政，但其贤惠，没有造成祸害，混乱宫闱。故而《明史·后妃传》序中亦云："是以终明之代，宫壶肃清，论者谓其家法之善，超轶汉、唐。"

仁宗短命，宣宗即位，张皇后成了大明朝第一个皇太后。

宣宗临朝，已二十八岁，他是成祖培养出来的成年皇帝，却经常请张太后当国务顾问。

张太后虽然没有以母后之尊临朝听政，或者玩垂帘听政，但以一个成熟政治家身份即位的宣宗朱瞻基——中国历史上著名的蟋蟀皇帝，还是对张太后"军国大议多禀听裁决"。可见，张氏很有资政能力。

张太后给儿子的江山，锦上添花，当仁不让，常借生活中的事务，教诲宣宗要做百姓拥戴的皇帝，就要让百姓安居乐业。同时，她请求英国公张辅、尚书蹇义和大学士杨士奇、杨溥、金幼孜等"先朝旧人，勉辅嗣君"。

在张太后的精心安排下，老臣辅佐新皇，新皇礼遇老臣。

宣宗给首辅杨士奇说："皇太后谒陵还，道汝辈行事甚习。言辅，武臣也，达大义。义重厚小心，第寡断。汝克正，言无避忤，先帝或数不乐，然终从汝，以不败事。又有三事，时悔不从也。"

张太后慧眼识人才，激励老臣新皇成就"仁宣之治"。

虽然宣宗只在位十年，但到他死时，明朝已真正强盛富有、经济发达、边疆稳定。

宣德十年正月，九岁的皇太子朱祁镇继位，宣宗的遗诏中写得很明确，军政大事必须禀报张太皇太后，同意后方可执行。

张氏成了大明王朝的拍板人。

终明一代，虽然没有出现母后临朝的局面，但朱元璋不许后妃预政的祖训，还是被变通着改变了。

5

英宗登基，也得力于张太后指定。

当时宫中传言，将召立宣宗的五弟襄王朱瞻墡，张太后指着太子朱祁镇说："此新天子也。"

张氏一言定乾坤，改变了明初朱元璋后宫不得干政的明确规定。

孙皇帝少不更事，大臣请张太后垂帘听政，她说："毋坏祖宗法。第悉罢一切不急务，时时勖帝向学，委任股肱。"

她说是不听政，委任内阁，但内阁"三杨"为了方便执政，也很聪明，变相地把国事裁决的权柄交到张太后手里，以求得更大的支持。

后来导致土木堡之变的罪魁祸首王振，曾受命于张太后，长期派驻东宫。此时的王振，对张太后还是挺畏惧的，报告事无巨细，就连小皇帝的生活琐碎都详细禀报。

"宣皇晏驾，新主幼冲。王振以青宫旧侍，俨然自负顾命。"（谷应泰《明史纪事本末》）

《明史》说："王振虽宠于帝，终太后世不敢专大政。"

正统七年十月，张太后驾崩，遗诏大臣们辅政英宗推行仁政。但没料到，受宠于英宗的司礼监太监王振被憋久了，一旦抬头不可收拾。

朱元璋建国立制，在洪武十年五月鉴于一老太监因侍军日久，忘了分寸，参言政务而做出严厉惩罚后，谕告群臣："其小忠小信足以固结君心，及其久也，假威窃权，势遂至于不可抑。朕立法，寺人不许预政事，今决去之，所以惩将来也。"（谷应泰《明史纪事本末》）

两年后，他再次镌铁牌立于宫门，明确禁令："宦官不得预政事，预者斩。"（《明史·宦官传》）

然而，这一铁律，却在明英宗和王振的合力之下，给彻底毁了。

继公元 2 世纪东汉后期、9 世纪唐朝后期，帝制中国进入了第三次太监疯狂时代。身心扭曲的王振，以变态的行事方式，扭曲了强盛的大明王朝。

失去张太后制约的王振，疯狂到了就连英宗也不无惊愕的地步。

正统六年，四朝元老李时勉出任国子监祭酒，却因在王振视察国子监时，安排的仪式不隆重，迎接的态度不恭敬，被王振组织亲信侦察李时勉的问题，结果一无所获。他借李时勉曾折断彝伦堂前一根树枝，称其擅自砍伐官木回家，定了一个盗用国家树木之罪，假传圣旨，命其跪在国子监门前戴枷示众三日，以示侮辱。千余太学生苦号奔走，王振始终不松口。最后，有人找到英宗的外公会昌侯孙忠，请求他找太后求情，孙太后询问英宗。英宗惊愕曰：这一定是王振干的！

英宗知道王振干了不少变态事，却始终放任王振干着变态无耻事情。

强盛至极的大明王朝，终于在王振擅权的 1449 年惊变而衰。

小人物走后门，做了皇家的童养媳

1

电视剧《大明王朝 1449》中，归亚蕾饰演的孙太后，女一号，贯穿始终，很有特色。

在明朝的历史上，孙太后也是一个很有特色的政治女性。

她老爸孙忠，邹平人，以太学生分配到永城县当主簿，大小算一个官，正九品，月俸五石五斗。

明成祖太子妃张氏的母亲——彭城伯夫人，是永城人。寡居的彭城伯夫人回娘家，衣锦还乡，政府接待，孙主簿全程陪同。

孙忠也羡慕人家不重生男重生女，灵机一动，安排"幼有美色"的女儿端茶送水，博得夫人喜欢，说如何漂亮，如何乖巧，可以给她那未来的皇帝外孙做妃子。

孙主簿绝不放过这个天下第一好事，赶紧磕头，感激涕零：只要老夫人看得上，那是卑职一家天大的恩典。

彭城伯夫人说一切包在她身上，她可是今上的亲家，太子的岳母。一言九鼎，小事一桩。

果然，彭城伯夫人多次进宫，某次路遇亲家公皇上心花怒放，于是磕完头就说，她最近回娘家，看到主簿孙

"忠有贤女"，是否可以给皇太孙做个伴。

女儿在婆家很得公公欢心，那么亲家母说话亲家公还是买账。

明成祖给永城县下旨，让他们把孙家女送入宫。

孙家女只十岁多点，明成祖让张太子妃养在东宫。

孙家女和朱瞻基都生活在东宫，算得上青梅竹马。

永乐十五年，朱瞻基大婚，明成祖给好圣孙指定济宁人胡善祥为皇太孙妃，孙家女为嫔。

注意！注意！注意！皇太孙妃有名有姓！这个在《明史》记载后妃逸事时，很少见。就连后来逆袭成为皇后、皇太后的孙家女，也只有单独的姓氏。

2

十八年后，朱瞻基成了明宣宗。他爱孙家女多一些，但不敢擅改两任先帝既定的胡皇后。

电视小说，经常表现皇帝礼遇皇后，而爱与贵妃缠绵。宣宗亦然。

宣宗经常翻孙贵妃的牌子，无猜的情爱更见真挚。

后妃册封在凭证上是有区别的。胡皇后金宝金册在手，孙贵妃只有证书而无印信。

宣宗自然不想老情人受委屈，于是向张太后恳请，"制金宝赐焉"。

贵妃有金宝金册，自明宣德元年五月孙贵妃始。

妃嫔只要皇帝宠爱，便足以同皇后平起平坐，甚至所得要比皇后多得多。

蔡东藩在《明史通俗演义》中说："孙贵妃体态妖娆，性情狡黠，少成若天性。百般取悦上意，几把这位宣宗皇帝，玩弄在股掌中。"

3

孙贵妃在身份凭证上，与皇后平等了。

同时平等的，还有她们与共同的老公明宣宗结婚十八年多，一直无子。

孙贵妃急坏了。胡皇后生了顺德、永清两公主，孙氏一无所出。

孙贵妃应该是从偷梁换柱的典故中总结了经验。她买通了身边的宫女，许以重重的承诺，让她们分批次地半夜趁孙贵妃起床的空当，赤条条地钻进宣宗的被窝。

这个珠胎暗结的华章，半夜在贵妃的室内上演，自然不见于"专司皇帝交媾之事"的敬事房的记载。当然，敬事房太监会记下，某夜宣宗在孙贵妃房里过夜。

某宫女怀孕了，这是真的。

孙贵妃怀孕了，那是假的。

待到分娩出结果时，孙贵妃生了皇长子。

《明史·后妃传》说孙贵妃"亦无子，阴取宫人子为己子，即英宗也。由是眷宠益重"。

虽然有人认为清人写明史，未必全真，说孙贵妃假孕盗子瞒不过精明的张太后的法眼，应该是同情胡皇后而挖苦孙贵妃，故意将孙贵妃生子写作盗子。但仔细一想，却没有这个必要，就是盗子那也是宣宗的种，孙贵妃完全可以由皇帝指定，收为嗣子。修《明史》的清帝乾隆，生母是雍正的偏妃，皇后才是嫡母。

或许，孙贵妃盗子，得到了明宣宗甚至张太后的默许。

"而英宗生母，人卒无知之者。"后宫弄掉一个人容易，但不被后来上位的英宗追查，可以说被做得天衣无缝。这不是一种非常手段，是难以完成的。

4

贵妃有了儿子，便是接班人。"生四月"，狂喜过后的宣宗，赶紧将婴儿封为太子。

他没有让太子作为胡皇后的嗣子，划归中宫抚养。太子继续养在贵妃处。这是给大家传递一个信息。

胡皇后多病，但无过失。怎么办？

软的不行来硬的。《明史》记载："宣德三年春，帝令后上表辞位，乃退居长安宫，赐号静慈仙师，而册贵妃为后。诸大臣张辅、蹇义、夏原吉、杨士奇、杨荣等不能争。"

可以说，宣宗要让孙贵妃取代胡皇后，遭到了一群重臣的谏阻，但他坚持要换，换得彻底，让胡皇后做了奉旨道姑。虽然宣宗后悔过："此朕少年事。"但他始终不给胡皇后恢复政治待遇，直至其正统年间忧伤而死，只被"用嫔御礼葬金山"。

当然，孙贵妃会假装推辞："皇后病愈后肯定能生下皇子，我的儿子怎么能先于皇后的儿子呢？"

宣宗对孙贵妃是很有感情的，《明史纪事本末》载宣宗的一句话："贵妃孙氏，皇祖太宗选嫔于朕。十有余年，德义之茂，冠于后宫。"

张太后爱子情深，也知道独子与孙氏的少年情爱，也不坚决反对，但觉得对不住贤惠的胡后，常召居清宁宫。内廷朝宴，命胡后居孙后上。孙后常怏怏不快。

宣宗死后，宫中传闻太子朱祁镇来历不明，要改立朱瞻基五弟朱瞻墡接班。

张太后指定朱祁镇为新皇帝，此孙不论如何也是儿子之后。

5

正统元年，孙皇后成了孙太后。

宣宗遗诏大事必须请示张太皇太后，孙太后也聪明，不与张太皇太后争权。张太皇太后死后，英宗已十六岁，开始亲政。

电视剧《大明王朝1449》开头几集，歌舞升平的背后剑拔弩张，渲染孙太后垂帘听政，至土木堡之变前夕，准备和于谦联手拿下擅权的王振，不料被王振突然发难，被迫还政英宗。

英宗在位，孙太后是否听政，不见史料记载。孙太后也无力改变王振怂恿英宗北征。

然而，孙太后在英宗被俘后，坚决支持于谦等主战派抗击瓦剌、捐弃徐珵的逃跑主义路线，以及新立朱祁钰继位断绝也先挟英宗以令明朝……大是大非上，确实起到了很大的作用。

景泰七年，石亨、徐有贞等发动夺门之变，英宗复位，得到了孙太后的支持。

孙太后其实是对朱祁钰废黜故太子朱见深，易立己子朱见济为储君，耿耿于怀。朱见济短命，导致景泰帝病重且又拒绝朝臣新立太子的奏议。孙太后倒戈，也是为了解决一场明朝皇位面临传承的政治危机。

只是石亨们要杀了力挽狂澜拯救了大明王朝的功臣于谦，作为复辟师出有名的旗帜，孙太后无能为力，也无颜以对。

于谦救了大明，造成"天有二日"

1

明正统十四年（1449）秋七月，瓦剌太师淮王也先率虎狼之师南下，攻克大同。

大明王朝的正统皇帝朱祁镇，时年二十三岁，正是一个激情澎湃且要一展宏图的热血青年。他经不起大伴太监王振的怂恿，御驾亲征，又把统率大权悉数交与王振瞎指挥，就是永乐皇帝留下的四朝大将军张辅也得唯命是从。

不料，毫不知兵也不善纳谏的王振，大权在握，一意孤行。最后，在无险可倚、无水可饮的荒凉高地土木堡，遭遇强敌劲弩，大明君臣，数十万人马，都被追兵瓮中捉鳖。

朱祁镇成了也先的俘虏。

皇帝被强敌俘虏，国家不可一日无君。

留守京师的吏部尚书王直、兵部侍郎于谦（兵部尚书邝埜从龙北征，在土木堡死于乱军之中，于谦成了兵部管主）等，为了稳定朝局，奏请皇太后下懿旨，请监国郕王即皇帝位，以绝也先挟帝南侵玩投鼠忌器的攻心计。

在一场攸关明朝存亡的危局中，"当是时，上下皆倚重谦，谦亦毅然以社稷安危为己任"（《明史·于谦传》）。

于谦说："臣等诚忧国家，非为私计。"

正是由于于谦等大胆地改立景泰帝，英宗成了不值钱的太上皇，使也先本想挟持英宗为一面南进开路旗帜的价值丧失了。

2

于谦统兵反制，在不再投鼠忌器的情势下，打赢了京师保卫战。

于谦改立代宗，保住了明王朝，也保住了明英宗。同时放手一搏，联手石亨等对也先反戈一击。也先主动放还英宗，向明示好。

也先主动送回英宗，随后自立，自称大元田盛大可汗。他遣使向明朝朝贺元旦，于谦谏阻不与其往来。于谦在，他也不敢再度南犯。

做了瓦剌可汗的也先，"恃强，日益骄，荒于酒色"（《明史·外国九·瓦剌传》），两年后被老部下阿剌知院杀之，母亲和妻子也被鞑靼来敌掠走。

这一场较量中，若非于谦临危受命、兵行险着，明王朝势必对皇帝被俘投鼠忌器，而很有可能成了也先的囊中之物。

明英宗之孙明孝宗朱祐樘曾说："逢时艰危，安内辑外，社稷之功，世永不忘。""当皇祖北狩之时，正国步艰危之日，乃能殚竭心膂，保障家邦，选将练兵，摧锋破敌，中外赖以宁谧，人心为之晏然，回銮有期。"（倪岳《少保兵部尚书肃愍于公神道碑铭》）

这是后话。朱祐樘复赠于谦特进光禄大夫、柱国、太傅，"用昭旌崇之典，天语丁宁，垂之万世"，既是对其祖父英宗枉杀于谦认错，也是对于谦力挽狂澜的极力赞赏。

当然，明孝宗不好直言皇祖的恩将仇报，只是强调于谦"论功应赏，不幸为权奸所构，乃殒其身"。

3

其实，能使朱祐樘以皇帝的名义为于谦平反，还得益其皇祖朱祁镇发动夺门之变，改变了于谦暗许所定的代宗世系。否则，他也不过一藩王。

土木堡之变发生，明朝本有皇太子，即朱祐樘的父亲朱见深（当时叫朱见濬）。他是英宗北征前所立的皇太子，年仅两岁，但理应即位。

但是，王直和于谦，并不立储君为皇帝，而是奏请皇太后改立郕王朱祁钰即皇帝位。

主少国疑。

不论忠臣如何忠诚，如果他想力挽狂澜，就必须得到一个成熟皇帝的支持。倘若皇帝少不更事，忠臣要想实行自己的主张，也不难有擅权盖主、恣意妄为之举。

就如清代康熙初年，四辅臣之首的索尼死后，鳌拜力图独专权柄，继续掌控辅政大权，那也招致了少年天子和举国上下的猜忌。即便他无意获取皇位、篡夺皇权、取代皇帝，也不免会被非议。

土木堡之变后，明英宗朱祁镇成了瓦剌兵的俘虏，而刚被立为皇太子的朱见深，刚刚两岁，少不更事。

瓦剌兵推着英宗做南征的旗帜，蚕食着大明的疆土。如果于谦拥立两岁娃为皇帝，那么一切决定，还得于谦做最后的拍板人。不论于谦怎么忠心耿耿地护卫幼主，捍卫国家，那么都难保大臣们心生芥蒂或左右掣肘。

重返历史现场，于谦能在京师保卫战中，击溃瓦剌也先的阴谋，原因有三：一、以于谦为首，与王直、王文、陈循、石亨等绝大多数文臣武将和衷共济；二、他及时迎立已成年的朱祁钰，保证了危难之际国有长君，使英宗失去了投鼠忌器的皇帝效益；三、英宗之母孙太后继续以太后之尊，支持了于谦等在非常时期的非常之举。

如果于谦拥立朱见深，那么孙太后就成了太皇太后，不好再做负总责的最高领导人。不论怎样遥尊英宗为太上皇，也还是要敬若神明，因为他是皇帝的生父，不配合也先的阴谋，那就是不孝不忠。而被迫迎英宗，就是配合也先阴谋卖国。这一切的罪责，除了让放手一搏拯救大明劫的于谦身陷两难境地，而且还要背负欺主幼稚、别有用心的罪名。

4

景泰八年正月十七日凌晨四更，团营提督总兵官、武清侯石亨与中军都督府右都督张𫐄（死于土木堡之变的名将张辅之弟）、左副都御史徐有贞、司设监太监曹吉祥等趁景泰帝朱祁钰患病，里应外合，发动夺门之变，迎请已被尊为太上皇的明英宗朱祁镇复位。

五更，百官正在午门外朝房等待景泰帝升座。

钟鼓齐鸣，宫门大开，百官以为景泰帝康健如初，不料，徐有贞出来高声宣布："太上皇帝复位矣！"（《明史·徐有贞传》）

南宫复辟成功。

一场宫廷政变只花了两个小时。

病重的景泰帝，也是很无奈。据时任御史杨瑄《复辟录》记载："鼓钟鸣，群臣百官入贺。景皇帝闻钟鼓声，问左右云：'于谦耶？'左右对曰：'太上皇帝。'景皇帝曰：'哥哥做，好！'"

这段文字，是耐人寻味的。朱祁钰听出了是宫中奏起了皇帝登基的音乐，竟然第一反应是于谦干的。难道他怀疑他的大忠臣于谦篡位自立，或另立新主？当侍从称是太上皇时，他确实很高兴吗？

难道景泰帝对自己推崇备至的于谦并不放心吗？

杨瑄是一个"刚直尚气节"（《明史·杨瑄传》）的言

官，敢于在景泰帝病重时强谏要立皇储以固国本，敢于直指权臣石亨与权宦曹吉祥恃宠弄权，被英宗赞许为"真御史"。他应该不会逢迎英宗，而诬陷景泰帝怀疑于谦二心。

天威难测。

石亨进忠国公掌兵权，徐有贞封武功伯兼首辅，曹吉祥封昭武伯掌印司礼监。这些人狼狈为奸，又争权夺利，都想以复位首功，将英宗操纵成傀儡皇帝。

这样的君臣，彻底遗弃了代宗与于谦等推行的各项改革，将日见恢复元气的大明彻底堕入衰亡的境地。

以于谦为首的正直能臣，成了复辟者们的众矢之的。

就在新君登基之际，徐有贞先是以翰林学士入内阁，参与机务，继而加兵部尚书，兼华盖殿大学士，掌文渊阁事。这就意味着兵部尚书于谦、掌文渊阁事的谨身殿大学士兼东阁大学士王文大祸临头了。

果然，新君下旨抓于谦、王文等下狱。

石亨们赶紧给于谦罗列罪名，这个说他图谋不轨鼓动代宗更换了原定的英宗太子，那个说他预谋迎立英宗最忌讳的襄王世子为储君。

款款都是谋逆大罪。

言官上奏："都御史萧惟祯定谳，坐以谋逆，处极刑。"（《明史·于谦传》）

英宗自知"于谦实有功"于社稷，但他复位后干的震惊朝野的第一件大事，就是将于谦斩立决，抄其家，家人戍边。

英宗之所以同意杀掉于谦等，是有原因的。

一、于谦力挽狂澜，议立新君，整兵对阵，保住了朱明王朝的江山，但让英宗成了被遥立的太上皇，受尽了侮辱。

二、代宗掌权后，将原定的太子、英宗之子朱见深废掉，改立自己的儿子为储君，得到了于谦为首的大臣支持。

三、于谦等同代宗合作的七年里，已经很默契，日见成效，而且他们在朝野举足轻重，影响深远，不杀掉他们，势必造成石亨等复辟的英宗不能服众，甚至有会被翻盘的可能。

徐有贞说："不杀于谦，此举为无名。"（《明史·于谦传》）

5

至于《明史》说"英宗亦悔之"（《明史·于谦传》）；也说他怒斥石亨推荐的继任兵部尚书陈汝言"未一年败，赃累巨万"，而"于谦被遇景泰朝，死无余资"；还说他获报边警有感于臣下说"使于谦在，当不令寇至此"而无可奈何。

史料称英宗不愿意处死于谦，认为他有功，但迫于助其复辟的石亨、徐有贞和曹吉祥等人的强求，不得已为之。

若干年后，朱见深登基后，给于谦平反，对他给予了高度赞赏："卿以俊伟之器，经济之才，历事先朝，茂着劳绩。当国家之多难，保社稷以无虞；惟公道而自持，为机奸之所害。在先帝已知其枉，而朕心实怜其忠。"(《明史·于谦传》)

朱见深说先帝英宗也知道于谦是被冤枉的，此言不虚。

英宗不但明白于谦死得冤枉，且还对继任兵部尚书、石亨党羽陈汝言称，于谦深得朱祁钰倚信，却十分清廉。

朱见深并未因当年于谦不立他为恨，反而称赞他是大忠臣，恢复了他的官职，并给予高规格的祭葬礼仪。因为他知道，如果当初于谦立他为皇帝，明朝或许早亡了。

这些是于国而言。

于谦在土木堡之变、英宗被俘后，迅速推出监国郕王朱祁钰继立皇帝位，中断了瓦剌太师也先拿着英宗做旗帜、挥师吞并大明的意图，并组织京师保卫战保住了大明王朝，使英宗这位被俘之帝没有成为亡国之君。当然，也为也先优待英宗、将其放回，埋下了伏笔。

那么，明英宗为何如此痛恨力挽狂澜，挽救大明于既倒的社稷大功臣于谦呢？

英宗真的是后悔了吗？

但是，英宗于私情而言，既然会为让其被俘、丢失皇位的太监王振塑像祭祀、树碑立传，不免会对于谦有痛恨情绪。

一、景泰元年八月，英宗被也先送回时，朱祁钰恋栈帝位不知所措，是于谦一语"天位已定，宁复有他"(《明史·于谦传》)，再次改变英宗的政治命运。被送回的英宗虽然被尊为太上皇，却成了朱祁钰的阶下囚。

二、景泰帝即位时，与皇太后、于谦等大臣是有约定的，即以英宗太子朱见深继续为储君，意思是景泰帝之后，将皇位还给英宗子孙。但是，朱祁钰不但自己恋栈皇权，还想传位给自己的儿子，于是景泰三年废太子朱见深为沂王，流放藩地，改立自己的儿子朱见济为太子。

代宗借思明土知府黄㻞请求换太子的上书，改变原来的约定，下令礼部组织讨论。礼部尚书胡濙不敢拂逆圣意，组织满朝九十一人商议。

代宗是想把责任，推给大臣们。

于谦没有极力反对，而且是朝贺新储的第一人。

而在此事上，吏部尚书太子少傅王直却显出了为难，迫于华盖殿大学士陈循把笔蘸上墨强求他写，他才被迫署名。事后，王直被加太子太师，获赐金币加等，但他还是顿足哀叹："此何等大事，乃为一蛮酋所坏，吾辈愧死矣。"(《明史·王直传》)

王直的为难，为他后来躲过了英宗复辟后的迫害，但是于谦的推波助澜，却连陈循所得谪戍铁岭的网开一面，也没有捞到。

英宗的悔杀于谦，也只是一时兴起。他的态度不明确，故而即便其后期有治世良臣李贤辅弼，也未给于谦平反，未饶恕被判流放戍边的于谦家人。

6

明英宗朱祁镇两度登极，却在正统年间宠任太监王振，贸然北征瓦剌，结果在土木堡之变中成为敌人的阶下囚，差点毁灭了大明王朝。景泰八年正月，已被尊为太上皇的朱祁镇，利用景泰帝病重，在石亨等人的支持下，发动夺门之变复辟，改元天顺，随即斩杀了曾在土木堡之变后力挽狂澜、拯救明朝的于谦，弄得政治人生并不光彩。

这无疑是朱祁镇作为皇帝的两大污点，即问题中的所谓"干了不少坏事"：一、差点亡国；二、恩将仇报。

但是，其子宪宗即位后，却在天顺八年二月，组织内阁和礼部为其上尊谥为英宗睿皇帝。英睿者，有英明、睿智之意，古人喜以此颂扬英明之君。论土木堡之变、处死于谦，朱祁镇确实算不了英明之主，倒是其废掉的景泰帝朱祁钰，却被不少史家视为"英主"（沈德符、谷应泰）。

但是，要这样尊谥他的，是他的儿子宪宗，以最高指示给予他遮过饰非的美评。

宪宗旗帜鲜明给礼部下指示，要突出其"皇考大行皇帝仁同天下，明并日月"，"迈往圣之英武，系四海归心"，"功德之盛于无穷"（《明宪宗实录》卷二）。

英宗的一生，污点不少，但也做过不少好事，如即

位之初在三杨的辅佐下，将仁宣之治延续，成就了大明之

盛，而在晚年还能任用贤臣。即使他临终前，给储君下旨，废除殉葬之事，在历史上也是值得肯定的。

就宪宗而言，虽然英宗北征被俘，导致他在景泰年间历尽坎坷，而英宗复辟，使他在遭受景泰帝恋栈帝位、言而无信的无情迫害后，命运斗转，重返储君，得以即位，不无感激。

他将英宗的功德无穷放大，深颂扬其父"英睿"，得到了被英宗予以托孤重任的顾命大臣李贤的极力支持。

李贤还专门写了一卷《天顺日录》，贬黜景泰帝，大肆为英宗歌功颂德，开卷就是："正统十四年间，上在位未尝有失德事。当时王振擅权，致有土木之变。上既回銮，入南城，天下人心向慕不衰。及景泰淫荡载度，臣民失望，一闻上皇复位，无不欢忻鼓舞。"

李贤为宣德八年进士，恃才放旷，对少师首辅杨士奇邀请置之不理，也曾直言上疏未被英宗采纳，久在吏部考功司、文选司担任郎中之类小官，还差点因护驾北征死于土木堡之变。

他大难不死，逃回京师，于"景泰二年二月上正本十策，曰勤圣学，顾箴警，戒嗜欲，绝玩好，慎举措，崇节俭，畏天变，勉贵近，振士风，结民心。帝善之，命翰林写置左右，备省览。寻又陈车战火器之利"（《明史·李贤传》），受到景泰帝赏识，历兵部侍郎、户部侍郎，迁吏部左侍郎。

夺门之变后，他是南宫复辟的潜在支持者，很快被擢升为翰林学士，入直文渊阁，同徐有贞一起参与机务，出任吏部尚书。

"夺门"功臣石亨、曹吉祥与徐有贞争权欺主，李贤站在忠于天子的一边，石亨与曹吉祥将他视作徐有贞的帮凶，联手打击，差点由吏部尚书贬为福建参政。

继任尚书王翱曰："李贤不可放去，还欲用之。"（李贤《天顺日录》）英宗命李贤转吏部左侍郎。

石亨、曹吉祥、徐有贞缠斗不休，愈斗愈烈，最后都被诛杀。

李贤被英宗宠遇有加，以吏部尚书加太子太保，成了英宗后期的首席重臣。许多尚书名臣，如户部尚书年富、南京刑部尚书耿九畴，都是李贤推荐给英宗的。

锦衣卫指挥使门达弄权，构陷李贤，英宗也是极力保全之。

英宗病危，有人离间太子，是英宗暗中向李贤传递消息，李贤以传位太子为社稷之幸，保住了太子朱见深的继立。

朱见深即位后，投桃报李，将李贤晋升少保，升华盖殿大学士，知经筵事。

李贤为英宗大唱赞歌时，大骂"景泰时不孝于亲，不敬其兄，不睦其室，至而朝廷之上怨恨忧郁之气充满，是以六七年间水旱灾伤遍天下"（李贤《天顺日录》）。

李贤狂骂故主朱祁钰执政，天怒人怨，也是为了报一个差点昏庸亡国、并不英睿的另一个故主朱祁镇突然的知遇之恩。

7

杨瑄在《复辟录》中还说，复辟后的英宗朱祁镇，对被幽禁在南斋中的废帝朱祁钰还是很关心的，不失兄弟情深之意：

"上复宝位二三日间，诸文臣首功之人，列侍文华殿。上喜见眉宇，呼诸臣曰：'弟弟好矣，吃粥矣，事固无预弟弟，小人坏之耳。'诸臣默然。"

朱祁镇真的如此吗？

昔人已去，死无对证。

查继佐《罪惟录》卷八《英宗睿皇帝后纪》："二月，以皇太后诰，废景皇帝仍为郕王，归西内，降皇太后吴氏仍宣庙贤妃，皇后汪氏仍郕王妃。是月十有九日，郕王病已愈。太监蒋安希旨，以帛扼杀王，报郕王薨。上不闻，祭葬如亲王礼，谥曰戾。"

景泰帝对先帝朱祁镇，尊为太上皇。但是，英宗对待景泰帝，却是降为郕王。

查继佐甚至直言，是太监蒋安奉旨，以几尺白帛勒死景泰帝。

这种死法，清人修明史，写得很简单："王薨于西宫，年三十。谥曰戾。毁所营寿陵，以亲王礼葬西山"（《明史·景帝本纪》）景泰帝朱祁钰身后种种，包含了多重让人感叹唏嘘、不无悲情的意思：

一、朱祁钰不论如何，也是皇帝或先帝。他死了，被禁用皇帝死后该享有的"驾崩"或"崩"。《明史》用"薨"，也是援引当时的材料，李贤《天顺日录》、杨瑄《复辟录》、尹守衡《明史窃》仅记代宗"薨"。

二、死因不曾交代，没说病逝。李贤《天顺日录》、杨瑄《复辟录》、尹守衡《明史窃》、薛应旗《宪章录》及陈建《皇明从信录》《皇明资治通纪》，都不述其病况死因。看来他死得蹊跷。而明人陆钦《病逸漫记》却说："景泰帝之崩，为宦官蒋安以帛勒死。"此论，影响了查继佐私修明史，也影响了后世乾隆皇帝为景泰陵立碑题词，说代宗"子亦随死，终于杀，礼西山，实所自取耳"。

三、给他定谥为"戾"。虽"戾"有蒙冤受屈的说法，但朱祁镇给其弟的却是恶谥，称其一生为恶。"不悔前过曰戾，不思顺受曰戾，知过不改曰戾。"（《周书·谥法解》）复位后的朱祁镇，曾借当初扶立郕王的皇太后之名下诏骂朱祁钰："不孝、不弟、不仁、不义，秽德彰闻，神人共愤。上天震威，屡垂明象。祁钰恬不知省，拒谏饰非，造罪愈甚。"（《明英宗实录》卷二百七十五）严厉地谴责他败坏纲常，变乱旧制，淫乱酗酒，信任奸人。更有甚者，朱祁钰还毁坏皇家家庙奉先殿偏殿，建宫殿让妖妓居住，改款待儒士的缉熙殿（文华殿的明代称法），作为受戒的场所来礼敬喇嘛。愤怒的皇太后骂朱祁钰"既绝其子，又殄其身！"皇家最是无情人，着实不假。

四、将朱祁钰生前给自己建的皇陵毁坏，以亲王礼葬于西山。这是明摆着不承认这个皇帝，甚至只认为是代己监国而已。既然英宗不承认朱祁钰为皇帝，朱祁钰也就无法葬入皇陵成为独立的陵主。即便宪宗即位后，恢复代宗的皇帝之名，并将其郕王墓改建为景泰陵，但他已下葬八年之久，不便再动迁入明帝皇陵群。朱祁钰是唯一没有被葬入帝王陵寝的明朝皇帝。不然的话，今日之北京十三陵就该是十四陵了。

就连朱祁钰在位加封家人的称号，也被朱祁镇下令"皇太后吴氏以下悉仍旧号"，如所封的皇后、太子、公主，都被废黜。受其宠冠后宫的唐贵妃，被逼迫为死后的朱祁钰殉葬。曾做了七年景泰皇后的汪氏，也差点被英宗逼殉，还是因为李贤谏阻"汪妃虽立为后，即遭废弃幽闭，幸与两女度日。若令随去，情所不堪。况幼女无依，尤可矜悯"（李贤《天顺日录》），而留下一命，移居他处。

但耐人寻味的是，"钦天监奏革'景泰'年号"，英宗曰："朕心不忍。"（查继佐《罪惟录》卷八）这等于他承认"景泰"改元的事实。既然承认景泰七年，也就意味着他还是认可朱祁钰称帝七年多的历史。

从这一点来看，他要比他的先人永乐帝宽仁一些。建文四年，朱棣靖难得国，"随削帝号，以年号并入洪武，称三十五年"（查继佐《罪惟录》卷二）。

英宗的后继之君宪宗同情叔叔的遭遇，终于成化十一年十二月下诏恢复其景泰帝号，定谥号为"恭仁康定景皇帝",并下令按帝陵的规格修饰陵寝,但始终没有给其尊庙号。

无庙号,便无法称宗祔庙。

今日所称的朱祁钰庙号代宗,是为南明偏安皇帝弘光帝朱由崧上尊的,那时的北京太庙已由清廷接管,清帝自然不会将一个既成事实的前朝废帝朱祁钰重新奉入太庙、立庙祭祀。

明宪宗上演母子恋，有爱亦有感恩

1

万贵妃（后人世称万贞儿）年长明宪宗朱见深十七岁，却在宪宗在位二十三年宠冠始终。

成化二十三年春，五十七岁的万氏病逝，宪宗辍朝七日，怅然长叹"万氏长去，吾亦安能久矣"，果然不久崩逝，享年四十一岁。

他们的生死相依，堪为中国古代帝王痴情的一个经典案例。

文人笔记、秘史野史和电视剧，对万氏的描写都是妖妇恶妃形象。

万氏于宪宗，宠冠后宫。最早不利于她的历史记录即出自《明宪宗实录》，这也影响了清人修《明史·万贵妃传》，直指万贵妃心地恶毒。

《明史·万贵妃传》说："掖廷御幸有身，饮药伤坠者无数。孝宗之生，顶寸许无发，或曰药所中也。"万氏一旦发现被宪宗宠幸过的宫中女子有身孕，立即用药令她们强行堕胎，就连孝宗出生时，头顶秃了一块，也是其生母怀他时中毒而起。

孝宗生母"纪淑妃之死，实妃为之"，是说纪妃也是万贵妃毒死的。

这种讲法相传甚广，但宪宗后宫究竟发生了什么事情，那也只是留给那一片历史天空下的阴影。

宪宗死后，孝宗即位，开始撰修《明宪宗实录》。

孝宗自幼目睹父亲宪宗对其生母纪氏不理不睬，却对老女人万贵妃专宠情切，关怀备至。

纪氏为瑶族孤女，成化二年被明军"俘入掖庭"，授为女史，警敏通文字，得宪宗之宠，成化五年生下孝宗，孝宗即位后追尊为皇太后。成化十一年，纪氏暴卒。

孝宗虽六岁被立为太子但长期得不到父亲的疼爱，愤愤不平之心由来已久，故而不免借为先帝修实录之机，不好骂父皇，便骂万贵妃，为生母及自己出气。当然，孝宗也把其他兄弟、继母不明不白的死，都算到了万贵妃的头上。

除了孝宗外，内廷其他人对万贵妃的印象也不见得好。宪宗的那些嫔妃、宫女，还有宪宗生母周氏，对宪宗专宠万贵妃数十年，羡慕嫉妒恨；就连外朝迂腐的文官，当哪个地方地震，或发生地质灾害，也将之归咎于万贵妃。

《明史·万贵妃传》说："会泰山震，占者谓在东宫。"这个东宫，即指最得恩宠、最有权势的万贵妃。

宪宗虽重用奸邪（内侍汪直、梁芳、钱能等，也被算作万贵妃的私臣，"苛敛民财，倾竭府库，以结贵妃欢"），遭后人诟病，但他还是一个清醒的皇帝，执政英明宽仁，在位初年便恢复了被其父英宗复辟罢黜的景泰帝尊号，平反于谦的冤屈，任用贤明的大臣商辂等治国理政。

成化一朝，时代风气清明，朝廷多名贤俊彦，宪宗宽免赋税、减省刑罚，使英宗复位后衰败的社会经济渐渐复苏。

2

清醒的皇帝，为何将一个比其父英宗朱祁镇小一岁、同其母周氏差不多的老女人，专宠为至爱？这是有多重原因的！后文详说。

古希腊神话里的俄狄浦斯，杀父娶母有了畸形的母子成婚，是在不知情的情势下造成了恋母情结。

宪宗迷恋万氏，有一定的恋母情结不假，但未必是最爱的主要原因。

英宗被俘，但宪宗嫡母钱氏、生母周氏及英宗的其他嫔妃，随着景泰帝占有后宫后，也会陪伴朱见深转移至东宫。那些女人，都是景泰帝的嫂子兼太上皇的女人，朱祁钰捡漏帝位，在儒家礼制观念的束缚下，在于谦、王直等拥立新皇又不忘旧主的重臣监督下，不敢贸然以权谋嫂。

所以说，朱见深并不缺少母爱。

景泰七年，朱祁钰重病，石亨等发动夺门之变，明英宗复辟，十岁的朱见深重返东宫，复任太子。二十七岁的万氏继续伺候幼主。此时，她的任务，按后宫规定，她既是太子的贴身丫鬟，又是太子的恋爱导师。他们都是对方的第一次，最熟悉，有感情，初恋变成了稳固的男女之情。这样的情爱，是容易使人刻骨铭心的！

六年后，英宗去世，十六岁的朱见深即位，是为宪宗，立后吴氏。英宗生前，曾定了三位太子妃人选，最后钦定对自己有救命之恩的部将之外甥女吴氏，作为朱见深未来的皇后。

朱见深一直希望立万氏为自己的皇后，无奈英宗不允许也不认可一个比自己儿子大十七岁的宫女为皇后，此事作罢。宪宗继位，两宫皇太后执行了英宗的遗命，让吴氏为后。

宪宗情之所在，仍为万氏，冷落吴后。吴后借故杖击万氏，万氏"机警，善迎帝意"，宪宗听闻大怒，将吴后打入冷宫。

成化二年，三十六岁的万氏为宪宗诞下第一个儿子，宪宗立即封她为贵妃，并派出使者四处祷告山川诸神，为皇长子祈福，大有立储之意。

天不遂人愿，皇子十月夭折，宪宗还专门谕告礼部曰："皇子薨逝，朕甚感伤，祭葬之礼其酌酌以闻，于是礼部议，按礼八岁以下为无服之殇，祭葬礼仪俱合从简，祭不用牲，用素羞。出殡日，上服浅淡服。明日，百官行奉慰礼。"(《明宪宗实录》)足见宪宗对万氏爱之深，对殇子痛之切。

此后，万氏再无生育。宪宗一生，各位嫔妃共生子女二十多人，但他始终未同万氏以外的其他哪个产生感情。宪宗结发妻吴氏，新婚后便守活寡，立后一月便废。成化十二年，已经四十六岁的万氏，无子嗣、不能生育，还被宪宗晋升昭德皇贵妃。

宪宗执行了英宗的遗命，始终没尊万氏为后，但从《明宪宗实录》所载的册封万氏金文"天下之本在国，国之本在家，二帝三王以来未有家齐而天下不治者也。朕率是道以临万邦，厥有褒升，必先内德，申锡赞书之美，载扬彤管之华，庸进锡于徽称，乃克彰于异数。贵妃万氏，柔明而专静，端懿而惠和，率礼称诗，实禀贞于茂族，进规退矩，遂冠德于后宫，动则闻环佩之音，居则视箴图之戒。宠愈加而愈慎，誉益显而益恭。副予《关雎》乐得之心，克谨《鸡鸣》儆戒之道。相成既久，辅助良多，是用度越彝章，进超位序。兹特以金册金宝加封尔为皇贵妃，於戏，位亚坤仪，峻陟列妃之首"来看，宪宗对万氏之爱、之宠、之重，也是古今传奇了。

他对其他后妃，极为寡情。

吴后杖打万氏一案，宪宗说吴氏"举动轻佻，礼度率略，德不称位"（《明史·宪宗废后传》），不堪居六宫之首。

吴皇后被废，继立的王皇后，采取明哲保身的态度，使万氏成了宪宗后宫名不副实的女主人。

3

不能否认，万氏有被诬受冤的成分，但她作为皇权争斗下的后宫女人，能够长期将比自己小十七岁、有无数女人的明宪宗牢牢抓在自己手中，必然下足了功夫，玩尽了心计。

万氏究竟长得如何，无存照为证。然晚明文人沈德符在《万历野获编》中曾感叹：妇人以纤柔为主，万氏身体肥胖，与纤弱相反，而获异眷，就像杨玉环得宠于唐明皇一般！

在一个女人苗条为美的时代，一个肥胖的老女人，究竟如何能使宪宗几十年如一日深爱着自己？

原因有四：

一、保姆对婴儿，充满了母爱。

万氏四岁进宫，在英宗嫡母孙皇后（不能确定为生母，《明史·孙皇后传》称英宗为宫人子）宫中做宫女。朱见深两岁时，其父英宗御驾北征，经"土木堡之变"被俘。瓦剌兵临北京城下，孙太后在兵部尚书于谦、吏部尚书王直等大臣的建议下，改立英宗异母弟、郕王朱祁钰为皇帝，并立年仅两岁的朱见深为皇太子。

孙太后安排十九岁的万氏开始照料皇太子，成为朱见深的贴身保姆。（不能算为乳娘。万氏未成婚，哪来的乳汁？）万氏被太后安排照料储君，未来的皇上，也算是被破格简任，自然用心用情地服务小主子。

孙太后特别安排万氏去照顾幼主，必然要她循循善诱他、忠心守护他，一身兼任保姆、老师及保镖多个角色。

此为忠心。

二、忠仆对幼主，兼具了患难情。

北京保卫战明军胜，瓦剌军退，次年将英宗送回明廷。

景泰帝栈恋帝位，已无意归还英宗，待其一回京即将其囚禁于南宫，并想尽办法进行身心折磨。待兄如此冷酷，待侄也会寡情，大位坐稳且有于谦等重臣拱卫的景泰帝，开始谋划废储计划。他不想将帝位还给英宗的儿子，而要立自己的儿子接班。于是，景泰三年，景泰帝在朱见深五岁时，废其皇太子位，贬为沂王。

从此，朱见深的处境与囚徒无异。万氏还是忠诚，陪同幼主至藩地，长达数年的患难与共，使二人形成了坚固不摧的情感基础。

他们是患难与共的主仆。宪宗身陷景泰帝折磨贬黜时，把万氏当成了给足了母爱和安全感的女人。

野史传闻，宪宗即位后，宠幸万氏几近极致，就连太后也看不过去。太后问："彼有何美，而承恩多?"宪宗答："臣有疝疾，非妃抚摩不安。"具体源于何书，不是重点，极有可能是杜撰，如此宫闱秘事，不足为外人说道。但有一点，可见宪宗幼时起，父母不在身边，即便贵为储君藩王，也是生活在监视、排挤、打压之下，颠沛流离，惶恐度日，唯有万氏勇敢坚忍，知冷知热，知疼知痒，不负孙太后所托，不改忠幼主初心，把自己的一生押在一个生死未知、前途未卜、平安未显的幼儿身上，不啻一位伟大的忠仆烈女。

此为恩义。

三、初恋的男女，恋爱包含了真情。

景泰七年，石亨等发动"夺门之变"，英宗复辟，十岁的朱见深重返东宫。

二十七岁的万氏继续伺候幼主储君。此时，她的任务，按照后宫规定，她不仅是太子的贴身丫鬟，还是太子的恋爱老师。

应该说，他们都是对方的第一次。最熟悉有感情，初恋变成了稳固的男女之情。这样的情爱，是最使人刻骨铭心的！

朱见深一直希望立万氏为自己的太子妃、未来的皇后，无奈英宗不允许也不会认可一个比自己儿子大十七岁的宫女做天下的女主人，此事作罢。

质言之，他们在长期厮守中，相依为命，成了彼此的初恋，并初试云雨。

此为情爱。

四、长期处于权力旋涡，权谋无师自通。

作为皇权争斗下的后宫女人，万氏能够长期将比自己小十七岁、有无数女人的明宪宗牢牢抓在自己手中，必然下足了功夫。

万氏置身钩心斗角的后宫，熟谙权术，也会给宪宗出了不少实效的主意。至于后来被描述为蛇蝎心肠、极具手段，不免因自己年老色衰、子丧援绝，而有些阴谋自保的小动作，也因此被对手们无限扩大，或者被满脑子儒家礼教观念的文人们无耻炒作，谓其丑态，称其狠毒，说其妖艳，传其凌厉，无非是一个青年天子将一个半老徐娘独宠宫闱，刺痛了那些只许老夫少妻而不容老妻少夫的人的神经。

此为依赖。

她本身该有优长之处，深得宪宗信任与痴爱。宪宗历经波折，而能成为一位有作为、有度量的开明帝王，必然从小在父皇被俘受难、自己废储贬黜的厄运逆境中，不断修炼而成就自己。

万氏作为一个从权力争斗旋涡中护着幼主冲出来的成熟女人，不免有歹毒排除异己的一面，但不论孝宗因生母早年暴卒而万氏终身受宠而产生了哪种程度的厌恶，都不能遮掩万氏本身具有的才干与品德。

宪宗册立万氏为皇贵妃时，说"万氏柔明而专静，端懿而惠和，率礼称诗，实禀贞于茂族，进规退矩，遂冠德于后宫"，这样的话是经历了孝宗朱祐樘撰修《明宪宗实录》中经过筛选剩下了的文字，按理是真实的记录。

传闻，孝宗之母，死于万氏毒手，万氏是一个奸妃，是一个妖妇，是一个自己不能生育便要让自己的男人绝嗣的坏女人。

然而孝宗能不改万氏"冠德于后宫"的最高评价，也足以可见万氏是一个有思想、守礼制、懂诗书、好品德的女人，只是因为万氏作为一个从争斗中冲出来的成熟女人，不免有歹毒排除异己的一面，加之孝宗生母早年暴卒而万氏终身受宠而产生的厌恶，而遮掩了她的才干与品德。

宪宗尊崇万氏，说她的品德为后宫第一，孝宗也公开承认，这可以说孝宗对万氏的诽谤，与历史真相还是有矛盾的。

明宪宗情迷万贵妃，消弭了年龄相差十七岁的距离，除了患难见真情，也因为建立在貌似亲情上的爱情很坚固。

嘉靖大闹"大礼议"的孝心和负义

1

明正德十六年（1521）三月，明武宗朱厚照在享乐的胜地——豹房——驾崩。他后妃成群，且不断外出寻花问柳，却没有子嗣即位。

这对于大明王朝而言，是一个危险的信号。

他的父亲孝宗朱佑樘，奉行一夫一妻制度，还是留下了他这样唯一的儿子。

朱厚照留给历史的印象，有着鲜明的两面性：

A面是处事果断刚毅。他弹指之间诛杀弄权的大太监刘瑾，平定兴化王、宁王之乱，大败蒙古兵，并多次赈灾免赋，不失为戡乱宽仁的有为之君。

B面是尚武喜功荒淫。他宠幸太监，沉湎豹房，宫中妻妾成群还不满意，多次外出寻欢作乐，包养男宠。更有趣的是，他一个大权在握的皇帝，竟然自封镇国公，自称威武大将军朱寿，不啻玩忽职守的无道帝王。

随心所欲，导致了朱厚照无后为继的人伦悲剧。他所集中和强化的皇权，不得不落入旁支藩王之首。

他没有同父兄弟，大臣们只能考虑他的堂兄弟。

2

武宗的祖父宪宗朱见深，虽然一生只爱年长自己十七岁的万贵妃，且传闻万氏歹毒，容不了其他女人怀孕生育，但宪宗仍然多子多福，给了武宗的大臣们充分选择接班人的孙辈。

大臣们选择了十五岁的朱厚熜——他是孝宗同父异母的三弟朱祐杬的儿子。当时，朱厚熜在为生父守孝。

非常时期行非常之事，朱厚熜被夺情进京，即皇帝位，是为嘉靖帝。

他还没正式登基，就在怎么进紫禁城一事上，给了援引《皇明祖训》"兄终弟及"原则给他最大机会的首辅杨廷和一个下马威：他是嗣皇帝，不是皇太子，必须从大明门进！

根据杨廷和的设计，朱厚熜是作为明孝宗的嗣皇帝，继承了武宗的皇位。他是孝宗的侄儿、武宗的堂弟，武宗无子嗣、无兄弟，朱厚熜以小支承袭大统，也是幸运。然而，登基改元不久的嘉靖帝，又开始闹了，他要为生父朱祐杬上尊号，先为兴献帝，再为献皇帝。

这些是不是少年天子朱厚熜的主意？不好说！他身边有一位了不起的帝王师袁宗皋。老袁是孝宗弘治三年的进士，被选充兴王府做长史，颇有谋略，深得朱祐杬赏识和器重。

朱祐杬去世时，朱厚熜还只十二岁，由袁宗皋辅佐。无疑，袁宗皋是朱祐杬的托孤之臣。

小朱进京，老袁随行。

嘉靖帝即位，便封师傅袁宗皋为吏部左侍郎兼翰林院学士，主管人事大权和舆论思想，随即擢升为礼部尚书兼文渊阁大学士，入阁赞襄机务。

前任礼部尚书毛澄，是嘉靖帝尊崇生父的主要反对者，多次抗疏力争，让嘉靖帝敬畏有加。这应该是袁师从中斡旋，嘉靖帝对经常忤旨的毛澄礼遇不衰。

只可惜，袁师福薄，入阁四月病逝，不能长期辅佐嘉靖。然其对嘉靖，首请裁抑宦官，不准宦官参与朝政和掌握兵权，并上治理政务八策，即经筵讲学、罢镇守太监、迁顾命大臣、昭雪言官等，对嘉靖统治前期廓除武宗陈弊，还是起到了不小的影响。

嘉靖帝失去了监护人，年轻气盛，不惜跟杨廷和、毛澄等老臣强势力争，意图很明确，就是要改变宗法意义上的父亲，重返生父献皇帝世系，将原有的小宗改为大宗。

杨廷和集团的态度很强势，也很强硬，坚持嘉靖帝要认伯为父、使父为叔。

杨廷和还伙同毛澄写了一篇《崇祀兴献王典礼》，称"舜不追崇瞽瞍，汉世祖不追崇南顿君"，意图以上古舜帝、东汉刘秀未尊崇生父为理由，彻底隔断嘉靖帝与生父的血缘亲情，使只有一个儿子的兴献王断了香火。

杨廷和怕有异议，不惜以首辅的名义下令："有异议者即奸邪，当斩!"(《明史·杨廷和传》)

不料，一个叫张璁的礼部实习官员，虽然还只是一个考了八次才得来一个补考进士，却很不怕死，大胆抗言，援引《礼记》"礼非从天降也，非从地出也，人情而已矣"古训，驳斥杨廷和对祖训"凡朝廷无皇子，必兄终弟及"的歪解，得出一个结论：今武宗无嗣，大家遵祖训定大仪，皇上聪明仁孝依照伦序当立。皇上之有天下，是继承太祖之天下，如同高皇帝亲相授受者也。

张璁强调，嘉靖帝是入继祖后，而非父死子立。

此言一出，满朝震惊。

嘉靖帝说："此论一出，吾父子必终可全也!"(《明世宗实录》卷四)

为了将继承祖业的传承链修复，倾注世袭罔替的血液，他唯有将没做过一天皇帝的先父朱祐杬，追封皇帝，挤入太庙。

这是皇帝的特权。

这是描述他即位名正言顺的一篇宣言。

3

一场闹腾了三年半的大礼议，以嘉靖帝初战告捷，也可见嘉靖的计谋权断，已是少年老成——

毛澄率先请辞，死于归里途中，被嘉靖帝给了一个少傅的虚荣。

曾总揽朝政近四十年的四朝元老杨廷和，有迎立世宗首功，也很快被敕称"为罪之魁，以定策国老自居，门生天子视朕"（李贽《续藏书》卷十二），拟将问斩，最后网开一面，罢归故里，削职为民。

这并没有结束。

这样的结局，杨廷和这位四朝元老是绝对没有料到的。

他不但力挺朱厚熜以小宗入承大统，而且还当过嘉靖帝的老师。

给皇帝当老师，是一种荣耀。

中国古代士大夫，只要进入仕途，无不想有朝一日能成为皇帝的师傅保。

嘉靖帝侥幸登基，内阁首辅杨廷和并没有因为少年天子进紫禁城，坚持要走大明门，不走他预先安排的东华门，僵持不下，而怠慢新皇帝，不教与帝王术。

新皇帝朱厚熜，是大行皇帝的堂弟，年仅十四岁。

正德十六年（1521）三月，三十一岁的明武宗朱厚照病逝于豹房。他没有子嗣，杨廷和援引《皇明祖训》中"兄终弟及"的原则，在武宗驾崩前以皇帝的名义颁发敕令，选择新任兴王朱厚熜为皇位继承人。

《明世宗实录》卷一说明了他的入选资格："皇考孝宗敬皇帝亲弟兴献王长子厚熜，聪明仁孝，德器凤成，伦序当立。"

武宗没有亲兄弟，杨廷和便从其堂兄弟中选择。孝宗朱佑樘先后有同父兄弟十三人，只有三人有后，十四岁的朱厚熜最为年长，可以避免主少国疑，权臣揽政。

杨廷和已为三朝元老，正德七年官拜首辅，深得武宗倚重，把持朝政，位高权重，也德高望重。由他提议朱厚熜入承大统，得到了慈寿皇太后的同意，也争取了满朝文武的支持，"合谋同辞"。

杨廷和给了朱厚熜成为皇帝的最大机会，但没想到朱厚熜还未正式登基，就给了杨大学士一个下马威。

杨廷和只好妥协，让朱厚熜从大明门入，随即在奉天殿登基，成了中国历史上躲在深宫三十余年不临朝、但又牢牢将军政大权抓在手中的嘉靖帝。

藩王入承大统，虽然嘉靖帝有原来的王府长史袁宗皋辅佐，但袁先生只是藩王师，而非帝王师。

杨廷和不因小皇帝不给面子，就敬而远之，而是主动教授帝王治国理政之术。

他主动承担了为嘉靖帝进行经筵讲习的政治任务，即出任皇帝的总师傅。

帝王术是不同于帝王心术的。

正在为生父守孝的朱厚熜，并非唯一人选。

朱厚熜父辈十四人，夭折的、绝嗣的不少。他的皇伯孝宗生子武宗，又是绝嗣。他的生父生子二人，老大亦是幼殇。但他有两个叔叔，七叔朱祐楎、十三叔朱祐枢却生了不少儿子，把兄弟们的生育指标都占用了。

但因杨廷和的力挺，朱厚熜成了即位的不二人选。

顺势成为四朝元老、两朝首辅的杨廷和，迎立世宗为首功。然而，少年老成的嘉靖帝，很快要追尊生父为皇帝，闹出大礼议之争，与杨廷和发生了激烈的冲突。

该是对此前放任了武宗导致皇帝荒唐、早逝无后的愧疚，杨廷和对新皇帝上位伊始，就从严约束。

他先后封还御批四次，强行上奏近三十份疏言，封驳诏旨，引起了嘉靖帝的强烈不满。

尤其在嘉靖帝不想做孝宗的嗣皇帝，而要将生父追尊为兴献帝的事件上，杨廷和无疑是最大的反对者。

主要反对者有两人，一个是杨廷和，另一个是礼部尚书毛澄。

毛澄不时忤旨，但为嘉靖敬畏，最后被迫率先请辞，死于回老家的船上。嘉靖帝给了他少傅的追赠与文简的美谥。

第二年，杨廷和也待不下去了，辞职归养，回到蜀中。四年后，嘉靖重定议礼诸臣之罪，将给了自己最大机会的杨廷和，定为"罪之魁"（李贽《续藏书》卷十二）

恩公成了罪魁祸首。嘉靖帝怒斥杨廷和："以定策国老自居，门生天子视朕"，理应处死，从宽处理，削职为民。

杨廷和惠及嘉靖帝的两大功劳，却成了他不得善终的两款大罪。

4

嘉靖八年（1529）六月二十一日，杨廷和在老家新都抑郁而终，享年七十一岁。嘉靖帝不闻不问，也不派人慰问，杨家人只好以平民礼下葬这位杰出的大明首辅。

三十八年后，嘉靖帝驾崩，隆庆帝即位，很快为杨廷和平反，为之复官，赐祭四坛，重新治葬，追赠太保，谥号文忠。

这是一份迟到的盖棺论定。

这似乎印证了嘉靖帝在杨廷和死后的一句话："杨廷和有大功，他日麒麟画形。"（焦竑《国朝献徵录》卷十五）

焦竑之言，究竟是不是嘉靖帝所说？不好说！

一、焦竑生于嘉靖十九年，为万历十七年状元，曾给皇太子朱常洛做过侍读，自然对深宫秘史有些了解。

二、清人所修的《明史》杨廷和本传曾记载，杨氏死后，嘉靖帝问史部尚书兼华盖殿大学士李时，太仓积蓄还有多少。李时回答：还可以支持几年，这都是陛下即位初年"诏书裁革冗员所致"，嘉靖帝说："此杨廷和功，不可没也。"

李时与杨廷和同朝共过事，且在杨氏为嘉靖帝组织的经筵讲习班中，做过讲官，也是嘉靖帝的老师之一。

这位帝师被优待擢升，但他不敢提杨廷和的姓名，而以"诏书裁革冗员"代指。足见，嘉靖帝对杨廷和讳莫如深！

但从嘉靖帝说杨廷和功不可没一事来看，似乎与焦竑所写"杨廷和有大功，他日麒麟画形"，是一个意思、两种说法。

但是，嘉靖帝在杨廷和死后三十多年中，始终不情愿为之平反，却被当时焦竑、后代史官如出一辙地写到他的莫由追悔。

嘉靖帝真的追悔莫及吗？未必！

他崇信方术，一心玄修，自嘉靖十三年起长达三十余年不视常朝，但是，他"虽深居渊默，而张弛操纵，威柄不移"（谈迁《国榷》卷六十四），即便严嵩等内阁首辅以宰相自居，都只是权倾一时，只是嘉靖遥控朝政的工具。

倘若嘉靖帝感恩杨廷和，为之赐祭葬和给谥号，只是一句话，也不会涉及其他人的利益。但是，他不愿意为之，宁愿将这个美名留与后继之君。

所以，隆庆帝即位后，打着嘉靖遗诏，做了一些拨乱反正的好事。

老子成儿子之美，儿子圆老子之德。

但是，让嘉靖帝无法想象的是，他费尽心思尊父称宗祔庙，却被隆庆帝果断停止了所谓明睿宗（兴献帝）明堂配享之礼，也算告慰了杨廷和遭遇不公平待遇的在天之灵。

5

杨廷和死得很苍凉。

但是，嘉靖帝还得继续为父谋取虚荣。虽然他找到了张璁进入内阁，成了附和的帮手，但儒家道统还是延缓了他尊奉亲爹的进程。

直至嘉靖十七年，朱厚熜才成功地尊其生父为睿宗知天守道洪德渊仁宽穆纯圣恭简敬文献皇帝，弄成了正式皇帝的死后规模，并将其牌位升祔太庙，排在武宗之上。

嘉靖帝不想生父绝嗣。

他老爸有两个儿子，大哥夭折，只剩下了他。

毕竟，孝宗传之武宗，确实绝嗣了。

明太庙太祖之下，已有七庙（太宗、仁宗、宣宗、英宗、宪宗、孝宗和武宗），符合传统规制。嘉靖帝要将生父牌位挤入太庙，而又不好将武宗牌位祧出，更不能学篡汉的王莽改为九庙（将惠帝、代宗升祔），于是在太宗的尊号上做文章。

太宗朱棣，被上尊为成祖，和太祖一样，万世不祧，正好为嘉靖帝升祔其父腾出了一庙。

嘉靖帝这样改，是按了"祖功宗德"的规矩，以朱棣发动靖难一役，造反有理，篡位有功，而改宗为祖。朱棣的篡位，第一次改变了永乐—嘉靖世系的命运，否则他们只是小宗，开枝散叶，说不定到了朱厚熜这一代，只是一个没落的闲散宗室。

成祖之后，皆为守成之君，没有开疆拓土之功，不能改尊号。英宗发动夺门之变，废黜捡漏称帝的代宗景泰帝，重续绍基垂统，第二次改变了嘉靖帝世系的命运，也算是有巨功，但于国家而言，英宗只是复辟，其曾经险致亡国不失为一大耻辱。

嘉靖帝不敢进一步侮辱自己的曾祖父篡位。

为了将生父称宗祔庙，嘉靖帝不是没有再遇到阻力。

当他在嘉靖十七年六月抛出这一计划，责成礼部尚书严嵩和群臣，汇集东阁商议，但得到的反馈意见，不合圣意。

于是，他专门写出一篇《明堂或问》，诘难不配合的严嵩，迫使他"尽改前说，条画礼仪甚备"（谷应泰《明史纪事本末》）

严嵩开始改变方式，尽力迎合圣意："古者父子异昭穆，兄弟同世次。"他罗列殷有四君一世而同庙，晋则十一室而六世，唐则十一室而九世，宋太祖、太宗同居昭位。

严嵩扯出这些，即以前事为据，以朱祐杬为孝宗亲弟，可以供奉于孝宗之庙。

嘉靖帝对此同祔一庙的提议，并不高兴。他明白严嵩之举，其实是将其父配享。

于是，他开导严嵩："太宗靖难，功与开创同，当称祖以别之。"

严嵩脑洞大开，马上高唱赞歌："古礼，宗无定数；祖非有功者不得称。我文皇定鼎持危，功莫大焉，尊称为祖，圣见允宜。"

皇帝英明。

巧臣识趣。

他们把朱棣的靖难造反，奉为开创之功，而又不能再弄一个太祖，于是就想到成就帝业，弄了一个成祖的新庙号。

嘉靖帝之所以如此煞费苦心，给出的理由是，他老爸生了他，是一个大德之人，就足以称宗。

他们实现了君臣同心，改太宗庙号为"成祖"，尊献皇帝庙号为"睿宗"，并奉睿宗主谥太庙。复配享上帝于玄极宝殿，奉睿宗配享。

没做过一天皇帝的朱祐杬，在太庙中拥有了独立的专庙。

父凭子贵。

严嵩的狡猾，换得了嘉靖的龙颜大悦。

很快，嘉靖帝将首辅夏言革职，加严嵩少保兼太子太保、礼部尚书兼武英殿大学士，入阁参与机务，扶摇直上，成了独专票拟的首辅。

严嵩除了贪黩成性外，最大的能耐，就是能写一手歌颂玉皇大帝的马屁词，以及把嘉靖帝的心摸得舒舒服服。他还有一个最大的优势，就是生了一个绝对聪明的儿子严世蕃，能够读懂嘉靖帝鬼画符的潦草字迹，而且能够代父回奏写得熨帖帝心。

嘉靖帝用权术玩弄严嵩，严嵩也有技巧玩弄嘉靖帝。

各取所需。

6

嘉靖帝在位四十五年，也在深宫里躲藏了三十多年，将明朝皇帝传统的庸政懒政发挥到了极致。

他的最大成功，不是所谓的嘉靖中兴，而是大礼议事件。

行为至此，或许有人质疑，嘉靖帝拿来大做文章的朱棣，篡夺侄儿建文帝的皇位，成了成祖。而作为大明王朝的第二任皇帝朱允炆，却不能按历朝历代的惯例，成为太宗，而只是惠宗？

按帝制中国的皇帝古谥法，祖功宗德，是后继之君上尊大行皇帝庙号的基本原则。

大明开国皇帝朱元璋去世后，皇太孙朱允炆即位，第一时间上尊皇祖朱元璋为太祖高皇帝。若不是四年靖难，燕王朱棣造反成功，篡夺侄皇帝位，大明太庙中的太宗之位，定然属于第二任皇帝建文帝朱允炆。

朱允炆也早早地为自己预留了太宗的位置。他在尊谥皇祖的不久之后，将其六年前病逝的父亲故太子朱标追尊为孝康皇帝，庙号兴宗。太宗这一宗字序列的最高美誉，建文帝是要留给自己的。

遗憾的是，靖难之战打了四年，建文帝占有最佳优势和最强兵力，却因严重缺乏战斗策略和统兵大将，加之谋臣黄子澄中途推荐草包将军替代洪武老将耿炳文，导致中央军一败再败，重损数十万兵力。最后，燕王靖难成功，建文帝制造了自焚的事实。

朱棣不但不情愿尊谥侄儿任何庙号，就连其曾经非常敬重的大哥朱标的兴宗庙号也给褫夺了。建文帝的忠臣梅殷、黄彦清等人，曾为之私加庙谥，追谥孝愍皇帝，庙号神宗，却不得行。

二十一年后，朱棣病逝，皇太子朱高炽即位，为自己的老爸朱棣上庙号太宗，使其如愿以偿。

一百多年过去，以小宗入承大统的嘉靖帝，为将生父兴献王挤入皇帝序列和太庙，掀起一场大礼议事件，不惜将朱棣的靖难篡位歌唱为开疆拓土的再创之功，成功改太宗为成祖。

明朝的太宗，因为政治需要而被闲置，故而明朝没有太宗。

而建文帝的惠宗庙号，为明朝正统覆灭后，偏安的南明弘光帝朱由崧修复明朝皇帝体系，将被废的真皇帝恢复庙号，追尊建文帝为惠宗。

惠者，惠及他人也。没有他的"恩惠"，贸然削藩引发靖难一役，也就没有朱棣世系帝业的世袭罔替，也就没有朱由崧作为皇室近支被拥立为流亡政府的皇帝。

弘光官方加庙谥，流转近百年，得到了清朝乾隆的认可，追谥其为恭闵惠皇帝。

弘光最初的举措，并非最早的官方行为。《明史·恭闵帝本纪》曰："正德、万历、崇祯间，诸臣请续封帝后，及加庙谥，皆下部议，不果行。"万历神宗，即为弘光帝的祖父。弘光帝也算是完成了皇祖迫于臣下众议而未竟的政治任务。

"世间已无张居正"的万历十五年

1

虽然《明史》说"明之亡，实亡于神宗"，但那是神宗中后期以降的明朝日益腐败的悲剧现场。而其初期张居正未完成的改革，还是让万历政绩在中国历史上有值得圈点之处。他幸运地遇到了张居正。

史学大家梁启超说，张居正是"明代唯一的大政治家"，肯定了他为明朝中期中国引领世界起到的作用。

万历之初，明朝经历了新一轮百废俱兴、欣欣向荣的十年，是天才改革家张居正殚精竭虑、改革进取、不怕冒险所致。这一点，是值得历史铭记的。

2

张居正少年便"颖敏绝伦"，被曾轻视他的湖广巡抚顾璘视为"国器"。

荆州人张居正是一个美男子，颀面秀眉目，长须飘飘及腹，活脱一个比关云长长得要帅的美髯公再世。他有关公勇敢任事、豪杰自许的一面，同时兼具深有城府、深不可测的特征。这样的人，按理不会大意失荆州。

徐阶青睐他，严嵩器重他，高拱倚重他，隆庆帝以他为贤士，万历帝奉其为恩师。炙手可热的掌印太监冯保，更与他默契，相互支持，各取所需。

可以说，张居正有大才大略，秉公持正，然而为了施展抱负又八面玲珑，精通权谋。万历初，张居正是内阁次辅，但他未雨绸缪，在同首辅高拱矛盾白热化的当口，接受皇帝大伴冯保搭线，主动"尊皇后曰仁圣皇太后，皇贵妃曰慈圣皇太后，两宫遂无别"，提前赢得皇帝生母李贵妃的支持。李太后投桃报李，搬进乾清宫抚养和监督幼主的同时，将执政大权悉数委任张居正。

他大展拳脚，玩起了著名的政改"考成法"与税改"一条鞭法"。

万历元年十一月，张居正上疏实行考成法，以六科控六部，再以内阁制六科，改变以往"上之督之者虽谆谆，而下之听之者恒藐藐"的拖沓现象，明确责任，赏罚分明，提高各级部门的办事效率，使朝廷政令畅通。

万历四年，张居正规定地方官征赋试行不足九成者，一律处罚。同年十二月，据户科给事中奏报，地方官处降级者，山东十七名，河南两名；被革职者，山东两名，河南九名。各级官员惧于降罚，不敢懈怠，督责户们把当年税粮完纳，改变了拖欠税粮的状况。

万历九年，张居正下令，在全国范围内实行"一条鞭法"，简化赋役的项目和征收手续，使赋役合一，出现"摊丁入亩"的趋势，改变了极端混乱、严重不均的赋役制度，减轻了农民赋役负担。御史姚仁中上疏说："顷行一条鞭法。通将一省丁粮，均派一省徭役。则徭役公平，而无不均之叹矣。"清代的地丁合一制，就是"一条鞭法"的发展。

张居正主张农商并重，不随意增加商业税，提出"省征发，以厚农而资商；轻关市，以厚商而利农"，顺应历史发展潮流。

张居正执政十年，清丈田地，激励生产，"太仓粟可支十年，周寺积金，至四百余万"。他任用戚继光、李成梁等名将镇守北边、"力战却敌"，用殷正茂、凌云翼督抚两广、平定西南叛乱。

张居正以尊主权、课吏职、信赏罚、一号令为执政原则，强化政令畅通，"虽万里外，朝下而夕奉行"。后来，万历帝学其祖父嘉靖帝，长时间躲在深宫不临朝，而国家发展稳定，也是躺在张居正建立的繁荣盛世上吃老本。

万历十年六月二十日，五十八岁的张居正病逝，神宗为他的"元辅张少师先生""太师张太岳先生""辍朝，谕祭九坛，视国公兼师傅事"，赠上柱国，谥文忠，命四品京卿、锦衣堂上官、司礼太监护丧归葬。

"世间已无张居正。"黄仁宇《万历十五年》如是说。

3

对于张居正的死，各有说法。

一般认为他是累死在工作岗位上。他执政十年，开创了繁荣的"万历中兴"。对其死，《明史·张居正传》写了不少，但都没说到实质：张居正病重，万历帝颁敕下谕问情况，从内库拨巨款作为医药费用；他处于昏迷，不能自主，至死。

张居正死于何病，不见正史，而笔记多有论证：有死于痔疮手术不成功说，有功高震主死于万历授意毒杀说，还有死于服食春药纵欲过度说。

生于万历六年的沈德符在《万历野获编》卷二十一中云：宇宙间真何所不有，媚药中有种腽肭脐，俗名海狗肾。其药效猛烈，用一公狗试验，效果明显。此药出自山东登州海中。张居正为首辅时，晚年侍妾太多，精力不济，于是喜欢用春药。蓟州总兵官戚继光守登州时，专门指派渔民，到黄海捕获一种名叫腽肭兽的海兽，取其睾丸，即海狗肾，定期送往北京给张居正熬汤喝。张居正喝了此汤后，奇热攻心，亢奋无比，就算在大冷天，头顶也发热，不需戴上貂皮帽子，以致其他官员也效法。在风雪寒冬的天气里，一律不戴帽子，形成京城的奇特风景。最后，张居正因疯狂纵欲和服食春药而暴毙。

沈德符此说，同样见诸王世贞的《嘉靖以来首辅传·张公居正传》。王世贞是张居正和戚继光共同的好友，他说张居正每天吃戚继光敬献的海狗肾，而且戚继光花费千金购得两名波斯美女阿古丽、布丽雅，对老上司进行性贿赂。

王世贞还说，张居正曾向亲信帮手、兵部尚书谭纶求教房中术。谭纶死于纵欲过度，死前还警告张居正慎重，但张并未理会。明朝中晚期从皇帝到士大夫，妻妾成群，嫖娼宿妓，使用春药已经蔚然成风。

4

张居正死后第四日，御史雷士帧等七名言官弹劾张居正生前推荐接替首辅的武英殿大学士潘晟。万历帝马上做出反应，命潘致仕。

冯保长期服侍万历帝，得了张居正不少宝物，如名琴七张、夜明珠九颗、珍珠帘五副、黄金三万两、白银十万两，显然是巨额财产来源不明。冯保后来又花费巨款，给自己建造了生祠，张居正写了《司礼监秉笔太监冯公预作寿藏记》，对他歌颂不已。而万历帝十八岁时，曾醉酒调戏宫女。冯保向李太后告状。太后愤怒之余，差点废掉神宗帝位。太后命张居正上疏切谏，并替皇帝起草"罪己诏"，又罚他在慈宁宫罚跪六小时，年轻气盛的万历帝因此对冯保、张居正怀恨在心。

万历十年十二月初八日，江西道御史李植弹劾冯保十二大罪状。太监张鲸、张诚趁机陈述冯保的罪恶。万历朱批："冯保欺君蠹国，罪恶深重，本当显戮。念系皇考付托，效劳日久，故从宽着降奉御，发南京新房闲住。"冯保谪死于南留都。

接班人和盟友相继出局，言官们联合向张居正发力，攻击他独断专行、生活奢靡、表里不一。尤其他擅权僭越，无视帝权，着实欺君藐主，正中亲政后要独大帝权的万历下怀。万历下诏，夺上柱国、太师，再夺谥号，贬黜张派官员，召还张的政敌，还派锦衣卫抄家，剥夺其官秩，收回所赐玺书、四代诰命，以罪状示天下，还说张居正本应"剖棺戮尸"，姑且念他对朝廷效劳有年，而不执行。

张居正死前，万历帝还说"先生大功，朕说不尽，只看顾先生的子孙"，但一旦下定决心清算张居正时，荆州太守下令，先期录好多少人口，封锁出口，将其子女驱赶到空房子里，饿死十余人。张居正的长子、礼部主事张敬修经不住酷刑，被迫自诬存了三十万金在谁那里，然后上吊，牵连无辜。另外还将张居正的弟弟及几个孙子贬戍边地。

万历严惩张居正，不是没有原因的。

朱翊钧十岁登基，李太后代为听政，训斥万历帝时，总说"使张先生闻，奈何？"足见，万历很忌惮严苛的张居正。

万历帝年幼好玩，用度奢华，张居正总劝止不允。万历七年，神宗向户部索求十万金，以备光禄寺御膳之用，张居正上疏据理力争，言明户部收支已经入不敷用，"目前支持已觉费力，脱一旦有四方水旱之灾、疆场意外之变，何以给之？"他要求神宗节省"一切无益之费"。结果，还连宫中上元节灯火、花灯费也免除了。

万历想重修慈庆、慈宁二宫及武英殿，张居正又是不同意，以戒奢侈谏阻。

纂修先皇实录，例得赐宴一次。张居正辞免赐宴，说："一宴之资，动之数百金，省此一事，亦未必非节财之道。"

他将为明神宗日讲的时间放在早上，免晚上的灯火费。张居正借日讲对万历说："上爱民如子，而在外诸司营私背公，剥民罔上，宜痛钳以法。而皇上加意撙节，于宫中一切用度、服御、赏赉、布施，裁省禁止。"

教育皇上要做一个勤俭的表率，而张居正本人又患了另一种享乐病。他每天早晚抹香涂脂，衣服每天换一套。父死归葬，张居正奔丧所乘的32人抬大轿，为老家知府特制，前有客厅，后有卧室，还有回廊，豪华精致，侍立金童玉女焚香挥扇。这是地方官送给他的，他不及时制止，反而欣然笑纳，满以为是衣锦还乡的顶级荣耀，被时人传为新闻。满足虚荣，也是一种变相的受贿。

明朝法律规定，抄家之罪有三条：一是谋反，二是叛逆，三是奸党。曾被张居正罢免回家的左都御史赵锦上疏，说张居正"未尝别有异志"。万历帝索性给张居正弄出"诬蔑亲藩、钳制言官、蔽塞朕聪、专权乱政、罔上负恩、谋国不忠"等模棱两可的罪名，对其抄家。

执行抄家的人在京城张府没有搜出多少金银，贪财的万历帝不甘心，于是派司礼太监张诚去荆州查抄张氏老家，发现张居正诸子兄弟私藏"黄金万两，白金十余万两"。张居正自持其身，"严饬族人子弟，毋敢轻受馈遗"，但没有彻底管住他的亲属收礼，积蓄家财。他的家人也因为他的疏于管束，竟然敢将被废的皇家宗亲王府据为己有，后以建坊银两折价购买，被辽王次妃王氏上疏，指说："庶人金宝万计，悉入居正府。"

张居正是不干净的。早在万历四年正月，御史刘台就弹劾权势炙热的张居正，说张居正诬告辽王后霸占其府第，为子弟谋求乡试中第而对考官升职，在江陵修太师府形制与宫中禁地一般，极尽奢华。张居正的贪婪，不在文吏而在武臣，不在内地而在边地。而对于谈论他和他家人奢侈妄为的人，动不动就治罪贬黜。

刘台发问：辅政不久，就富裕甲全楚，有什么办法能达到呢？宫室舆马与姬妾，等同于藩王，又是怎么得到的呢？

虽然张居正为自己辩护，反说刘台有罪而挟私报复，拿着辞职逼迫万历帝严惩举报者。张居正假意援救，却授意亲信弄死刘台，还将其老父兄弟治罪。

四壁光亮灯下黑，打铁还需自身硬。张居正的两面性，不失为一面镜鉴。

5

张居正被万历皇帝称为"元辅良臣"，有御书为证。

万历期待张居正做好辅臣的本分，然而张居正利用万历年幼，辅政十年，基本掌控了朝廷军政大权，就连死前还不忘指定心腹礼部尚书潘晟入阁做武英殿大学士，作为接班人执行自己的方针政策。

可以说，作为明朝唯一在生前受封太傅、太师双份顶级殊荣的张居正，是大明王朝最有权势的内阁辅臣。

威权震主，祸福相依，张居正却不以为然，致使日益成熟的万历帝怀恨在心。

万历帝是一个贪权好货的主，被户部给事中田大益公开批评"以金钱珠玉为命脉"，但在张居正独揽大权、代行皇权的阴影下，被逼得敢怒不敢言。

张居正倚仗万历生母李太后与掌印太监冯保的支持，主持裁决国家要务，严明冷酷。

当初，张居正为扳倒首辅高拱，曾指使与高拱矛盾激烈的冯保，将高拱于先帝穆宗驾崩时，在内阁痛哭时的一句忧虑之语："十岁太子，如何治天下"，擅改进谗于两宫皇太后之前："斥太子为十岁孩子，如何作人主"，使"后妃大惊，太子闻之亦色变"（《明史·宦官二·冯保传》）。忠臣忧愤之言，成了权奸侵害之据。

升作首辅的张居正，很快忘记了君臣有别，也不知稍微收敛，独专权柄，几近震主，结果死后没过几天，便被迅速掌权的万历帝下令抄家议罪，褫夺生前所赐的玺书、诰命等一切恩典，并将罪状颁示天下。如果最后不是迫于朝野的舆论压力，万历帝势必对张居正进行拟定的开棺鞭尸。

万历帝对这位"元辅张先生"，已经恨到了极致。这其中既有万历帝的以怨报德，也有张居正的作茧自缚。

但是，万历首辅张居正并没有被万历帝开棺鞭尸。

《明史·张居正传》记载："后言者复攻居正不已。诏尽削居正官秩，夺前所赐玺书、四代诰命，以罪状示天下，谓当剖棺戮死而姑免之。"

万历十年六月二十日，张居正病逝，万历帝为之辍朝，下谕以九坛祭祀，视同国公兼师傅，赠上柱国，追谥文忠。这已是明朝大臣去世后的最大哀荣。

就在张居正死后的第四天，御史雷士帧等七名言官弹劾张居正推荐的新任武英殿大学士潘晟。万历帝命潘致仕，使之还未入阁上任就遭到罢黜。这是万历帝要对前首辅张居正清算的信号。

言官们把矛头直接指向张居正。神宗下令对张居正抄家，并削尽其官秩，追夺生前所赐玺书、四代诰命，以罪状示天下。张居正险遭开棺鞭尸，还是万历帝最后网开一面。

张居正不失为一位改革大才。无论在朝政处理、财赋改良、经济繁荣上，还是在边疆治理、民族矛盾、海防防御上，他的改革都取得了一定的成效。明朝官修的《明神宗实录》公开承认张居正"受顾命于主少国疑之际，遂居首辅，手揽大政，劝上力守祖宗法度，上亦悉心听纳。十年内海寓肃清，四夷詟服，太仓粟可支数年，囷寺积金

351

至四百余万，成君德，抑近幸，严考成，综名实，清邮传，核地亩，询经济之才也"。

但是，张居正干了欺主年少之事。他当国十年，高度集权，实为绝对揽权，充分利用万历之母李太后、太监头子冯保的支持，不但包揽了万历帝的军政大权，而且对年轻的皇帝十分严苛，借首辅兼师傅之职苛求万历敬畏，如此一来，"威权震主，祸萌骖乘。何怪乎身死未几，而戮辱随之"（《明神宗实录》）。

至于后来万历帝同太监张鲸、张诚和言官羊可立等弄出的张居正诸多非法问题，如构陷辽王下狱，侵占王府财物，那都是打击张居正的政治需要。毕竟，张居正权力大了，柄政独专，日益偏恣，也是事实。

6

作为张居正的继任者，张四维是张居正推荐入内阁的，是否真的逼死了张居正的儿子？

有人提出了质疑。

张四维入阁拜相，是因其本身才智过人、能力出众，熟悉朝章、军务、国赋、人事等，是个难得的全才，深得张居正的赏识。万历三年（1575）三月，张居正请增置阁臣，引荐张四维出任礼部尚书兼东阁大学士，入阁参与机务。张居正不但安排他入阁办事，而且让他继续给年轻的万历帝讲授经史。

万历前十年，张居正为首辅，独掌大权，几近震主，张四维虽受倚重，先后晋文渊阁大学士、武英殿大学士，主持万历大婚，被加少保、柱国少傅兼太子太傅等，但他在张居正的一言堂时代，配合推行"一条鞭法"等新政，长期处在窒压状态。

他不是张居正的人。他最初崭露头角，还是仰仗张居正的头号政敌高拱的举荐。张居正看好申时行，视为理想的接班人，于万历六年三月回家葬父临行前，将其由吏部右侍郎升为左侍郎，兼东阁大学士参与机务。张居正弥留之际，又答应冯保违规地以首辅推引潘晟入阁。冯保想把这个与自己有师谊的潘晟举为首辅。

张居正死后，万历帝命张四维为首辅。张四维一改张居正时代的繁苛制度，以宽仁行政，并使受张居正排挤或罢官的重要人物复职。

张四维为人还算耿直，反对太监冯保要封己为伯爵，遭到诽谤攻击，同时他又谏阻大权在握的万历帝要责罚延误贡金日期的云南地方官、诏取云南旧贮矿银二十万两和江西制精巧陶瓷器物十余万件。

张居正长子张敬修死于万历十一年。张四维为首辅，但执行者为协助万历帝要彻底清算冯保、张居正的太监张诚、张鲸。万历帝好货，二张太监怂恿他先抄了冯保的家，收获颇丰，继而二张怂恿万历帝抄张居正的江陵老家，只抄得黄金万两和白银十余万两，比预计的要少很多。张诚交不了差，于是抓了张敬修拷问，硬逼他承认还有三十多万两白银分别藏于曾省吾、王篆、傅作舟等人家中，累及无辜。

张敬修为逃刑而诬告他人，自知凑不齐还会被追责，于是上吊自杀了。

张四维作为张居正的老同事，又得益于张居正援引入阁，却没有站出来为张家说话，一是为了自保避嫌，二是泄愤作壁上观。

至于传说中张居正死后，被抄家灭门，也只说对了一半。

被抄家是实，但没有被灭族。

言官纷纷弹劾张居正，万历帝下令抄家，并削尽其官秩，追夺生前所赐玺书、四代诰命，以罪状示天下，还差点开棺鞭尸。万历帝命刑部右侍郎丘橓前往张居正老家荆州抄家。

荆州太守下令，先期录好多少人口，封锁出口，在钦差还没到来时，就私自做主，将其子女驱赶到空房子里，饿死十余人。

长子张敬修死于自杀。

次子张嗣修被流放雷阳。

三子张懋修投井自杀未遂，又绝食不死，被发配边疆。

四子张简修被贬为庶民。

五子张允修活到了崇祯十七年，因张献忠攻陷荆州，誓死不从而自尽。

　　六子张静修被送至应城避难，后娶妻生子，以舂米身份遮掩，至康熙朝已发展成米商大户。

　　其弟和几个孙子，都只被流放，而没有砍头。

孙承宗怎样炼成"没金银孙阁老"

1

万历四十三年（1615）五月初四晚，大明王朝皇太子居住的慈庆宫，发生了一桩大案。

一个手持枣木棍棒的汉子，闯进宫门，将守门内侍李鉴打伤，继续往前殿闯，被内侍韩本用等擒获，将他移交给驻守东华门的指挥使朱雄看押。

此案，即震动大明的三大疑案之一"梃击案"。

第二天是端午节，太子朱常洛心情很紧张，赶紧将案发过程报告给明神宗。明神宗即万历帝，下旨法司审问。巡皇城御史刘廷元成了审判官。

法司严讯，犯人招供，他叫张差，蓟州人，是个吃斋讨封的人。张差像个疯子，却很狡猾。说一点，藏几分，弄得刘廷元无计可施，只好移交刑部。刑部审了很多次，还是没有结果。直至五月二十一日，刑部会集十三司司官和原来的审判官再次会审，张差突然变成供认不讳，直指内侍庞保和刘成指使。他说，庞、刘二太监告诉他：你打了小爷，就吃穿不愁了！

小爷是谁？朱常洛也。

庞保、刘成，是郑贵妃的执事太监。没有郑贵妃的命令，庞、刘没有这个胆。

朝臣猜测：神宗宠爱的郑贵妃想谋害太子。

郑贵妃的背后，站着明神宗。

棒打太子，株连九族。但有皇帝的默认，另当别论。

明神宗的后妃不少，但给他生了儿子的女人不多。皇后王氏只生了皇长女。皇长子朱常洛，是他在万历九年某天去慈宁宫请安，太后不在，一时兴起，抓了个宫女滚地板结了果。

神宗不喜欢宫女所生的皇长子朱常洛，而要另立宠爱的郑贵妃生的老三朱常洵（老二出生即死）。大多数朝臣按明朝"立嗣立长"祖训，拥戴皇长子，与神宗的想法冲突。朝臣们得到了慈圣皇太后的支持。慈圣皇太后即当年支持张居正执政的李太后，神宗生母。

李太后支持皇长子做皇太子，原因有三：一、不违背祖训；二、自己的宫女所生；三、她也是宫女出身。

朝中上下也因此分成两派：

一边是群臣众议之，背后是传为"九莲菩萨"的后身李太后。

一边是爱妃的爱子，神宗是坚定的支持者。

明神宗迟迟不立太子，群臣忧心如焚。这起国本之争，争论了十五年，直到万历二十九年，朱常洛才被封为太子，朱常洵封为福王。但朱常洵不离京就藩。

他在等待！

国本虽定，但斗争不断。

为了这一场皇家的争论，内阁先后有申时行、王家屏、赵志皋、王锡爵四任首辅被迫辞职，十余名尚书级别官员、三百多名中央及地方官员被处理，其中的一百多名官员遭罢黜，论罪下狱，发配充军，牵连甚广。

梃击案发后，张差的口供，让郑贵妃担心三法司会审庞保、刘成，怕他们说了不该说的，于是以朝议汹汹，向神宗哭诉，请他出来打压。

明神宗工于心计，但要面子。自己出来，无疑是此地无银三百两。他说此事必须由太子出面才好解决，要郑贵妃亲自去求太子。

贵妃遂向太子表态不是她干的，太子承诺这件事只处理张差一人就够了。

最是无情帝王家。

权力场上无父子。

明代文人沈德符在《万历野获编》中记载，万历帝召首辅方从哲、次辅吴道南进宫商榷。方从哲只是磕头，一语不建。吴道南也不敢说一句话。万历大怒，一旁的御史刘光复越次进言，被万历命群阉哄聚围殴，吓得吴道南倒地僵卧，小便失禁。

万历也是一个长时间不和臣子碰面的主，但一旦碰面不免喜怒无常。他年轻时，曾将帝师兼首辅的张居正，弄得身败名裂。张师之后，万历就是真正的天子。

天威难测。

出宫后，身为礼部尚书兼东阁大学士吴道南找到东宫属官孙承宗，问此事该怎么处理。一品重臣、朝廷柱石，都知道办事人员孙承宗有能耐。

孙承宗客套一番，马上说："事关东宫，不可不问；事连贵妃，不可深问。庞保、刘成而下，不可不问也；庞保、刘成而上，不可深问也。"（《明史·孙承宗传》）好一招不可不问、不可深问，既捍卫了太子权益，又震慑了郑妃嚣张气焰。

处理不慎，明神宗难免会逮到了机会易储。

这一桩著名的宫廷大案，却这样就被孙承宗巧妙地解决了。

梃击案生后，迫于朝臣的压力，福王终于去了封地洛阳。二十八年后，李自成攻克洛阳，将肥胖的福王杀死，还被传闻成"义军活煮分食朱常洵"的骇人事件。朱常洵因为孙承宗的一句话，彻底没能成为神宗的后继之君，但他的儿子朱由崧（弘光帝）创建南明政权后，追封其为恭宗孝皇帝。当然，朱由检在位时，对这位差点抢了其父朱常洛的储位和帝位的叔王，尊之以礼，死后一切丧礼较其他藩王倍厚，赐谥曰恭。此为后话。

明神宗为了安抚太子，将其母王恭妃封为贵妃，不久进位皇贵妃，高了郑贵妃一个等级。至此，明神宗不想再争了。

争帝位，兄弟阋墙，父子阋墙。

野蛮偷袭，是谁兴风作浪？

有人怀疑，梃击案是太子玩的苦肉计。不然，张差持棒，又是怎样混进守卫森严的几道宫墙？若真是郑妃指使，仅仅打一下而不是杀掉太子，只会打草惊蛇、震动朝野，而将所有的矛头指向一直阴谋废储的她。难道她想敲醒太子煽动朝臣对她反戈一击？

苦肉计的主意，或许出自聪明的孙承宗。他要借敲打案引发支持太子的大臣们，敲山震虎，让明神宗怀疑郑贵妃的隐秘，又将朱常洵赶出京城。一箭双雕。

孙承宗两不得罪又不使神宗为难地处理了梃击大案，彻底解决了皇帝与内阁持续近二十年的国本之争（"太子者，国之根本"）。他是有大谋略的，为内阁辅臣们解决了最大的难题，必然会受到他们的关注和举荐。

两年后，孙承宗被破格简任，主持应天乡试。这是一品大员干的事情，试题上还写了孙承宗的语录。这遭到了政敌的忌恨，试图利用官员每三年一次的考核将他逐出京师。学士刘一燝力保孙承宗，使他得以相安无事，继续任职东宫。

2

不走，就是机会。

万历四十七年七月，万历帝驾崩。八月，皇太子朱常洛继位，是为明光宗泰昌帝，做了一些拨乱反正、廓清陈弊的好事，但很快被自己的宠妃李选侍指使太监进呈红丸，冒称仙丹，实则"通利药"（大黄），一昼夜连泄三四十次，衰竭而崩。

这是明朝历史上著名的"红丸"案。

朱常洛还没来得及使用议定的泰昌年号，仅做了一个月天子。他的皇长子、十六岁的朱由校即位，是为熹宗。顾命大臣方从哲、刘一燝、韩爌等辅政，立即安排东宫属官孙承宗以左庶子充当日讲官，给天启皇帝当老师。

朱由校每天听孙承宗讲课，感觉受到了启发，于是对孙师傅特别关照。方从哲、刘一燝、韩爌等先后遭政敌弹劾，或为魏阉诬陷，被迫辞职下野，但孙承宗如日中天，成了重臣。

韩非说：宰相必起于州部，猛将必发于卒伍。

孙承宗是从基层走出来的，最早在县学教授经学。他不是行伍出身，却喜欢关注边情，同边关老兵交谈，了解边关防务。他还没正式走上仕途，就在为日后军国大事操心操劳夯基础！

他长了一副武将军的模样。《明史·孙承宗传》说他："貌奇伟，须髯戟张。与人言，声殷墙壁。"胡须张开像戟一样，声音浑厚如墙壁一般，活脱一个猛张飞再世。

有武将形象，有文士学识。

万历三十二年，孙承宗以榜眼的好成绩，进入翰林院做编修，不久被安排到东宫给太子做中允。孙承宗与朱常洛后来出生的两个王子朱由校、朱由检都是熟悉的。

从某种意义上讲，孙承宗是保住朱家父子接班的恩人。

朱常洛早逝，没及时给自己的谋士安排一个好职位。当年，张居正一飞冲天，平台就与孙承宗相当，在东宫里走动。故主已矣，但幼主却爱听孙老师讲故事。

讲故事，也是机会。

天启帝昏聩，沉迷木工，爱看傀儡戏，也甘做秉笔太监魏忠贤操控的傀儡皇帝，然而他知道如何保护自己的老师。朝臣以孙承宗懂军事，熟边务，奏请天启帝任命他做兵部尚书。朱由检严词拒绝，第二年索性让他做礼部右侍郎。大家都举荐帝师主管军政大权，放到其他时期，都是皇帝求之不得的事情，然天启帝只给老师安排一个不起眼的职务，看似高干的位置，但责任不大。

质言之，天启帝不想让老师卷入各种各样的权力争斗。

若非广宁一战，明军大败，辽东巡抚王化贞弃城，经略熊廷弼因退守，被论罪下狱。边关危急，朱由校才临危授命，拜孙承宗为兵部尚书兼东阁大学士。

此时，孙承宗虽不是首辅，但是天启帝的定海神针。

孙承宗走马上任，自然要给皇帝学生解决实际问题。他上书直陈这几年疏于练兵，军饷难以核实，文官指挥武将上阵杀敌，权力大，对作战不利，必须加大武将的权力，并选一个有雄才大略的统帅，给他假节大权，可以任命帐下偏将。

学生知道老师的为人，自然支持老师上任先烧几把火：抚恤辽东百姓，精简京师军队，增设永平大帅，修建蓟镇亭障，开京东屯田……天启帝明白这火是为自己的江山稳固而烧的。

孙承宗要为学生排忧解难，首先严惩那些乱作为、无作为的人。他奏请三司会审熊廷弼、王化贞，论罪以正朝纲，同时威慑曲意依从的将领。他请旨亲赴辽东视察，起用袁崇焕，罢免王在晋。

作为帝师，孙承宗知道皇帝身边是些什么样的人，也知道内阁辅臣与魏阉集团争的是什么。他临危受命，为国家，也为皇帝，更为自己的书生报国要谋求一个好的政治环境。他自请为督师，让蓟、辽等地旧将监管各处，见机行事时不必受到其人限制，同时做出方便自主军政的人事安排，并从国库带走八十万钱。

朱由校亲自将老师送出宫门，并赐给尚方宝剑、坐蟒等，命内阁大臣直送到崇文门外。天启帝这样安排，就是要让所有人看到帝师的尊荣，方便他专心经略辽东。

孙承宗就职后，迅速让部将各尽其能，整肃军纪，禁止不合条件的人冒领军饷，将只为吃空饷的雇佣兵全部遣回。

3

老师统兵前线，朱由校开始关注边情，经常派东厂的人到关门，搜集边情回报。

魏忠贤趁机派心腹带着数万武器装备来到关门，又捐出十万两白银和蟒、麒麟、狮子、虎、豹等银币，并送给孙承宗蟒服、白金等。孙承宗不傻，知道魏忠贤表面劳军，实际窥探。他立刻上书给朱由校，称不能让宦官监军。

朱由校回复没什么，孙承宗只好接待。使者到边关后，孙承宗只用茶水招待，但不容他们参与军机。随后，他又巧妙地让天启帝终止总督的推选，以正式的公文任命他这个督师专管经略大权。

孙承宗经略辽东四年，与天津巡抚李邦华、登莱巡抚袁可立遥相呼应，"关门息警，中朝宴然，不复以边事为虑矣"（李逊之《三朝野纪》）。这样的组合，是明末抗击后金而使之不敢冒进的最强团队。

后金袭扰不止，但始终不敢大规模进犯。这却让朝廷的一些人不安了，非议孙承宗有些碌碌无为。只有内行人不说外行话，兵部尚书王永光说："兵家有云，善战者，无赫赫之功！"

孙承宗在辽东，前后修复九座大城、四十五座堡垒，招练兵马十一万，建立十二个车营、五个水营、两个火器营、八个前锋后劲营，制造甲胄、军用器械、弓矢、炮石装备几百万，开疆四百里，屯田五千顷，年收入十五万两白银。

孙承宗功高，魏忠贤眼红，急着要拉拢这位天启帝极度信任且高度重任的帝师，遭到孙承宗拒绝，因而结仇。魏阉专挑时机挑拨君臣关系。对于他人，天启帝一句

"朕已悉矣！汝辈好为之"，但说到孙承宗，朱由校却清醒了，不给魏阉机会。

魏忠贤陷害东林党人，孙承宗要以贺寿为由，请求入朝面奏。魏忠贤急了，怕孙大帅清君侧。魏忠贤伙同党羽，跑到天启帝跟前哭拜，说他没得圣旨擅离防地，不合法度。朱由校连夜召见兵部尚书，派人骑快马阻止孙老师。魏忠贤又假传圣旨给九门的宦官，若孙承宗到了，就将他绑了。

魏阉又枉费心机，孙承宗到达通州接到旨意便返回辽东。魏阉不罢休，指使人请求朝议孙承宗的去留。众人弹劾说他冒领军饷，而吏部尚书崔景荣等说孙承宗好。

往往这样的阵势出现，魏忠贤早已磨刀霍霍，准备借着皇帝的旨意将异见者及其支持者满门抄斩、株连九族。但是，这次天启帝并没有给九千九百岁面子，只是下诏让孙承宗精兵简将，减少军饷，继续督师辽东。

或许是师徒心灵相通，孙承宗正要这份旨意来为自己刚刚做出的决定做最高指示。他已分派诸将驻守锦州、大小凌河、松山、杏山、石屯等地，扩张二百里，将尤世禄、李秉诚等将罢免，裁军一万七千人，节省开支六十八万钱。

不久，魏忠贤阴招不断，孙承宗防不胜防，只好主动请辞。朱由校同意，但加特进光禄大夫。虽是荣誉职务，但暗示魏忠贤，孙承宗就是辞职也是朝廷正一品大员。此外，还封其子世袭中书舍人，赏蟒服，赐银币，并派人保护孙承宗回家。

在图谋报复孙承宗的事件上，魏忠贤一直是一个失败者，他操控的傀儡皇帝每到这时，却显得特别清醒和理智。

4

天启七年八月，朱由校病逝，没有子嗣。其父给他生了六个弟弟，但他们兄弟情短，只幸存了一个婢妾所生、老爸不爱的朱由检。

熹宗遗诏，大臣群议，朱由校身后迎立信王朱由检。奇怪，他们的父亲朱常洛给这兄弟俩取名字成组合，难兄难弟，正好一对。检校成词，代理之意，遗憾是，他们虽然都做了明光宗的后继之君，但都是被代理者。十七岁的朱由检即位，决定第二年改元崇祯。

这就是崇祯帝。死后庙号几个，然而清代史书只称其为庄烈帝，此为后话。

朱由校临终前，特地嘱咐弟弟，魏忠贤"恪谨忠贞，可计大事"。

魏忠贤真有这么好吗？

当时，魏忠贤以司礼秉笔太监提督东厂，他的亲信田尔耕为锦衣卫提督，干儿子崔呈秀为兵部尚书。魏忠贤曾考虑自立为帝，若非崔呈秀劝止，他差点做了中国历史上唯一的太监皇帝。魏忠贤的狼子野心，骗过了傀儡的天启帝，但朱由校的老婆张皇后不好糊弄。她暗示小叔子，不能吃宫中的食物，不能睡魏阉的宫女。朱由检玩着向魏忠贤和客氏示好的障眼法，但不住在宫里，且只吃府中带来、袖中私藏的麦饼。

明枪易躲，暗箭难防。太监不急皇帝急。

你要想成为真正的王，就必须杀掉隐患的狼。

果然，少年天子在灰暗、混乱和不安的情势下继位，心潮澎湃，引而不发，却怀握着重整山河的雄心壮志。他定计让敌人互咬，先拿下魏忠贤和客氏，命其自裁，然后弄了一个阉党逆案，用大网将魏忠贤的人淘了一遍。

一批人落网了，崇祯帝要起用另外一批人。曾遭孙承宗建议罢免的王在晋，被魏忠贤下放到南京做吏部尚书，得以召回，一月之间，先做太子太傅兼刑部尚书，再以太子太保兼兵部尚书。王在晋成了重臣，有了大权，借机诋毁孙承宗，阻拦他复出。

应该是崇祯帝问过，先帝的孙老师怎么了。

公器，成了打击政敌的武器。

虽然袁崇焕也是以出卖王在晋而取而代之，但他对王威胁不大。他得以重新起用，并于崇祯二年击退后金大汗皇太极，解了京都之围。王在晋放过了袁崇焕，自己的问题却来了。崇祯二年正月，王在晋受张庆臻改敕书事牵连，削籍，归乡。

袁崇焕躲过了王在晋一劫，但更多的冷箭瞄准了他。没多久，魏忠贤余党以擅杀岛帅、与金议和、市米资敌等

367

罪名弹劾袁崇焕，皇太极又趁机实施反间计，朱由检下令将袁崇焕论罪下狱。后金军大举进攻，从大安口直取遵化，快要直逼都城。

京师危急。

明朝危急。

朝中大臣奏请朱由检，召来孙承宗，说只有他才能做到"扶大厦之将倾，挽狂澜于既倒"。崇祯帝赶紧下诏，命孙承宗仍以兵部尚书兼大学士去驻守通州。孙承宗在强敌进犯的情势下，试图在绝境中力挽狂澜，先后组织全国各地来勤王的士兵多达二十万，在蓟门及京畿一带驻扎。

那一年，孙承宗六十七岁！

在日薄西山的年代，把一个被迫荣休归里多年的先皇老帝师，请出来重新担纲大任，无疑是临时性救火。

年近古稀的孙承宗，无疑是老态龙钟、行动迟缓，但他为了国家不顾风烛残年披挂上阵，针对实际情况提出关内外政事如何处置的种种建议。崇祯帝为之振奋，加其太傅，兼领尚书的俸禄，却严重忽略了孙承宗在当时藩镇独立、争权不断的十字路口，也是心有余而力不足。

确实！

在山头争强的情势下，名气大但权力对手下不管用。孙承宗赶赴锦州前线，辽东巡抚邱禾嘉不奉帅令，多次改变出师日期，导致孙承宗派出的大将吴襄、宋伟在长山被后金大军大败。后金大汗皇太极亲率大军猛攻大凌河，孙承宗旧部大将祖大寿粮尽援绝，只好诈降。刚被修好的大凌河，也被毁。

朝中大臣不谙实情，责怪孙承宗修复旧城导致失败，丧师辱国。

崇祯猜忌，不好杀孙，就逼孙走。孙氏回天乏术，于是以病请辞回到高阳老家。

七年后，清军大举进攻高阳，赋闲在家的孙承宗，时年七十六岁，还率全城军民守城。高阳城破，孙公被擒，自缢而死。

有人说，他是清军用马拖死的。

对于他的死，他的学生、著名文人钱谦益有发言权。他在《初学集》中说：孙氏被擒后，"二酋挟公至城南三里圈头桥老营，酋首拥公上座，呼孙宰相。公趺坐大骂臊狗奴，胡不速杀我？一酋汉语者曰：'北朝识好人，待士厚，相公胡不归北朝，辅佐大业，而徒为南朝死？'公叱之曰：'我天朝大臣，城亡与亡，死耳！无多言。'一酋曰：'不降，胡不出金银赎死？'公复骂曰：'臊狗奴，真无耳者，尚不知天朝有没金银孙阁老耶？'公令以苇席盖地，望阙三叩头，叱二酋持缳速缢我。既绝，酋相顾叹息，属所掠老媪：'此孙宰相尸，可善视之。'乃拔营而去"。

劝降不成，可以用钱买命。汉代的刑事制度传到了一千五百年后的后金地界。钱谦益写得很生动，如临其境，犹文学创作。

先不论真实，但在看到孙承宗视死如归的同时，传递出他身为特进光禄大夫、左柱国、少师兼太子太师、兵部尚书、中极殿大学士多个要职，却是一个著名的"没金银孙阁老"，位高权重，清正廉洁，让人感叹唏嘘。此段文字，写于崇祯十五年八月，距其死时崇祯十一年十一月，是第一手资料。后来叙述和猜测孙氏之死，也以此为底本。

此战，他的五个儿子、六个孙子、两个侄子、八个侄孙死于拼杀，家族百余人遇难。

满门忠烈，何其悲壮。

有人称其误国，何其哀哉。

孙承宗有心报国，以身作则正朝廷、清官府、杜私门、破党争、抗强敌，然几番雀跃，机遇短暂，受尽掣肘。崇祯执政，看似作为，却不如傀儡的天启帝，给怀握大才的孙承宗一点实际性的保护和信任。

曾把孙承宗比作"汉则孔明，唐则裴度"的朱由检，闻讯后哀伤悲叹"旧辅孙承宗前劳难泯，死义更烈"，命有关官员从优抚恤，当权派杨嗣昌、薛国观等截留不放，仅复原职、赐祭葬，并未有赠谥。

后人所知孙氏谥"文忠"，这是明亡后南明弘光帝给的。到了清高宗时，乾隆帝念明季殉节诸臣各为其主，义烈可嘉，更冀以褒阐忠良，风示未来，撰写了一本《钦定胜朝殉节诸臣录》，又给孙承宗弄了一个"忠定"的谥号。

很多人不喜欢乾隆帝，但是从他给孙承宗的这个追谥，可见他是敬畏孙承宗对前明的忠诚和坚定。而崇祯帝

对孙承宗，寄予重托而不信任，甚至因一时失利而有无限

怨恨。

民国撬开慈禧陵墓的大盗军阀孙殿英，自称是孙承宗的后人。东陵案发，他自辩："清杀了我祖宗三代，不得不报仇革命。……不管他人说什么盗墓不盗墓，我对得起祖宗，对得起大汉同胞！"他是为祖先孙承宗报仇，还是给明代大人物孙承宗脸上抹黑呢？

哈哈，无耻总是有一个冠冕堂皇的借口。

袁崇焕陷害毛文龙、满桂的背后玄机

1

袁崇焕曾经是一个有准备的人。

万历四十七年（1619），他在科场取胜，成为进士，被安排知福建邵武县。他有雄心壮志，心在北边的战场。但凡有退伍老卒归来，他总是第一时间召见，纡尊降贵，摆酒慰问。

他要问北疆的战事。他在老兵的叙述中，遥想那金戈铁马、短兵相接、两军博弈。

未历战阵，他却分析血的教训，建立自己的问题意识、评价立场和观察角度。

他不甘心偏安东南，于是利用天启二年（1622）入京述职的机会，打通关节，争取到皇帝的召见。他激情澎湃，不想南下了，通过御史侯恂推荐，进入兵部任职。

官职虽小，亦是京官一员。

管事琐碎，等待就是机会。

很快，广宁交锋，明军大败。辽东巡抚王化贞不战而溃，济世良将熊廷弼被牵连下狱议罪。

魏忠贤借机整治东林党，却给了不出名的袁崇焕一个机会。

廷议需派人镇守山海关。袁崇焕看准时机，单骑走边上，查阅关外地形。

他回朝后，立即上言：只要给足我兵马钱粮，我一人就能守住山海关。

兵败的明朝，正需要豪言壮语提振士气。

袁氏狂言，大臣点赞。

袁崇焕被破格晋升为兵备佥事，督关外军。朝廷不给兵，给了他二十万帑金，让他招兵买马。

也正是这样一个机会，使书生报国的袁崇焕，顺利地攀上了天启皇帝的恩师、大明王朝大学士孙承宗，参与经营辽东。

天启六年（后金天命十一年，1626年）正月，孙承宗因魏忠贤拉拢不成，被罢，后金天命汗率兵来犯，新任辽东经略高第和总兵官杨麟胆怯畏缩不前，躲在山海关城楼看风景。

因为强悍的孙承宗被调离，被憋了三年的努尔哈赤，势在必得。天命汗兵临宁远城下，绕过城池进军五里，横截山海关援兵来路。

宁远成了一座孤城。

努尔哈赤将其先前抓获的汉人俘虏放回，让他们带话："汝等此城，吾以兵二十万来攻，破之必矣。城内官若降，吾将贵重之，加豢养焉。"（《清太祖高皇帝实录》卷十）

这是努尔哈赤惯用的政治伎俩，曾经在抚顺城下，顺利地招降明朝第一位投降的游击将军李永芳。努尔哈赤封其为三等副将，并把一个孙女嫁给了他，使他成了后金的汗亲国戚。这也成了努尔哈赤"豢养"投降者的一大样板。

但让他意想不到的是，宁前道袁崇焕回信很硬气：大汗您为什么加兵攻打宁、锦二城？您是既得而弃，而我将您所弃之地重新修复。我现在明确地告诉你，我要坚城固守，又怎么会投降。

袁崇焕还说：大汗您耀武扬威地说自己拥兵二十万来攻，其实也不过十三万人马！"我亦不以来兵为少也！"

袁崇焕手下不过区区数千人，而且无援兵，惊人藐视努尔哈赤十余万众。足见他是一个大胆之人。

果然，这一位大胆的书生，坚壁清野，炮石齐下，竟然凭借新购置的葡萄牙红衣大炮，击溃了来势汹汹的努尔哈赤大军。

努尔哈赤骄傲轻敌，兵败宁远。

努尔哈赤退回沈阳，终结自己自二十五岁起兵，东征西讨，南攻北伐，"战无不捷，攻无不克"，却没想到在宁远这一座孤城面前铩羽而归。虽然后来清朝史官只记载，此战"伤我游击二人，备御官二人，兵五百人"，但袁崇焕、高第等人写给天启帝和魏忠贤的捷报是：斩首二百六十九人。

高第掠功请赏："宁远捷功，奴夷首级二百六十九颗，活夷一名，降夷十七名。"（《明熹宗实录》）

时任蓟辽总督王之臣也报告："计上首虏至二百六十有九，皆得其名，系降夷与回乡所识认者。"

但是，高第随后又报："奴贼攻宁远，炮毙一大头目，用红布包裹，众贼抬去，放声大哭。"干掉了一位大人物，所指努尔哈赤。

斩获不多无妨，袁崇焕却声名鹊起。

努尔哈赤退回沈阳，对诸贝勒大臣说："朕用兵以来，未有抗颜行者。袁崇焕何人，乃能尔焉。"

明廷也要有所表示，命袁崇焕升任辽东巡抚。

操控天启帝如傀儡的魏忠贤，对袁崇焕并不放心，派来了监军。袁崇焕抵制不成，魏忠贤还是送了他一个兵部左侍郎的兼职，以及子孙世荫锦衣千户的特别奖励。

2

一战成名，进入封疆大员之列的袁崇焕，开始骄纵了。

他给后金投书一封："老将横行天下久矣，日见败于小子，岂其数耶！"袁氏得意，溢于言表，时在袁氏幕后的朝鲜文人韩瑗回国后，到处传扬。李星龄《春坡堂日月录》特地记录了袁氏骄傲情态。

他向朝廷提出，要求将总兵官满桂调离。

袁崇焕的宁远之胜，前副将满桂出力不少。他因功扶正，却让袁崇焕耿耿于怀。

替代高第的新任辽东经略王之臣，在满桂去留问题上，同袁崇焕发生了争执。最后，经朝廷协调，袁崇焕总管关外，王之臣调回关内。

王之臣的让步，换得了已调回京师的满桂，镇守山海关。

这样的安排，成就了第二年后金继任大汗皇太极复仇，又兵败于宁锦大战。

袁崇焕为首功，而满桂、赵率教及时出兵援救，也是立了大功。

魏忠贤不想袁崇焕坐大，只奖励了满桂和赵率教，引发袁崇焕愤而辞职。

3

1627 年八月，没有子嗣的天启皇帝朱由校病逝，其十八岁的异母弟朱由检即位，是为崇祯帝。

新皇勤于政事，"内无声色狗马之好，外无神仙土木之营"（江日昇《台湾外记》卷二），给后世的感觉是"千古圣主""中兴令主"的形象。他上台后，不露声色地干了一件大事，解决了盘根错节、体系庞大的阉党一号人物魏忠贤。

魏阉树倒，党羽作猢狲散，罪愆难逃。

内阁首辅建极殿大学士黄立极，天启四年靠以"夜半片纸了当之"一语促魏忠贤于半夜诬杀熊廷弼，被魏阉以同乡给予重用。其他阁臣施凤来、张瑞图等，也是魏阉的忠实粉丝。

山阴监生胡焕猷，弹劾黄氏内阁："身居揆席，漫无主持。甚至顾命之重臣，毙于诏狱；五等之爵，尚公之尊，加于阉寺；而生祠碑颂，靡所不至。律以逢奸之罪，夫复何辞？"（《明史·施凤来传》）黄立极无奈，引咎退休。

崇祯帝命施凤来组阁，引进涉阉人士来宗道、杨景辰入阁。没过几天，御史罗远宾再次举报，施凤来等相继请辞。

崇祯帝决定抽签组织新内阁。李标为首辅，前南京吏部侍郎钱龙锡、礼部侍郎周道登、少詹事刘鸿训等，都封为礼部尚书兼东阁大学士，参与机务。

第一个被抽签的钱龙锡，出任次辅。他极力推荐被魏阉革职的袁崇焕，出任辽东关宁军统帅，巩固边防。

复出的袁崇焕，被崇祯帝开心地召见。袁崇焕虽然没有被加入阁臣的队伍，但崇祯帝直接晋封其为兵部尚书兼右副都御史，督师蓟辽，兼督登莱、天津军务。

这是一个要职。袁崇焕成了新皇帝的红人，成了崇祯帝倚重的军国柱石。

第二年七月，袁崇焕回京述职，崇祯平台召见，慰劳一番后，询问其治辽方略。

袁崇焕说：方略已写进了奏疏。我享受了陛下的特别待遇，感恩戴德，只要您愿意给我便宜大权，我就能"五载复辽!"

五载复辽,崇祯帝为之振奋。

袁崇焕豪言:五年收复辽东,剪除后金势力。

崇祯帝承诺:我要让袁爱卿的子孙永享富贵。

袁崇焕受宠若惊,说"以臣之力,制全辽有余,调众口不足",他一边夸自己的能力,一边向皇帝要权力。

兵科给事中许誉卿问袁崇焕,有何具体计划。

袁崇焕说:这是安慰皇帝的。

原来,袁崇焕口出狂言,大夸海口,其实没做功课。

当然,他在复出的半年里,玩了一些套路。昭梿《啸亭杂录·太宗伐明》记载:"天聪己巳,文皇帝欲伐明,先与明巡抚袁崇焕书,申讲和议。崇焕信其言,故对庄烈帝有'五载复辽'之语。"

他说此话,有两个原因:一是私下和皇太极签订了停战协议,二是意图在辽东拥有绝对权威。

他以十二项罪名越级斩杀了皮岛守将毛文龙,又在京师勤王战中偷袭箭射满桂。

这都是给他出过不少力的战将。袁崇焕能取得宁远大捷和宁锦大捷,毛文龙对后金大军有牵制之功,而满桂有冲锋陷阵的拼杀之功,却因为强悍,而不为其所容。

4

清人修《明史》,不给悍将毛文龙单独立传,而是夹杂于袁崇焕传中，称袁崇焕带着十万两饷银及黄金，以检阅将士为名，来到左都督毛文龙的双岛营寨，推杯把盏过后，袁崇焕突然宣布毛文龙的罪行：

"尔有十二斩罪，知之乎？祖制，大将在外，必命文臣监。尔专制一方，军马钱粮不受核，一当斩。人臣之罪莫大欺君，尔奏报尽欺罔，杀降人难民冒功，二当斩。人臣无将，将则必诛。尔奏有牧马登州取南京如反掌语，大逆不道，三当斩。每岁饷银数十万，不以给兵，月止散米三斗有半，侵盗军粮，四当斩。擅开马市于皮岛，私通外番，五当斩。部将数千人悉冒己姓，副将以下滥给札付千，走卒、舆夫尽金绯，六当斩。自宁远还，剽掠商船，自为盗贼，七当斩。强取民间子女，不知纪极，部下效尤，人不安室，八当斩。驱难民远窃人参，不从则饿死，岛上白骨如莽，九当斩。辇金京师，拜魏忠贤为父，塑冕旒像于岛中，十当斩。铁山之败，丧军无算，掩败为功，十一当斩。开镇八年，不能复寸土，观望养敌，十二当斩。"

其中，只有第五条指责毛文龙擅自在皮岛开设马市，私自和外藩来往，该杀。

袁崇焕只是说毛文龙与后金通商，但没提及朝廷禁止的红衣大炮等武器。

这样私通敌国的大罪，竟然不是袁崇焕要杀毛的首罪。

倒是清末民初的孟森在《明史讲义》对此事，说得很透彻："毛文龙东江之兵，始以朝廷无饷而借口通商，以违禁物与敌为市，敌乃大得其助，而崇焕治兵，请管东江之饷，而文龙拒之，以与敌通市为利，又不欲以领饷而暴露其兵额也。崇焕斩文龙。"

毛文龙在皮岛养了一大批雇佣军和流亡民众，向朝廷索饷每年十万两银子，看似索饷甚多，但养一支在辽东前线拼死战的虎狼之师，还是捉襟见肘的。毛文龙为了养兵及其家属，暗地里与后金贸易，夹带违禁物品。

这给后世对毛文龙留下了骂名。

至于所谓毛文龙私通皇太极的七封信，其中一封还发自于毛文龙死后，被硬说是毛文龙写的。其中有二封盖有"平辽大将军之印"。

毛文龙挂印是"征虏前将军"，山海关总兵赵率教则挂平辽将军印。

将军与大将军，还是有着很大的区别的。

口中和书信中可称大将军，但将军印多出了一个"大"字，就是大问题了：明显造假！

大将军即战时统帅，明朝设了辽东经略，统率军务，又怎么会在其下再设大将军？

如果真有平辽大将军一印，则该是辽东统帅袁崇焕所有。

倘若毛文龙真有投降皇太极之举，那对于要除掉他的袁崇焕来说，必然是最有力的证据。袁崇焕矫旨擅杀毛文龙，崇祯帝并不高兴，为何袁崇焕解释诛杀毛文龙的理由时，不能直接拿出这一把毛氏降清的撒手锏呢？

毛文龙久为清王朝的心腹大患。

清代张廷玉主持修的《明史》说："时大清恶文龙蹑后，故致讨朝鲜，以其助文龙为兵端。"

曾任登莱巡抚的袁可立，是坚决支持毛文龙的后援主力。他曾说："奴酋逆天顺犯，于今七载。赖毛帅倡义，屡获奇捷，大张挞伐之气。据所报功级解验，前后大小三十余战，斩首共一千九十七级数逾，上捷者共五次，总获器械、弓箭等件共五万。当我圣主宵旰之时，人心危惧之日，海外有此奇功，其应陞应赏应恤之官兵相应敕部，行巡按御史覆勘，再为议序，以候俞旨施行。"（王在晋《三朝辽事实录·袁可立题叙毛文龙奇捷疏》）

毛氏不时侵扰后金，且命令朝鲜为后援，让努尔哈赤和皇太极吃尽了苦头。

明天启六年（后金天命十一年，1626年）正月十四日，后金覆育列国英明汗努尔哈赤虽然已有六十八岁高龄，但还是亲自督率诸贝勒、大臣，统领七八万八旗军，从沈阳出发，进攻拥兵百万的大明朝。

明朝镇守锦州、右屯卫、松山、大凌河等八城参将周守廉等，各率部属军民焚房而逃。明朝辽东最高军事长官、经略高第和总兵杨麟拥重兵于山海关，面对前方告急坚决不去救援。

明军主力还在关内镇压农民军，所以八旗军在辽东如入无人之境，所向披靡。

由于明军不组织抵抗，方便了八旗军仅用了九日就抵达宁远城郊，在距城五里处驻扎。

出乎踌躇满志的努尔哈赤意料，这场遭遇战将成为他常胜荣耀史上的一大污点。

书生出身的宁前道袁崇焕和总兵满桂、副将祖大寿坚守抗敌。最后，凭借从西洋购置的红衣大炮，击溃了努尔哈赤的进犯，给了天命汗一记沉痛的教训。

努尔哈赤说："朕用兵以来，未有抗颜行者。袁崇焕何人，乃能尔耶！"（《清史稿·太祖本纪》）

未经战事的袁崇焕，人生第一战就赢了常胜将军努尔哈赤。他凭借红衣大炮与满桂等人的武力配合，同时皮岛的守将毛文龙对后金大军起到了强大的牵制作用。

袁崇焕一战成名，一战建功，一战功成，但是，三年后，已是辽东经略的他，却以十二条可斩之罪，杀了助其成功的一代名将毛文龙。

民间传闻至今仍说，毛文龙私通后金继任大汗皇太极，罪大恶极。

但不知为何，这样足以灭门灭族的大罪，却不见于袁崇焕给毛文龙所罗列的十二条可斩之罪。

毛文龙投降皇太极是子虚之事。倒是袁崇焕暗通皇太极，想稳住后金，而对天高皇帝远的崇祯报告了"五载复辽"的狂言。

5

毛文龙死于非命，满桂死得离奇。

《明史》本传说"满桂，蒙古人，幼入中国，家宣府"，但《崇祯长编》卷四载，满桂上疏"从谓臣西裔孽种，冒建高牙，臣原籍山东兖州府峄县，以祖职世居宣府前卫"。

族群矛盾尖锐，满桂向皇帝力争自己是汉人，而非蒙古人。看来汉官集群强烈的、狭隘的、排外的民族主义区分强烈，国家存亡还得让位于族群等级。

这一份褊狭，使精于骑射的他几次从征，多有斩获，但每次仅获赏银五十两，不能按军令"获敌首一，予一官"（《明史·满桂传》）。满桂赚了不少银子，但年过三十才任总旗，又过了十多年才封个百户长。

明代卫所兵制，袭元制设百户所，统兵百人，百户为正六品，另设两名正七品总旗官。总旗也算正团职，百户也够一个正旅，但按人数，也就今天的一个连建制。明朝军职高配，左都督正一品，还须接受正二品兵部尚书或督师节制和调配。

满桂打了近二十年的仗，屡建奇功，快五十岁才干到潮河川守备，管理营务，职掌粮饷。这是满桂的不幸，也险成了明朝的不幸。

明万历四十六年（后金天命三年，1618年），后金大汗努尔哈赤率兵攻破抚顺，明兵部侍郎杨镐经略辽东，于次年二月在沈阳集结九万多人，号称四十七万，分四路出师出击。辽阳总兵刘綎同杨镐有矛盾而被派往东路孤军作战，山海关总兵杜松轻敌冒进，导致数倍于后金兵的明军"分进合击"的计划，最后在萨尔浒破产。

杜松全军覆没，刘綎战死殉国，开原总兵马林单骑逃回，仅辽东总兵李如柏保存完整。杨镐拟组织人马再战，选拔懂军事的小将，大家首推满桂。满桂好不容易等到机会，但言官们不会考虑他难得的机遇，直指杨镐与努尔哈赤暗中勾结。

万历帝下旨，将杨镐革职查办，下狱处死。杨镐被解押进京前，将满桂安排驻守黄土岭。满桂得到了蓟辽总督王象乾的赏识，将其进为石塘路游击、喜峰口参将。

大家眼中的雇佣军满桂，终于因拼军功而被接连擢升。天启二年三月，兵部尚书王在晋经略辽东，准备在八里铺筑城。宁前兵备佥事袁崇焕、孙元化等认为不妥，极力劝阻，写信给首辅叶向高，申诉己意。情况不明，叶向高难以断定可否。

天启帝师、太子太保孙承宗自请前往实地考察，途径黄土岭，召见满桂，"壮其貌，与谈军事，大奇之"（《明史·满桂传》）。

孙承宗回京后，请罢王在晋，自请督师，坐镇辽东。孙承宗命满桂为副总兵，给自己管理中军事务，即给他做参谋长。

满桂高大威猛，"然忠勇绝伦，不好声色，与士卒同甘苦"。孙承宗决定修复宁远城，他从京师带来的副手马世龙力荐孙谦和李承先，孙皆不准。正受孙承宗重用的袁崇焕，说满桂可以胜任，但怕孙不放。

孙承宗马上答应，不顾马世龙反对，当日为满桂置酒饯行。孙承宗曾对天启帝说："此一臣者大勇沉潜，真忠恳到，从来中权之任，体貌崇隆，一脱参幕立为登坛。而桂能去最安闲之地，就最险远之区，才既饶为，性复坦荡。盖天授直朴，人当大用。"（《明熹宗实录》）

满桂忠心报国，但屡遭阻碍。汉臣们对满桂的民族出身心怀芥蒂，差点让这位一代名将久陷基层，或沉沦幕后。

天启七年七月，袁崇焕愤而辞官，王之臣为督师兼辽东巡抚。王之臣力荐老战友满桂镇守宁远。正好蒙古炒花诸部离散，满桂与王之臣主动招至麾下。

崇祯帝即位后，告诫王之臣不要再蹈袁应泰、王化贞覆辙，并批评满桂迎合王之臣。言官们纷纷弹劾他，连及满桂。满桂被迫告病，请求解职，崇祯不准。

王遭罢官，满桂被召回军府。崇祯起用袁崇焕督师蓟辽，兼督登莱、天津军务。

当初不甘心做了小京官的袁崇焕，寄望在辽东战场位极人臣，同时他深谙明末派系林立的官场。他巧妙地使崇祯将王之臣、满桂手中的尚方宝剑转给他，又讨诏规避熊廷弼、孙承宗遭排挤侵害的风险，继而捏造十二斩罪除掉不受约束的毛文龙。

袁崇焕满以为上了几道保险，但没有想到他最放心的皇太极，于明崇祯二年（清天聪三年）借道科尔沁，突破喜峰口，进犯京师。袁崇焕听闻后，率祖大寿、何可刚入关守卫，所经过各城，都分兵留守。

后金军围攻遵化，破石门驿，袁崇焕移营城外，后金以两百骑兵袭扰，袁军闻跑迅速撤退，竟日不见一骑。袁崇焕还在玩避实就虚那一招，率众退至沙河门驻营。

满桂进京守卫，见到袁军败退，于是率兵入援，与敌鏖战，斩获不少。当他率兵追击后金军至沙河门附近，城上不断炮轰，悉数击中满军，而不伤后金军一人。城里本来给袁营输送粮饷的，却送到了后金营寨。

袁军与后金军驻营相距不远，都不出战。他们保持了默契，让人生疑。崇祯派人向袁讨说法，袁说：将在外，君命有所不受。皇上既然任命了我，就让我处理一切。

崇祯又对袁崇焕的奇怪战术有了浓厚的兴趣，黄夜秘密召见，解下身上的貂裘和银甲胄赐之，没过几天又给他和祖大寿等送去玉带、彩币、蟒袍之类的赏赐。

后金军攻南城，袁崇焕不战，"独满桂以五千人与清一日二十战。清军益盛，桂不支而走，经袁营，竟不出救。俄桂中流矢五，三中体，二中甲，拔视，乃袁兵字号。桂初疑清将反间，伪为袁号耳。及敌骑稍远，细审，果为袁兵所射，大惊"（计六奇《明季北略》）。

江苏人计六奇生于天启二年，虽在顺治年二次乡试落第，但他写明清之际的历史主要是表达故国之思。他写成后，鉴于清初文禁而久不得刊刻。他完全没有必要栽赃袁崇焕在后金兵围京师的危机关口，帮着敌人射杀满桂。不但他如此说，《崇祯实录》亦说："桂前被流矢，视之，皆袁军矢也。崇焕按兵不动，物论籍籍。"

《明史》称崇祯拜满桂为武经略、再赐尚方剑、总理辽东将士后，派太监不断催战，最后满桂体能不支，大败战死。

而计六奇说崇祯下令逮捕袁崇焕的罪名有三：一、擅杀毛文龙；二、导致后金军围京；三、射杀满桂。崇祯二年十二月十七日，满桂率五千人在安定门外，与敌大战十多次，箭疮迸裂，坠马阵亡。

不论满桂死于哪种原因，都与袁崇焕有关的。

6

满桂与袁崇焕曾是生死与共的亲密战友。

最初，满桂应邀协助袁崇焕修筑宁远城，合作得很成功，使之成为辽东重镇。

后来，督饷郎中克扣兵饷激发兵变，士兵围住袁宅，但不敢进犯满府。

满桂联手袁崇焕惩办首恶，抚慰众将士，才告以平息。

1626 年初，努尔哈赤亲率数万骑兵攻打宁远。辽东经略高第拒绝救援，退守山海关。满桂和袁崇焕精诚合作，死守抗击，以红衣大炮击溃了努尔哈赤。

宁远一战成了努尔哈赤至死不忘的耻辱，却成就了袁崇焕，也成就了满桂。

满桂被封为都督同知，继而右都督，再是左都督。袁崇焕想亲近魏忠贤，机遇不得，只得了辽东巡抚、兵部侍郎、指挥佥事。级别虽低，但职事不虚，辽东巡抚仅在经略督师之下。魏忠贤不相信袁崇焕，还派来了自己的心腹做监军。

袁崇焕自恃宁远首功，与满桂心生嫌隙，状告满桂"意气骄矜，谩骂僚属，恐坏封疆大计"，将他调离宁远，让满桂前好友、今政敌赵率教掌管关外事权。

满朝大臣认为满桂大才堪用，但担心他们同城会坏事，决定把满桂召回来。王之臣极力说满桂不能调开。调令已经下达，于是王之臣把他安排在山海关。袁崇焕不干，命满桂以左都督在中军做些掌印、管饷的事务。

袁崇焕知道满桂有超强的战斗力，担心会超越自己，于是找不同的借口打压他。王之臣把满桂调离宁远，但袁崇焕不放心，干脆放在身边压制。后来，袁崇焕迫于压力放走满桂，没想到天启下发的调令上写道：满桂挂印移镇山海关门，兼统关外四路及燕河、建昌诸军，并赐予尚方宝剑，便宜行事。

袁崇焕排挤、打压满桂，天启帝却更加推崇他，称"满桂廉勇箸闻朕所素鉴"（《明熹宗实录》）。当时人事任免权在魏忠贤手中，天启帝沉迷在木工房里早成了傀儡皇帝。满桂与魏阉交集如何，史书未载。

天启七年五月，皇太极率后金大军猛攻锦州，分兵攻略宁远，袁崇焕与监军太监纪用下令不许出战。赵率教在锦州苦苦支撑，危在旦夕时，满桂不计前嫌，派兵援救，被包围在笊篱山，满桂和总兵尤世禄赶赴前线，大战一场，胜负相当。

皇太极督促代善、阿敏、莽古尔泰、阿济格等贝勒出击，满桂毅然违抗袁的不抵抗命令，冒死以救锦州后，又亲率大军进入宁远解围，亲自出城迎战，身受重伤。

天气溽暑，两军死伤巨大。皇太极主动撤军，明军获得宁锦大捷，魏忠贤论功行赏，满桂加太子太师，世荫锦衣金事；而袁崇焕仅升一级，挂冠而去。

权力面前，袁崇焕干了不少排除异己的蠢事，但没有想到自己成了魏忠贤的异己分子。袁崇焕因此更加忌恨老战友满桂，导致他忠勇报国，死于自己人的暗箭。

明之亡，亡于皇帝无主意、多猜忌、师傅多，权臣内侍不谙军务瞎指挥，导致孙承宗等有心匡时救亡，但明枪冷箭防不胜防。袁崇焕、毛文龙等，都是胜任解决辽事的能人，但在私利面前，打着小算盘。

害了战友，误了自己，也亡了国家。

7

崇祯三年（1630）八月，袁崇焕被凌迟处死。

据说，行刑当日，京中老百姓，哄抢食其肉。

这是何等的恨！

是恨其不争，还是恨其无耻？

对于他屈辱的死，计六奇在《明季北略》卷五中记载，崇祯帝召见九卿，指出："袁崇焕以复辽自任，功在五年，朕是以遣兵凑饷，无请不发。不意专事欺瞒，以市米则资盗，以谋款则斩帅。纵敌入犯，顿兵不战。援兵四集，尽行散遣。及敌兵薄城下，又潜携喇嘛僧于军中，坚请入城。敕法司定罪，依律，家属十六岁以上处斩，十五岁以下给配，朕今流他子女妻妾兄弟，释放不问，崇焕本犯置极刑。"

这是一人罹难、祸及家族的惩罚。

不少人认为袁崇焕死得冤枉，就连皇太极为首的后金集团，也以为崇祯处死袁崇焕，是中了反间计，"实受文皇给也"（《啸亭杂录·太宗伐明》）。

然而，袁崇焕擅杀毛文龙、箭射满桂，明显是自断手臂、自毁长城、自寻死路。

书生报国，要的不是书生意气。

至少，袁崇焕明白，如果真刀真枪地与后金大军厮杀，毛文龙、满桂，都是很容易战功赫赫。他们在天启朝已是左都督，官居正一品，而袁崇焕虽然劫后余生，受赏兵部尚书，却只是正二品，不免心胸狭隘。

袁崇焕恃宠而骄，忘了底线，大夸海口，而容不了大将。

他的伯乐宰辅钱龙锡进位太子太保，改文渊阁大学士，却因忠贞体国，一直力挺袁崇焕，被陷入同谋之罪，差点身首异处，最后被发配戍守定海卫，苍凉而老。

这样的连带悲剧，就是明末朝堂纷争的血色宿命。

是罪有应得，还是千古奇冤，或者是劫数难逃？

各执一词。

三大良将之死，杨嗣昌脱不了干系

1

天启末年，陕西全境发生了严重的干旱和虫灾，禾苗枯焦，饿莩遍野。而国库空虚，财政拮据，赈济成为空谈，农民无法生活下去，只有铤而走险，首先在陕北发生暴动，并很快形成燎原之势。不久，宜川王左挂、安塞高迎祥、洛川张存孟、延川王和尚、汉南王大梁等响应，斗争的烈火燃遍陕西全境。

辽东冲突加剧。

万历朝的建州左卫都督、龙虎将军努尔哈赤，借着明朝的权威，逐步剪除政敌，统一女真，成为首领，创设国政，创制满文，创编八旗，终于建号称汗，把万历四十四年改成后金天命元年。努尔哈赤偷偷摸摸，不敢公开向明朝叫板，但他的八旗大军还是不断与驻守辽东明军发生不同规模的战役。

朱由检年轻刚愎，始终认为后金只是"癣疥之疾"，而将义军视为"流寇"，是"腹心之患"，对常将满人势力比作汉之匈奴、宋之金朝的兵部尚书杨嗣昌说："那汉、唐、宋何足道，目今只要将流寇平了，却用全力制敌，有何难事？"（顾诚《论清初社会矛盾》）

自负的崇祯帝面对已迫近亡国的内忧外患，视若等闲，疯狂地玩攘外必先安内的政策。

面对危急的国情，他这样玩。

置身平庸的朝堂，他也是这样玩。

结果，明末虽有不少良将，足以平定辽东问题，都因为既定国策，而折进了席卷全国的镇压抗暴运动上。

风起云涌的抗暴运动，究竟有多少支队伍？不用列举数字，只看《明史·陈奇瑜传》中的一段文字，就会觉得惊人：崇祯五年，陈奇瑜擢右佥都御史，代张福臻巡抚延绥"时大盗神一魁、不沾泥等已歼，而余党犹众。岁大凶，民多从贼。明年五月，奇瑜上疏，极言鄜、延达镇城千余里饥荒盗贼状，诏免延安、庆阳田租。奇瑜乃遣副将卢文善讨斩截山虎、柳盗跖、金翅鹏等。寻遣游击常怀德斩薛仁贵，参政戴君恩斩一条龙、金刚钻、开山鹞、黑煞神、人中虎、五阎王、马上飞，都司贺思贤斩王登槐，巡检罗圣楚斩马红狼、满天飞，参政张伯鲸斩满鹅、擒黄参耀、隔沟飞，守备阎士衡斩张聪、樊登科、樊计荣、一块铁、青背狼、穿山甲、老将军、二将军、满天星、上山虎，把总白士祥斩扫地虎，守备郭金城斩扒地虎、括天飞，守备郭太斩跳山虎、新来将、就地滚、小黄莺、房日兔，游击罗世勋斩贾总管、逼上天、小红旗，他将斩草上飞、一只虎、一翅飞、云里手、四天王、薛红旗、独尾狼，诸渠魁略尽。奇瑜乃上疏曰：'流寇作难，始于岁饥，而成于元凶之煽诱，致两郡三路皆盗薮。今未顿一兵，未绝一弦，擒斩头目百七十七人，及其党千有奇。头目既除，余党自散，向之斩木揭竿者，今且荷锄负耒矣。'"

这还只是写小山头的聚众造反的，此外还有老回回、过天星、满天星、闯塌天、混世王五大营，以及著名的高迎祥、李自成和张献忠等。

数不胜数。

而陈奇瑜等，也都成了大黑暗时代一个阶段即将终结的祭品。

2

先说卢象昇的悲剧。

崇祯七年（1634）十二月，围剿农民军失败的兵部右侍郎兼右佥都御史陈奇瑜被撤职。朱皇帝下诏，陕西三边总督洪承畴，加太子太保、兵部尚书衔，兼代总督河南、山西、陕西、湖广、四川五省军务。

没过多久，崇祯帝以洪承畴统辖太广，难以兼顾，于是令右副都御史卢象昇总理江北、河南、山陕、川湖军务，管理关外明军。

卢象昇以正三品做了七省总督。他是在镇压农民战争中拼军功升上来的统帅。

他是天启二年的进士，初授户部主事，派往清源督饷，有功被举卓异，升员外郎，出任大名知府。他虽是文官出身，但善于骑射，有一身好功夫，且喜读兵史，以

唐之张巡、宋之岳飞为榜样，感叹说："吾生得为斯人足矣！"（《忠肃集》）

卢象昇以大名唐时旧名天雄，组织天雄军。队伍的班底，是他于己巳之变之变中招募的勤王师。刚即汗位的皇太极绕开袁崇焕坚守的宁锦防线，借道科尔沁从喜峰口入关，围了京师一月。卢象昇招募了一万多人，进京协防，议功升为右参政兼副使，负责整饬大名、广平、顺德三府兵备，因而组建了天雄兵。

三百多年后，曾国藩在湖南组织湘军，是受了卢象昇与天雄兵的启发。曾国藩屡败屡战，最后彻底战胜洪杨一役。而卢象昇的结果惨不忍睹，过程倒是很精彩。

崇祯四年，卢象昇一举击溃马回回与混天王两大营联军。两年后，数万农民军流入畿辅，据守临城西山，卢象昇毫不畏惧，主动出击迎战大破之。

卢象昇每次临阵，身先士卒，浴血搏杀，刃及鞍勿顾，失马便步战。即便被射中前额，护卫被射死，他也是"且战且走"。

几战下来，农民军传说卢象昇的神奇："此卢阎王，遇即死，不可犯。"（计六奇《明季北略》）

洪承畴以战略伏击，让高迎祥、李自成与张献忠不敌而逃。而卢象昇敢短兵相接，让农民军闻风丧胆。

由于洪承畴、卢象昇、孙传庭等联手围剿，农民军运动转入低谷。辽东战事愈演愈烈。改元称帝的皇太极，命英郡王阿济格偕同饶余贝勒阿巴泰及大将扬古利讨伐明朝，突入内地攻略。

京师告急，崇祯急召卢象昇进京勤王，再赐尚方剑。卢象昇还未赶到，阿济格等攻克京师附近十二座城池，五十八战皆捷，俘获了明军总兵巢丕昌等，俘虏十余万人。撤出时，清军又击败了三屯营、山海关的明军援兵。

清军入塞大掠，兵部尚书张凤翼畏罪自杀，崇祯帝决定起复丁忧回家的兵部右侍郎兼宣大山西三镇总督杨嗣昌，接掌兵部。

崇祯九年九月二十二日，明廷命卢象昇接替总督宣府、大同、山西三镇军务。他在赴任前，要求陛辞，和崇祯面谈治理国家的策略，没获同意。崇祯虽用他御敌，但只把他当了征战的武夫。

他对于朝廷文官爱钱、武将怕死的现实，深恶痛绝。熊廷弼、毛文龙、袁崇焕之死，孙承宗被罢，让聪明的他看到了自己的未来。他很清楚，不论他怎么在战场上浴血奋战，稍有不慎便会被权臣的口水淹死。

他给崇祯帝上了一道奏章："台谏诸臣，不问难易，不顾死生，专以求全责备。虽有长材，从何展布。臣与督臣，有剿法无堵法，有战法无守法。"（《明史·卢象昇传》）崇祯帝并未理会他切中时弊的复杂心理。

清崇德二年（明崇祯十年）八月二十三日，皇太极命睿亲王多尔衮为奉命大将军，统左翼军；贝勒岳托为扬武大将军，贝勒杜度为副手，统右翼军，两路征明。

岳托率大军从密云北边墙子岭，毁坏长城，破边墙入边，斩杀明蓟辽总督吴阿衡。多尔衮继而从青山关毁边墙而入，两军在北京郊区通州会师。

崇祯急令卢象昇携宣府总兵杨国柱、大同总兵王朴、山西总兵虎大威入卫京师。以卢象昇督天下援兵，第三次赐尚方剑便宜行事。

兵部尚书杨嗣昌积极围剿义军，而对清军大力推行休战谋和。

崇祯十一年五月，他在崇祯帝的"剿兵难撤，敌国生心"策试中，以天象引入话题，列举历史上天象示警与异族关系的故事，如东汉时日蚀火星，光武帝与南匈奴议和；宋太宗时月蚀荧惑，宋军兴师伐辽而战败。他谈古，就是给他的和清主张做铺垫。

史家谈迁在《国榷》卷九十六中说："星历之学非嗣昌所谙，而推言之甚详，专为建虏而发，力主封赏。"

杨嗣昌的高谈阔论，遭到了绝大多数大臣的反对。但崇祯帝很赏识，很快命其为礼部尚书兼东阁大学士，参与机务，仍管兵部事务。

卢象昇父亡守制未满，奉诏回任督师。他陛见崇祯时说"臣意主战"（计六奇《明季北略》），表明态度。

崇祯不好说自己支持议和，于是绕着圈子说议和是外廷的传说，命他与杨嗣昌商量对策。

杨嗣昌对卢的主战很不满，警告他"徒戒勿浪战"。

二人不欢而散，卢象昇返回昌平，即令各路总兵各选精锐，约定十月十五日夜分四路十面袭击清军，下令：

"刀必见血，人必带伤，马必喘汗，违者斩！"

秉承杨嗣昌指令的观军使说，只听说过雪夜下蔡州，没听说过月夜出击的，而且奇袭应该人少才对。监军太监搬出种种理由进阻挠。

阁臣杨嗣昌和关宁军监军太监高起潜坚定地要同清军议和，他们对卢象昇的计划事事掣肘。

卢象昇名为总督天下援兵，而手下三镇总兵号称两万人，吃空饷吃得太狠。奉命前来援助的高起潜不愿接受卢象昇指挥。卢象昇实际兵力严重不足，又调动不了其他援兵，导致他定下的用兵策略都无法实现。

大战在即，巡抚张其平不发饷。传说云、晋有敌情，大同总兵王朴借机率部逃走。

杨嗣昌的和议计划谈崩，皇太极命清军加紧攻打。卢象昇领兵进驻巨鹿的贾庄，高起潜统率关宁铁骑数万驻扎在相距不足五十里的鸡泽。卢派人至高处求援，高毫不理会。卢象昇自领骑兵五千迎战，虎大威护左翼，杨国柱护右翼。

后勤供给不足，三军空腹迎战，卢象昇激励诸将士："吾与尔将士共受朝廷恩，患不得死，勿患不得生。"（计六奇《明季北略》）虎大威不敌而退，杨国柱尾随其后，留下卢象昇孤军奋战。

刚刚四十岁的卢象昇，英雄般战死沙场。

后来，清朝乾隆帝在《钦定胜朝殉节诸臣录》中描述："总督各路援兵兵部尚书卢象昇，宜兴人，有勇略，先后治兵十余年，身经百数十战，亲冒矢石，未尝挫衄，为杨嗣昌辈所尼，屡起屡踬。崇祯十一年，大兵临蒿水桥，象昇督师拒战，以孤军无援，炮尽矢竭，徒手格斗，身被四矢三刃而死，仆顾显殉。"

彰扬义烈，不无悲壮。

《明季北略》说他死前，浩然哀号："关羽断头，马援裹尸，在此时矣！"

书生报国武战死，勤王十年却艰难。卢象昇死了，作壁上观的高起潜不战而溃。卢的部下寻到他的遗体，甲下穿着服父丧的麻衣白网。三郡之民闻之，无不哀痛。

杨嗣昌怕他没死，特派三个护卫去查看。他希望卢象昇死了，不再阻碍他的和清大计。他又希望卢象昇活着，好为他担负绥靖怯战的罪名。

顺德知府上奏卢象昇的死状，杨嗣昌故意刁难。过了八十天，卢的尸体才得以收殓。卢的妻子、弟弟多次请求朝廷抚恤，都遭拒绝。直到崇祯十四年三月，杨嗣昌剿张献忠失败自杀后，崇祯才追赠太子少师、兵部尚书，赐祭葬，但不赠谥号。

计六奇在《明季北略·卢象昇战死》中说："象昇所以死有六：一与嗣昌相左，二与起潜不协，三以弱当强，四以寡击众，五无饷，六无援。然后五者，皆嗣昌奸谋所致。虽然，杀象昇之身于一时者嗣昌也，成象昇之名于千载者亦嗣昌也。君子正不必为人咎矣。"

杨嗣昌，崇祯以为相见恨晚的宠臣，高起潜则是崇祯倚重的腹心太监。没有崇祯的默认，杨、高未必敢将一个拱卫京师的总督重臣逼上悬崖绝地！

3

再说曹文诏之死。

曹文诏"忠勇冠时，称明季良将第一"（《明史·曹文诏传》），却死得很悲壮。崇祯装模作样痛悼了一回，追赠太子太保、左都督，恩赐祭葬世荫，建专祠春秋致祭，但悭吝一个美评，留给了清朝的乾隆帝谥其忠果。

乾隆得了便宜又卖乖，夸奖"曹文诏秉资骁猛，练习戎行，慷慨出师，勇烈并懋"（《钦定胜朝殉节诸臣录》卷一），张廷玉修《明史》时高度赞扬"曹文诏等秉骁猛之资，所向摧败，皆所称万人敌也。大命既倾，良将颠蹶。三人者忠勇最著，死事亦最烈"。

山西大同人曹文诏，很早就去辽东从军，历事熊廷弼、孙承宗，积功升至游击。

崇祯二年（1629）冬天，皇太极借道突袭京师。袁崇焕很快被以擅与后金议和、矫杀毛文龙二罪下狱。继而总兵满桂总理山海关、宁远的将士。满桂战死，又以马世龙总理，统摄诸路援军。

曹文诏在京师保卫战中立有战功。马世龙把崇祯赐的尚方宝剑交给曹，令其率参将王承胤、张叔嘉和都司左良玉等埋伏在玉田的枯树和洪桥，鏖战有功升为参将。

曹文诏有收复四城的功绩，被加官都督佥事。都督佥事是都督助理，分管军纪、训练等。曹有了总部工作经历，不久外任延绥东路副总兵，带关宁军入陕西平定民变。崇祯四年四月，他因击灭据守河曲的农民首领王嘉胤，升临洮总兵官。

值得注意的是，王嘉胤是明末农民起义的启幕人，与明军将领王承胤，姓名一字之差，但无亲戚关系。著名的高迎祥、张献忠和李自成，都拜过他做带头大哥。

曹文诏辗转在关内的战场，先后剿灭李老柴、扫地王、杜三、杨老柴等人的队伍。

他天生就是一名猛将。满天飞、郝临庵、刘道江被延绥总兵王承恩击溃后，退保铁角城。独行狼、李都司赶去会合，携手围攻合水。曹文诏前去援救。农民军隐藏精锐，让千余骑兵迎战，引诱明军抵南原时，伏兵大起。曹拿着长矛来回冲击，单枪匹马厮杀在万余名农民军中间。各军见状，出兵夹击援助，农民军大败，伏尸遍野，残余的农民军逃往桐川桥去了，明军大获全胜。

当时歌谣盛传"军中有一曹，西贼闻之心胆摇"，说的就是曹文诏。

能征惯战的曹文诏，遇到了铁腕人物洪承畴。这是他战斗生涯中的最大不幸。

延绥巡抚洪承畴因及时斩杀降而复叛的王左挂，后联手总兵杜文焕在清涧县击败张献忠，轰动朝野。陕西三边总督杨鹤因推行的主抚政策失败撤职，洪承畴继任。洪承畴改为"以剿坚抚，先剿后抚"方针，集中兵力进攻陕西农民军。

崇祯五年春，农民军向庆阳突围。洪承畴亲赴庆阳，指挥会战，与总兵曹文诏、贺虎臣合力围剿。

巡抚御史范复粹总计共获首级三万六千六百多，曹文诏功劳第一，张嘉谟第二，王承恩、杨麒又次之。曹大小几十次战斗，立功最多。洪承畴却没有给他记功。

巡按御史吴甡推重曹文诏，上书崇祯帝，但兵部还是坚决不给曹文诏论功行赏。

曹文诏威震陕西，让书生报国的统帅洪承畴心怀芥蒂。兵部尚书张凤翼"才鄙而怯，识暗而狡，工于趋利，巧于避患"（《明史·张凤翼传》），好不容易遇到洪承畴经略陕西屡战屡胜，作为兵部辉煌战绩，不免顺水推舟帮着压制能干的曹文诏。

陕西官兵强盛，紫金梁、混世王、姬关锁、八大王、曹操等统率七大营部。每部多的万余人，少则五千人，在汾州、太原、平阳等地运动。

御史张宸极说："秦将曹文诏威名宿著，士民为之谣曰'军中有一曹，西贼闻之心胆摇'。且尝立功晋中，而秦贼灭且尽。宜敕令入晋协剿。"（《明史·曹文诏传》）

朝廷命曹文诏节制山西、陕西诸将领。洪承畴坐镇陕西，曹只是调动山西的将士。

到了山西的曹文诏，还是接连打胜仗。崇祯帝开始关注曹文诏，鼓励这位立功最多的总兵官尽快平定内乱，并下令要沿线的官方多积攒粮草犒劳官兵。

圣旨成了一纸空文。在山西监视军情的宦官刘中允向崇祯帝报告，曹文诏在徐沟、盂县、定襄围剿贼兵时，地方官们不但不提供稻米，反而用大炮攻击官兵。

军民不融合，只会导致流水的兵吃尽苦头。在恶劣的环境中，曹文诏还是捷报频传，杀了混世王、滚地龙，大败紫金梁、老回回、过天星，收复不少城池。

与曹文诏有宿隙的刘令誉来按察河南，而曹文诏刚经历一场血战而解甲休息。二人见面，话不投机，曹拂衣而起斥责之，刘移花接木给他弄了一份败亡的罪过，兵部认为曹文诏打了几回胜仗就骄傲起来了，于是把他调往大同。

崇祯七年七月，清军入关西征察罕，回师轻松进入大同境内。曹文诏同总督张宗衡驻扎在怀仁坚守，很快解围，移兵驻扎在镇城，向清军挑战，失败而回。

朝廷评定各将的罪过，拟将曹文诏、张宗衡及巡抚胡沾恩充军到边地卫所。

山西巡抚吴牲上书，称曹文诏知兵善战，请求把他安排到山西来。朝廷买了吴一份人情，令曹做援剿总兵官，立功赎罪。

吴牲是一个刚直之人，曾在天启末年与阉党针锋相对，到了崇祯末年为次辅常与首辅周延儒意见相左。

崇祯十六年，李自成于襄阳建立大顺政权，崇祯哀求吴牲督师湖广，吴牲遂请拨发精兵三万自金陵赴武昌，孰料无饷，仅凑残兵万余难以成行。

清军入关劫掠，周延儒督师北上，避敌不战，虚报战绩。

吴甡答允南下，崇祯大喜，先一日出劳从骑，并晋其为太子少保、户部尚书兼兵部尚书、文渊阁大学士，刚过一夜崇祯又下诏责其逗留，削其官职，交法司议罪。

崇祯帝不知人善任，留给后世修《明史》，惋惜吴甡"抑时势实难，非命世才，固罔知攸济也"。

曹文诏对吴甡有恩，吴有心多助曹，多次抗言上书力争。崇祯帝答应吴氏请求，但让曹先赴河南平乱，是吴将取道太原的曹强留下。

这一留，还是不能改变曹文诏兵败自刎的悲剧命运。

崇祯八年，高迎祥、张献忠组织近二十万农民军攻打凤翔，向汧阳、陇州挺进，曹文诏从汉中奔赴前线。

五省总督洪承畴因曹的兵力同张全昌、张外嘉部加在一起，也只六千人，与农民军相比较悬殊太大，向朝廷告急，没有得到任何回复。

六月，明军在乱马川同农民军相遇，失利。曹文诏立即向洪承畴请求进军作战。洪高兴地说：非你曹将军，没人能消灭这股势力。但我的兵已分派出去，没法派出接应你。将军出发后，我会从泾阳赶到淳化做你的后盾。

曹文诏只好领着三千人迎战。其侄曹变蛟率先登上城墙，斩首五百人，追敌三十里，曹文诏率领步兵跟在后面。突然出现数万骑兵包围他们，曹文诏中了埋伏。

农民军并不知是曹文诏的军队，是一名小兵被俘后见到他，急呼："将军救我！"叛兵认识曹文诏，指给农民军说：这就是曹总兵。

农民军高兴起来，加紧包围圈。曹文诏左右跳荡，手刃几十个农民军，拼战了几里路，最后体力不支，拔刀自杀。

对于曹文诏的死，农民军弹冠相庆。

曹文诏可谓是明末难得的职业军人。计六奇《明季北略·曹文诏自刎》说："文诏敢斗，前后杀贼万计，官军闻之夺气。"

计六奇先铺陈说"杨嗣昌在枢部"，忌惮洪承畴的才绩而压制他。杨嗣昌是杨鹤之子，存在仇恨洪承畴的可能，但他被夺情接替兵败自杀的张凤翼掌兵部，时为崇祯九年十月。杨于次年三月抵京赴任，于第二年六月任礼部尚书兼东阁大学士，参与机务，仍管兵部事务，称杨阁部，那都是曹文诏死后的事情。

将为国死战。一个功绩彪炳的战斗英雄，在那个腥风血雨的岁月，既是一种榜样，也是一种威胁。洪承畴是真无兵可派吗？那他又哪来的兵力作为后援。唯一的解释是他不愿动自己的人。

当他得知曹的死讯后，捶胸痛哭。这是对战友殉国的哀伤而哭，还是为阻碍除去的欢喜而泣，还真不好说。曹文诏的骁勇，可以为洪承畴建立更大的功勋，然洪未必不担心他的压制，一旦被曹后来居上就是更大的威胁。

他或有一些哀伤，他确实设防曹文诏，但聪明的他也知道自己有可能是他人前进途中的曹文诏。杨嗣昌复出的种种作为，便是后话。毕竟自负的崇祯，喜欢用自己信任的人，而不喜欢用堪当大任的人。

4

《明史》有一句："传庭死，而明亡矣！"

传庭，即明末大将、兵部尚书孙传庭。

为何一个正二品官员的死，能成为大明王朝灭亡的标志？

《明史》为清朝史官所写，成书于乾隆初期。在清朝的统治者们看来，他们并没有直接取代明朝，而是联合降清的明朝官员，从李自成的大顺政权抢来的江山。

他们在李自成攻陷京师后，还打出旗号为明王朝复仇，与引清军入关的王永吉、吴三桂所谓的复君父之仇，沆瀣一气。

早在明朝永乐年间，皇太极的祖先、前元军官猛哥帖木儿率领部众，从朝鲜改投大明，成了明朝皇帝的臣民，纳贡交税，冲锋陷阵，得赐官位世袭罔替。

努尔哈赤建号称汗时，还虚伪地向大明皇帝臣服：他是明朝的右卫都督兼龙虎将军。

历史的表象。

他们在回避，他们自立后统一女真，对明开战。

不幸的明朝，在派出大量的兵力、一流的战将防守辽东时，还要应对关内的另一场大战。这场大战，在明末国家财政空虚、社会矛盾激化、社会生产凋敝、经济实力疲软的情势下，即便用可怜的拨款筹饷平抚民怨，也是杯水车薪。

世袭军户出身的孙传庭，是朝廷安排解决这一战争的领军人物之一。

孙传庭生于武将世家，却从科举考场走出来，成了地方县官。

由于政绩突出，他被调入吏部做文职，如验封主事、稽勋郎中。官位不高，却涉及国家勋爵封赏大事。他干了两年，因不满魏忠贤专政擅权，索性弃官回乡。

陶渊明不为五斗米折腰，而孙传庭不向九千岁屈膝。直到崇祯八年秋，多事之秋也是用人之时，有人想起了他，向崇祯皇帝举荐他出任验封郎中，不久越级升为顺天府办公厅主任。

级别有了，加上资历，他申请外调，出任陕西巡抚，要为朝廷出力平定内乱。内忧外患加剧，群臣纷纷避让，孙传庭自许建功必须有我、功成必定在我，让焦头烂额的崇祯帝似乎看到了一丝希望。

孙传庭在榆林组建秦军。兵部尚书兼五省总督洪承畴在陕北拖住了李自成，孙传庭于是在子午谷的黑水峪以逸待劳，将义军中实力最强的高迎祥俘获，押解北京处死。

四天激战，拿下对手带头大哥。

人生首战，收获巨丰。

孙传庭成了义军的克星，迅速以优势兵力，打击圣世王、瓜背王、镇天王、过天星、混天星诸部，平定关中以南地区。不久，他联手洪承畴，在潼关南原以重兵埋伏，使李自成部几乎全军覆没，仓皇带着刘宗敏等十七人突围逃亡。

胜利却没给崇祯帝喘息的机会。皇太极派大将多尔衮、岳托率清兵分路从墙子岭、青山口入长城。宣大总督卢象昇督师各路入京勤王之兵，因握有兵权的礼部尚书兼东阁大学士杨嗣昌一意主和，事事掣肘，屡战失利，在巨鹿阵亡。明廷遂召洪承畴、孙传庭防守京师，升孙为兵部右侍郎兼右佥都御史，指挥各路援军。

按理，洪、孙二人在陕西联手打了大胜仗，此次奉诏勤王，崇祯帝该接见嘉勉。但崇祯帝下谕：只见洪承畴，不见孙传庭。

同等功勋，两种待遇。

这是杨嗣昌与太监高起潜合力的结果，原因是孙传庭不顺承杨嗣昌。

杨嗣昌主管军务，须拉拢能干的大将效力，然其让洪承畴总督蓟辽，强制孙传庭把秦军全部给洪承畴带走。

军队是朝廷的，不是私家军。杨嗣昌只看到了义军被暂时平定，却没警觉降而复叛、死灰复燃。孙传庭极力反对，认为："秦军不可留也。留则贼势张，无益于边，是代贼撤兵也。"（《明史·孙传庭传》）杨嗣昌置之不理，认为自己十面埋伏的战略解决了问题。

政见之争，功业之争，害了卿卿性命，误了泱泱大国。

杨嗣昌攒足了同清军休战谋和的资本。他让洪承畴统率曾击溃大大小小义军的陕西军，阵列辽东，威慑清军，也是想为明朝谈判增加筹码。

忠君者，功业自许。

忧国者，深谋远虑。

孙传庭为此忧郁重重，以致耳聋。杨嗣昌安排他总督保定、山东、河南军务。他想见下皇帝，杨百般阻扰。孙引病告休，杨告其是推托，激怒崇祯帝，将他贬为平民，下狱待判决。

重压之下，必有反抗。

朝廷压迫不改，义军必然反叛。崇祯十四年三月初一日，督师平寇的杨嗣昌，因李自成兵燹洛阳处死皇叔福王朱常洵、张献忠攻破襄阳杀了襄王朱翊铭，无法向皇帝交代，忧愤而亡。

割肉补疮也是穷途末路。

杨嗣昌死后不到一年，李自成二围开封。

崇祯帝从监狱放出孙传庭，令他率劲旅往援开封。孙传庭复职三边总督，但治下的军队是拼凑的，各认其主：陕西军主将贺人龙，湖广兵主将左良玉，保定兵主将虎大威，原先都是杨嗣昌的人，但因利益分割不均发生矛盾，属管不属调，避实就虚，自保实力。对于一个被关了几年、戴罪立功的陌生老将，他们自然不会唯命是从的。

孙传庭自知这样一支部队战斗力不强，仓促间起用从李自成阵营投降过来的高杰做先锋。高杰曾与李自成第二任妻子邢氏私通，事发降明，为贺人龙部下。

经过了几个月的休整，崇祯帝不断催促出战。孙传庭带着各自为战的部队，打过几场胜仗，但很快在著名的郏县之战中死亡四万余人、损失兵器辎重数十万。

郏县战役，是明朝关内大战的大转折，攸关王朝存亡。

崇祯帝此次没有以成败论赏罚，下诏要孙传庭兼督河南、四川军务，升兵部尚书，改称督师，加督山西、湖广、贵州及长江南北军务。

崇祯帝猛开空头支票，将孙传庭视为最后一根救命稻草，但不给便宜行事的实权！

他继续犯不知兵而促出战的老毛病，把兵部侍郎张凤翔进言孙传庭所有皆朝廷精兵良将，皇上只有此一副家当，不可轻动，当了耳边风。

力挽狂澜，还需际遇。

君命如此，劫数难逃。

君命难违。孙传庭不想出战，但仓促对阵，又是大败，最后战死于撤退途中，年仅五十一岁。崇祯收到战报后，大骂孙传庭诈死潜逃，坚决不给这位名将一个虚伪的谥号，留给了清乾隆帝一个做好人的机会，谥其忠靖，盖棺论定。

孙传庭之死，死于崇祯帝好胜急功、自毁长城，死于明将内部各为私利、互丧大义。第三次出山的孙传庭，并非没有戡乱救国的真本事，但来自各个方面的明枪暗箭，射断了他书生报国的铁血征程。

把孙传庭之死，标识明亡矣，是清朝史官勾画表象卸责。然传庭死后，义军所向披靡，确实加快了李自成进军京师演绎甲申之变的速度。

存亡之际，大才是渺小的。

圣手无济大明劫。

5

杨嗣昌是洪承畴的前任三边总督杨鹤的独子。

朱由检即位，铲除魏忠贤后，把杨氏父子培育为自己的人。

杨鹤在陕西，认为义军造反因饥荒至极、民不聊生，提出"招抚为主，追剿为辅"。在他的努力下，招抚政策取得了一定的成功，陕西各部起义军几乎都接受招安。

崇祯二年，义军王左挂进攻宜川城堡，杨鹤手中无将，情急之下，令督粮参政洪承畴领兵出战，结果俘斩三百余人。杨鹤实践自己的剿抚兼施、以抚为主的理论，招降王左挂。

由于十万帑金和藩王捐助的五万白银和二万石粮食，

杯水车薪，"所救不够及十一"，不少义军首领既降复叛。王左挂复叛，新任延绥巡抚洪承畴一改杨鹤的既定政策，剿而杀之。

洪承畴杀了王左挂后，又同总兵杜文焕在清涧县大败张献忠，引起朝廷主剿派对杨鹤的绥靖政策提出抗议，联合控告没有起到真正的防范作用，反而使义军首领时降时反，有酿成席卷明朝之大祸的可能。

崇祯帝下旨，升洪承畴为三边总督，将杨鹤召回京师，下狱论死。时任分巡河南汝州道兼右参政杨嗣昌是个孝子，三次上疏请求辞职，以代父罪。结果崇祯帝免了杨鹤的死罪，改戍江西袁州，不许杨嗣昌辞职，还温言抚慰，激励尽职任事。

杨鹤为官清正，但不知兵，也不敢弄清农民起义的社会矛盾根源，而做无可奈何乱招抚。

忧民心切为良知，遗祸无穷为事实。

这或许给杨嗣昌敲了一记警钟。

早在天启五年，杨鹤遭魏忠贤罢免，与主动辞职的杨嗣昌归隐。后金侵犯，辽东告急，军需吃紧，杨嗣昌留心边事，将他在户部参与财政管理的经历编为《地官集》二十卷。还在信王潜邸的朱由检读了之后，认为杨嗣昌是一个人才。

人才难得。

非常之时，最需要的是人才。

人才既要重视，也要重用。

崇祯帝下令，任命杨嗣昌为都察院右佥都御史巡抚山海关、永平府等地，提督军务。两年后即崇祯七年九月，他被提拔为兵部右侍郎兼宣大山西三镇总督，六次上疏陈述边事，主张开矿招工以瓦解乱党，给皇帝的印象是异才可用。

崇祯十年，杨嗣昌被夺情赴任兵部尚书，成为崇祯帝极度倚重的救时异才。

他是一个有充分准备的人，即便守制在家也不安心守孝，而是关心时局，未雨绸缪，加之他熟悉典章故事，工于笔札，富有辩才，每次皇帝召见时，都能侃侃而谈，与前任兵部尚书的呆滞木讷之状，迥然不同。

朱由检心潮澎湃，雄心壮志，觉得杨嗣昌让他的"尧舜"梦有望，大呼："用卿恨晚！"（《明史·杨嗣昌传》）

崇祯帝遗憾没有早点起用杨嗣昌。杨嗣昌受宠若惊，赶紧向主子献上三策：一、攘外必先安内；二、足食然后足兵；三、保民方能荡寇。

杨嗣昌走到了其父杨鹤主抚的对立面，成了对农民义军主剿的领军人才。

他要全力剿灭农民军。

杨嗣昌"四正六隅，十面张网"镇压义军的战略思想，在短期内还是有些效果的，将声势浩大的农民起义逼到了低谷。湖北义军首领刘国能、张献忠接受招抚，李自成带着十多个人仓皇而逃。

为了打好关内这一场仗，杨嗣昌主张同皇太极休战谋和，对辽东采取绥靖政策。

他的理由是：朝廷无力同时应对两场大战。

崇祯十一年五月三日，崇祯帝在中极殿以"剿兵难撤，敌国生心"为主题，策试大臣。杨嗣昌以天象引入话题，列举历史上天象示警与异族关系的故事，力劝朱由检对清议和，受到了复古派官员的强烈攻击，但得到了崇祯帝的赞赏。

对于杨嗣昌以彗星出现等天文现象为由要议和一事，史家谈迁在《国榷》中说得一针见血："星历之学非嗣昌所谙，而推言之甚详，专为建房而发，力主封赏。"杨嗣昌为了与清军休战，除了恢复边市贸易，还不惜割让土地。

其父身败名裂，缘起于招抚义军不力反受害。他反其道而行之，镜鉴抑或复仇?

杨嗣昌违背了朝廷既定的收复失地的国策，甚至要出卖国家利益，来剿杀被迫起义的农民。

打仗打的是军费。他建议向农民加派剿饷、练饷。这是逼迫更多的农民造反。

然而，杨嗣昌无偏无党、勇于任事，崇祯帝对他更加信任，提拔他为礼部尚书兼东阁大学士，入参机务，仍掌兵部事。

杨嗣昌既是一个善辩的理论家，也是一个勇敢的实干家。他既不属于东林党，也不依附阉党。他在崇祯帝力排众议的大力支持下，走出了与辽东强敌屈膝谋和的第一步。

他最后死在督师围剿农民军的征程上，客观上属于为国捐躯，得到了崇祯帝以辅臣之礼赐葬。崇祯帝还亲撰祭文，哀叹"自杨嗣昌殁，无复有能督师平贼者"（计六奇《明季北略》），追赠太子太傅，甚至以"议功"之例免除对杨嗣昌使二藩沦陷的责任追究，并将大臣们谴责杨嗣昌要论罪的奏折一律留中不议。

崇祯帝不论怎样偏爱杨嗣昌，但最后始终没给他一个虚荣的谥号。就是说，崇祯帝知道杨嗣昌所为是为了他的江山社稷，但碍于悠悠之口而不敢给他盖棺论定。就是后来的南明政权，对尽忠救国而国力不济的杨嗣昌也是吝啬的。

杨嗣昌身后留下了争议，是救时能臣，还是误国奸臣？

很多人多将他与明末奸相温体仁相提并论。儒臣刘宗周更是在南明弘光朝要求"追戮误国奸臣杨嗣昌，以谢九庙之灵"。为此，杨嗣昌的儿子杨山松作《孤儿吁天录》、杨山梓作《辨谤录》，以澄清社会上流传的种种攻击杨嗣昌的传言。

最强悍的"流贼"竟怕一个小女人

1

明朝的残暴统治，为自己的灭亡埋下了祸根。

它的两个掘墓人，曾拿过它的工资。

一个是下岗邮差李自成，一个是退伍士兵张献忠。

这是给他们发薪水、一心想做尧舜大帝、中兴明朝的崇祯帝绝对意料不到的。

李自成从小家贫，被送到寺庙当小沙弥，同时给地主放羊，十多岁死了父母（这种经历，与明朝开国皇帝朱元璋的早年很相似）。后来跑到银川做驿卒，没做多久，又碰到了新上台的崇祯帝改革驿站体系，因丢失了公文而被解雇。

祸不单行，没了工作的李自成，还不了债被告到县衙，好不容易被救出，他杀了债主举人。

紧接着，老婆与邻居通奸，他又杀妻逃亡。（李自成命犯桃花，原配和继妻都是给他戴绿帽子，一个被他杀，一个要杀他。）他入伍，成为甘州边军的把总，曾随部队参加京师保卫战，将军克扣军饷被杀，李自成被迫参加王左挂的农民军。王左挂被洪承畴剿杀，李自成才投奔舅父高迎祥。

李自成做高迎祥的大将时，张献忠已是奉高为盟主的十三支义军之一的首领。

也就是说，高闯王是张献忠、李自成的带头大哥，但张献忠已经有了自己的独立队伍。李自成还需到高迎祥被陕西巡抚孙传庭俘获后，才取代舅父成为新的闯王。这是若干年后的事情了，此处不消细说。

论资排辈，张献忠要强过李自成一些。

张献忠读过书，做过延安府衙捕快，犯事革职后又到延绥镇入伍。

明朝遗民彭孙贻《平寇志》记载，参军后的张献忠又犯事违法，按律要杀头，主将陈洪范观其状貌奇异，向总兵王威求情，打一百军棍除名。

彭氏为坚定的反清人士，对张献忠无好感，曾力证张氏屠蜀、乱杀无辜。若非陈洪范义释，不然张献忠早死了。这说明，张献忠受过专业的军事训练，有出众的能力，得到过领导的赏识。

洪承畴以兵部尚书总督五省军务，重点打击高迎祥与张献忠的队伍。他与孙传庭联手，执行内阁辅臣杨嗣昌的"四正六隅，十面张网"战略，对义军各个击破，取得了前所未有的战绩。

张献忠向当年的恩人陈洪范乞降，接受了兵部尚书熊文灿的招抚。张献忠投降，却拒绝接受改编和调遣，不接受官衔，保持了独立性，保住了四万人的旧部。

史学大家吕思勉在《中国通史·明朝的兴亡》中写道：

"明末的流寇，是以 1628 年起于陕西的，正值思宗的元年。旋流入山西，又流入河北，蔓衍于四川、湖广之境。以李自成和张献忠为两个最大的首领。献忠系粗才，一味好杀，自成则颇有大略。"

然张献忠狡黠，打得过猛打，打不赢就降，一旦恢复元气又反叛。这似乎可看出他粗中有细，知道怎样做一个谙熟厚黑之道的阴谋家。

张献忠兵败时，还找个人给他讲《孙子兵法》，总结战败的教训。李自成不然，没有自己的小心机，不为一功一利患得失，故时而强盛时而衰，落魄没有半寸土。

张献忠以降保住实力。

张献忠凶悍，远胜于李自成。他凶悍到了怎样的程度？顺治三年初，清肃亲王豪格拜靖远大将军，和吴三桂等统率满汉大军，迅速攻占汉中，全力向据蜀自立的大西皇帝张献忠扑来。为了北上陕西抗击清军，张献忠放弃成都，分兵四路，各率兵十余万向陕西进发。临行前，他将妻妾全部杀掉，就连最小的儿子也杀了。他对养子孙可望说："我亦一英雄，不可留幼子为人所擒，汝终为世子矣。"（王源鲁《小腆纪叙》）虎毒不食子，他硬是干了食子的事。

他这样做，也是防止南明军偷袭后方。

在他强悍的一生中，遇到了两个克星，一个是洪承畴，一个是秦良玉。

洪承畴曾打得他望风而逃，但因崇祯帝将洪承畴调至辽东前线，给了张献忠降而复叛的机会。而秦良玉，则是一直与张献忠死磕，让张献忠差点折在这个女人手里。

2

《明史》卷二百七十，即列传一百八，有秦良玉本传，此卷末史家赞曰："秦良玉一土舍妇人，提兵裹粮，崎岖转斗，其急公赴义有足多者。彼仗钺临戎，缩朒观望者，视此能无愧乎！"

秦良玉自幼胆智过人，擅长骑射，又擅长做文章，姿态风度娴静文雅。美女兼文武全才，领军白杆兵，行军治兵，号令严明，远近闻名。

她的丈夫为石柱宣抚使（武职土官，从四品）马千乘，东汉伏波将军马援之后，因祖上有功世袭石柱县土司。

清朝史官修《明史》，并未将秦良玉附于其夫传后，而是单独列传于名将传记系列。若非有惊天动地的大事迹，绝不会为后世以单独的形式评传生平事迹。

万历二十七年（1599），杨应龙在播州作乱，马千乘率三千人随李化龙前往征讨，秦良玉率领五百精兵押运粮草，与副将周国柱扼守邓坎。杨应龙军趁李部大军在营中大摆筵席发动袭击，马、秦夫妇当先将其击败，而后乘胜追击，接连攻破金筑关等七个营寨，而后大破杨军。

秦良玉为南川路战功第一，却不自报军功。

万历四十一年，马千乘被监军太监邱乘云诬告，病死于云阳监狱。由于马千乘为世袭土司，长子祥麟年幼，故以秦良玉代领亡夫职位。明泰昌元年（后金天命五年，1620年），后金大汗努尔哈赤挥师入侵明驻辽东，朝廷诏令秦良玉出兵援助，赐其三品官员的服饰。

秦良玉作为一个女人，正式成了明朝中央记录在册的高级军事长官。

秦良玉先派兄弟秦邦屏、秦民屏率数千兵马，随援剿总兵童仲揆渡浑河，与后金八旗兵血战。激战数日，哥哥秦邦屏战死沙场，弟弟秦民屏突围而出，秦良玉亲率兵三千前往山海关，所经过的地方秋毫无犯。明熹宗封秦良玉为诰命夫人，加二品服饰，并封其子马祥麟为指挥使。

浑河一战，秦良玉所属军队虽为贵州土兵，但浴血奋战，军功卓著。

兵部尚书张鹤鸣说："浑河血战，首功数千，实石砫、酉阳二土司功。邦屏既殁，良玉即遣使入都，制冬衣一千五百，分给残卒，而身督精兵三千抵榆关。上急公家难，下复私门仇，气甚壮。"（《明史·秦良玉传》）

秦良玉受封授都督佥事，充总兵官。明时总兵官为战时之需，虽无品级，却有实权，多以挂五军都督同知出镇地方总兵官，而秦良玉作为偏远地方的土官太夫人出任总兵官，也是史上唯一一例。

3

明崇祯三年（后金天聪四年，1630年），皇太极在明朝关宁锦防线难以攻克的情况下，使计稳住辽东经略袁崇焕，率军借道蒙古科尔沁部，突入内地，进围京都。

秦良玉奉诏勤王，拿出家中资产充军饷。明思宗朱由检在平台召见秦良玉，除赏赐钱币牲畜酒水等外，还赋诗四首纪其功劳。

皇太极兵退后金，秦良玉率部还乡，多次击溃张献忠作乱的部队。本有机会彻底解决张献忠问题，秦良玉向四川巡抚邵捷春请战，愿出两万土兵作战，拿出家产自筹一半粮饷，请朝廷资助一半，怎知邵氏与前来督战的"督师辅臣"兵部尚书杨嗣昌闹矛盾，加之府库空虚，使秦良玉回天乏力，叹息"邵公不知兵。吾一妇人，受国恩，谊应死，独恨与邵公同死耳"。

督抚倾轧，留给有心报国者空有用武地，也留给了张献忠盘踞四川坐大、蚀空明朝后方的机会。

崇祯十六年，张献忠攻陷武昌，将楚王朱华奎沉入长江，率兵再犯四川。花甲老妇秦良玉上呈全四川形势给巡抚陈士奇，建议派兵守十三个关隘，陈士奇不用。

秦良玉又找到巡按刘之勃，刘同意秦策，却无兵可派。

明朝覆灭，虽是破关入主的清军成了最后的胜利者，但张献忠与李自成的内乱声势浩大，让明朝在貌似强大而困于内忧无法解决掣肘应对外患时，受到了致命一击。

崇祯十七年（1644），张献忠领大军长驱直入，再次进犯夔州。

秦良玉率土军前往救援，但寡不敌众，被击溃。

张献忠攻下成都，"全蜀尽陷"，秦良玉对部下说："吾兄弟二人皆死王事，吾以一孱妇蒙国恩二十年，今不幸至此，其敢以余年事逆贼哉！"（《明史·秦良玉传》）

秦良玉决心已定，召集部众下令"有从贼者，族无赦！"遂分兵守卫石柱境。张献忠到处招降四川土司，却不敢来秦良玉的石柱。

两年后，远在福建的隆武帝朱聿键派使节专程赴石柱，加封秦良玉太子太保衔，封忠贞侯。

近在西南的永历帝朱由榔，封秦良玉为太子太傅，任四川招讨使，仍以镇东将军督兵平定川中诸贼。

再过两年，秦良玉寿终而死，享年七十五岁。隆武、永历虽为偏安小政权，但为朱明余绪，算得上是一个正式的官方（南明）。

女子被封侯，最早见于汉初高祖、吕后，都是靠了裙带关系。

而秦良玉作为边地偏壤的一介女流，以军功被正式封侯，足以羞煞在朱明朝堂筹划军国大事的洪承畴、金之俊、冯铨之流纷纷投敌变节者。

蔡东藩在《清史通俗演义》中说："独如良玉者实难

多得，特笔加褒，为女界吐气，即为男子示愧，有心人下笔，固自不苟也。"

秦良玉虽不名列四大巾帼英雄，但她真切切、威武武、亮晃晃的征战事迹、她的爱国气节，以及她的历史影响，要比那些虚虚实实的巾帼大英雄更值得后人传颂和纪念。

康有为在《大同书》中写道："以敬姜之德、班昭之学、秦良玉之勇毅、辛宪英之清识、李易安之词章、宋若宪之经术，列于须眉男子中，亦属凤毛鳞角。"

较之于康有为所尊崇的诸多奇女子，秦良玉当是以真正的一代军事统帅的身份出现在中国历史上，更为稀世罕见。

20世纪40年代，中国全民抗战，诸多名人纷纷以自己的形式盛赞300多年前的民族大英雄秦良玉。爱国将领冯玉祥将军说："纪念花木兰，要学秦良玉。"

大文人郭沫若在重庆时，一口气写下《咏秦良玉四首》，其中写道："石柱擎天一女豪，提兵绝域事征辽。同名愧杀当时左，只解屠名意气骄。"

而南明史研究名家钱海岳更是在其《南明史》初稿中，再一次为秦良玉作传，说："良玉以巾帼效命疆场，古所未有也，迹其忠忱武略，足愧须眉已。"

崇祯在位十七年的若干个历史问题

1

魏忠贤权势滔天，为何斗不过一个刚登基年仅十七岁的崇祯皇帝？

魏忠贤权势滔天到了何等的程度，就连十七岁捡漏登基的崇祯帝，都不敢睡上紫禁城的龙榻、吃御膳房的食物。崇祯帝每天都是回到原来的信王府，吃着从家里带来的干粮茶水。

因为他怕魏忠贤对其陷害。因为他认为魏忠贤害死了天启帝。天启帝的张皇后及嫔妃怀孕，被魏忠贤及其姘头客氏使坏而流产，天启帝绝嗣，魏忠贤使坏是事实。

人们只知有忠贤，而不知有皇上，这是魏忠贤专断国政时的现实。士大夫称其九千岁，阿谀者更是对其行五跪九叩礼，称其为九千九百岁。一个太监能此般与万岁天子相媲美，足见其权势到了巅峰。

崇祯帝即位，虽然憎恨魏忠贤，但还对其毕恭毕敬。他害怕魏忠贤废黜自己，主动示弱，麻痹阉党。即便有言官不怕死，弹劾魏忠贤，崇祯帝也是隐而不发，使魏忠贤认为自己彻底震慑了新皇。

殊不知崇祯帝一旦坐热了龙椅，采取民间力量攻击魏忠贤，并挑动阉党内部矛盾。果然，崇祯帝在天启七年十一月，突然对魏忠贤发难，打得放松警惕的魏忠贤束手无策。

魏忠贤阉党集团人员众多，但内部矛盾重重。像魏阉在朝堂的头号走狗冯铨，与魏忠贤养子"五虎"之首崔呈秀，也是撕咬不断。

崇祯帝利用魏阉集团狗咬狗，坐实魏阉罪证。魏忠贤认罪，被崇祯帝贬至凤阳守陵。行至半途，崇祯帝的锦衣卫来了，称魏忠贤豢养死士，逮捕回京审判。魏忠贤投鼠忌器，畏罪自杀。继而，崇祯帝迅速清洗魏忠贤余党，做成逆党大案。

此案可见，虽然太监做大做强，但是皇帝还是联合文官集团，利用专制制度反戈一击。

2

魏忠贤被崇祯抄家时，真有千万两黄金白银之多的家财吗？

天启七年（1627）八月，崇祯帝即位。不少大臣揭发大太监魏忠贤不法问题，但崇祯帝一直隐而不发。直至当年十一月，崇祯帝突然找来魏忠贤，对他宣读一个所谓嘉兴贡生钱嘉征的举报信，其上写到魏氏十大罪状：一、与皇帝并列；二、蔑视皇后；三、搬弄兵权；四、无二祖列宗；五、克削藩王封爵；六、目无圣人；七、滥加爵赏；

八、掩盖边功;九、剥削百姓;十、交通关节。

举报信是一个千里之外的小人物写的。崇祯帝高度重视,对魏忠贤的清算开始了。

魏忠贤赶紧疏辞司礼监及东厂总督职务,以及各种爵位、诰券田宅。崇祯帝不满足,很快批示:"魏忠贤着内官刘应选、郑康升押发凤阳看守皇陵,籍其家。"(计六奇《明季北略》)

将魏忠贤流放至凤阳看守朱元璋祖上的皇陵,并对其抄家,然而魏忠贤走时,除了带着浩浩荡荡的千人队伍,还装载了四十车金银珠宝。

这被明清之际的历史学家计六奇记载的"珍宝四十辆",真有千万两黄金白银吗?已无法重新清点。计六奇不在现场,崇祯帝也没有留下准确的大数据。

魏忠贤的财物应该不少,卖官鬻爵,侵占公帑,党羽孝敬,百官送礼,天启皇帝对他这样那样的赏赐,以及他顺手牵羊在宫中顺走的,说得清说不清的都无疑是一个巨额数字。

崇祯即位,内忧外患,面对着两场大战,正需要庞大的军费,但为何对于传说中的魏忠贤财物"千万两黄金白银",没有真实记录呢?

魏忠贤倒台时,生于 1622 年的计六奇只有五岁。他所记的魏忠贤"珍宝四十辆",无疑是民间传闻、道听途说。魏忠贤带着庞大的队伍南下,杂七杂八的衣物、食物也不会是少数。明亡后,计六奇曾记载李自成在京城抢了

"旧有镇库金积年不用者三千七百万锭，锭皆五伯两，镌有'永乐'字"（计六奇《明季北略》），连他自己都不敢相信。

那又怎遑论再往前十七年的魏忠贤财物有多少呢？

当然，魏忠贤的财物，明清之际另一个史家谈迁在《国榷》卷八十八中也记载：天启七年十一月甲子，崇祯在谕旨中写道："朕思忠贤等不止窃攘名器，紊乱刑章，将我祖宗蓄积贮库传国奇珍异宝金银等，朋比侵盗几空。"这是崇祯帝的猜测。具体多少，还是一个未知数。

3

崇祯认为袁崇焕矫诏擅杀毛文龙，为啥不给毛文龙平反？

关于崇祯认为袁崇焕矫诏擅杀毛文龙之事，见于明清之间史学家计六奇《明季北略》卷五《逮袁崇焕》：崇祯二年十二月，"上问杀毛文龙、致敌兵犯阙及射满桂三事，崇焕不能对"，于是，崇祯下令将袁崇焕讯问下狱，第二年四月磔杀于市。

崇祯并没有说袁崇焕杀错了毛文龙。毛文龙虽然抗击后金兵有功，但在皮岛割据，自成军阀，向朝廷索要巨额兵饷，也让崇祯帝感到了已成一根鸡肋。毛文龙不死，他有与后金贸易、销售违禁品的事实，但又是防守后金进犯的有效兵力。毛文龙死了，袁崇焕与赵率教、祖大寿、何可纲等重新预算军费，辽东四镇确实能节省一百二十万两银子。

袁崇焕因为"五载复辽"计划的空洞，加之皇太极借道科尔沁偷袭京师发生"己巳之变"，让崇祯帝感觉到他在背着自己后与金谋和，加之袁崇焕的政敌魏忠贤的余党进谗言，迫使崇祯帝不明真相地杀了袁崇焕。

不明真相的不仅是崇祯帝，就是计六奇也认为：袁崇焕"捏十二罪，矫制杀文龙，与秦桧以十二金牌，矫诏杀武穆，古今一辙"（计六奇《明季北略》）。

计六奇把毛文龙视作大忠臣，如同南宋被秦桧冤杀尽忠报国的岳飞。但是，在崇祯那里，毛文龙被杀，只是他要杀袁崇焕的一个借口。更何况，毛文龙同时被曝出了通敌后金的丑闻，很快又出现了毛文龙养孙孔有德及其部将耿仲明等发动吴桥兵变，与明王朝进行对抗。如此一来，遑论为之平反，就是不株连九族已是皇恩浩荡。

4

袁崇焕向崇祯帝豪言"五载复辽"，为何自断手臂陷害明朝两大将？

五载复辽，即五年收复辽东，解决后金汗权。

这是崇祯元年七月，被新皇帝重新起用的袁崇焕，回京奏事，对崇祯帝兜售的豪言壮语。

此时的袁崇焕，被任命为兵部尚书兼右副都御史，督师蓟辽，兼督登莱、天津军务。而在宁锦大战后对其冷落排挤的太监魏忠贤，已被崇祯帝不露声色地干掉。

仇人已除，新皇倚重，袁崇焕心花怒放，本该全力以赴地统兵对战后金政权，然而他却很快犯了魏忠贤排除异己的毛病。

崇祯二年，袁崇焕擅杀毛文龙，箭射满桂。而且箭射满桂，事发于后金大军麻痹袁崇焕、借道科尔沁突破长城直逼京师的保卫战中。

此二人，是袁崇焕获胜宁远大捷、宁锦大战的主要帮手。他们作为武将，升迁更快，都被晋升为正一品左都督。虽然都是袁督师的手下大将，但品级都在袁大人之上。

听调不听宣，这是毛文龙获十二款可斩之罪、满桂被举报骄纵破坏的主要原因。袁崇焕对他们宣判，进行严厉的处置，并没有征得崇祯帝的同意，而且是利用崇祯帝对其寄予重任所进行的僭越行为。

不否认毛文龙、满桂自恃军功，而对文官上司袁崇焕领导的不满和抵制，但袁崇焕擅意打击他们：一、他们是前任的人，毛文龙是前登莱巡抚袁可立的好搭档，满桂曾对前蓟辽督师王之臣很支持；二、他们恃功不听使唤，袁崇焕害怕他们越过自己成为皇帝的新宠；三、袁崇焕的"五载复辽"，只有空想而无计划，他虚功请赏吊着崇祯帝的胃口，更担心毛文龙、满桂揭露真相。

如果崇祯不杀袁崇焕，明朝还能延续多久？

袁崇焕之死，世人皆以为冤死，死于崇祯的刚愎自用，容不了救时大才。而清人则认为是皇太极的反间计，所以清廷第八代礼亲王昭梿在《啸亭杂录》开篇就写太宗伐明，设反间计诛杀了袁崇焕。

崇祯杀袁崇焕，是听信了皇太极返回的魏阉余党谗言，是自毁长城。萧一山在《清代通史》中说："熊廷弼、袁崇焕、孙承宗，皆以盖世之才，治辽事而有余，然或内毁于阉党，外罹于反间，不终其位。"

然而相较于熊廷弼、孙承宗，他又是死得不冤。

袁崇焕的成功，源于在宁远大战中击溃了努尔哈赤的大军，在宁锦大战中又败了复仇的皇太极，故而使新上台的崇祯帝倚重，视为柱国重臣。

袁崇焕书生意气，心胸狭窄，将两次大捷归功于自己，而忘记毛文龙牵制了后金部分主力而使其以红衣大炮大败努尔哈赤，忘记了这两次大战中总兵官满桂等人的浴血奋战。悍将毛文龙、满桂成就了袁崇焕。而文龙自负，满桂被欺，先后死于袁崇焕之手。

袁崇焕恃功自负，私下与皇太极谋和，又对崇祯豪言"五载复辽"却无实质性的计划，无疑也是好大喜功之人。

计六奇在《明季北略》说崇祯下令逮捕袁崇焕的罪名有三：一、擅杀毛文龙；二、导致后金军围京；三、射杀满桂。袁崇焕即便死得不无冤枉，但他以文臣治军，容不下有能力的武将，无疑是一个排除异己、贻害国家的致命弱点。

崇祯不杀袁崇焕，也未必能为大明王朝续命太久。当然，如果袁崇焕继续经略辽东，崇祯帝不把洪承畴调离西北战场，历史必然是另一副模样。

崇祯帝杀袁崇焕，虽然有指责袁对毛文龙的矫诏，但主要问题是袁崇焕提出"五载复辽"计划的空洞以及背后的与后金谋和密事。故而给了皇太极实施反间计的机会，造成了袁崇焕顾此失彼的冤死。

袁崇焕死于将在外、有心谋国而无力成事，故而造成了崇祯的猜忌与自己的不幸，更为蓟辽前线不能摆脱朝廷权力中枢纸上谈兵的严密控制做了注脚。袁崇焕死于此，其前的熊廷弼亡于此，其后的孙承宗败于此，洪承畴降于此。

这是大明王朝的劫数难逃，同样暗示着崇祯帝的刚愎昏庸本质。即便袁崇焕不杀割据一方的毛文龙，袁崇焕也躲不掉明王朝统治者的屠戮，熊廷弼就是他的前兆。而后卢象昇、孙传庭，不失为他的翻版。

崇祯帝想做中兴的尧舜，但有严格的性格缺陷和理政短板，即便他即位后迅速处理了魏忠贤阉党集团，但还是倚信宦官和自己培植的新人（如杨嗣昌与陈新甲、魏德藻），却对袁崇焕、孙承宗等救时良将，始终采取了热情过分但信任不够的防范态度，这也注定了大明王朝的不幸。

5

崇祯时期到底有没有明军正面进行掠杀后金的老弱病残、妇女、小孩的行动?

崇祯帝朱由检即位于天启七年（1627）八月，大明王朝进入了崇祯时期。

此时的辽东后金政权，正是太宗皇太极时期。皇太极以一个成熟的政治家和军事大才继立为汗，虽然整体实力不如明军，但是，他即位之初就表现出咄咄逼人的姿态，于天聪元年（1627）五月继征服李氏王朝后，亲率大军征明。

宁锦一役，辽东明军在蓟辽督师袁崇焕的指挥下，凭借大炮和满桂、祖大寿等人的冲锋陷阵，击溃了皇太极的大军。袁崇焕据守制胜，并没有乘胜追击，而是采取了秘密的休战谋和，意图与皇太极达成暂时的和平。

和平来之不易，不但应对关内关外两场大战的明朝需要，就是连续两次被袁崇焕击溃的后金也需要。此后的明军，一直坚持守势，而皇太极采取了不时侵扰。即便袁崇焕之后，崇祯帝信任的周延儒、杨嗣昌、陈新甲等，也一直寻求与后金军事集团的休战谋和，绥靖防御，几乎不主动出击，更谈不上出兵正面掠杀后金的平民，给予后金挑衅的借口。

值得注意的是，杨嗣昌死后不久，崇祯帝想起他的话：朝廷无力应对两场战争。于是，崇祯十五年初，他在吏部尚书兼武英殿大学士谢升的怂恿下，密令新任兵部尚书陈新甲派人向皇太极询问媾和的条件。不慎的是，本是杨嗣昌门徒的陈新甲，也是休战谋和的支持者，但是他当面说事关重大，却把议和的绝密文件，没有锁进保险箱，而是放在办公桌上，被秘书当作普通文件转发给了塘报，昭示天下。

中央政权主动向偏安政权示弱，这是大明王朝的奇耻大辱。言官们不敢说皇帝的不是，但少不了指桑骂槐。崇祯气急败坏，杀了陈新甲，罢了谢升。此前，清军大胜松锦一战，迫降洪承畴后，为休整提出议和。崇祯帝赶紧派宁远总兵吴三桂点四千人马，偷袭驻守大山的阿济格。这也算是崇祯帝命洪承畴组织八镇总兵防御清军势力失败后，真正的一次主动出击。

结果，皇太极大怒，要跟崇祯帝血战到底，亲率大军来攻，全面占领了辽东。

6

如果崇祯迁都南京，能阻止清军一统天下吗？

崇祯十七年（1644）正月初三，崇祯帝召左中允李明睿到德政殿密谈。李明睿提出，迁都南京，这是不亡国的唯一出路。

虽然崇祯帝强调事关重大，不可轻言，但经李明睿开导后，说出了心里话："此事我已久欲行，因无人赞襄，故迟至今。汝意与朕合，但外边诸臣不从，奈何？此事重大，尔且密之，切不可轻泄，泄则罪坐汝。"（计六奇《明季北略》）

有了皇帝的表态，主迁派代表李明睿将思路一一道来，什么路线，什么理由，多少路程，如何接应，怎么殿后，甚至中途在哪里休息，都算得很明确。

最后因首辅陈演和次辅魏德藻为首的内阁强烈反对，导致了崇祯准备南迁的计划流产，也导致了崇祯帝最后"国君死社稷"，清军入关成了最后的胜利者。

但是，如果历史重演，崇祯南迁成功，清军是否还能一统天下，还真是一个未知数。

一、李自成的大军攻破京师，虽有可能分兵南下追击崇祯帝，但他必然会北上阻止清军南下。他在打入京师前，就拟同崇祯帝和谈，索封西北王和要一百万两银子，便同意出兵攻打辽东压境的清军。

二、崇祯帝没死，自然会带走吴襄沿途护卫，吴三桂自然不能有了"复君父之仇"的理由，也就是说他还不敢向清军投降。他与蓟辽总督王永吉手下，还有包括关宁铁骑在内的五十万大军，成为阻止清军入关的第一道屏障。

三、南京已做好崇祯南迁的准备，南京兵部尚书史可法在江南军队中，有着很高的威望，正在集结军队迎接崇祯南下，然后北上收复失地。他们有充分的实力抵御清军和大顺军。大顺军也不可能与清军走到一起。

四、崇祯未死，也就没有后来无能的福王组建南明政权，马士英也就没有机会在南京排除异己。南明政权由于福王无能贪婪，导致马士英将能臣排挤出局。

五、首都沦陷，君王还在，就是朝廷不灭，久受儒家礼教观念影响的江南民众不免同仇敌忾。就是凶残的张献忠，在清军压境后，也主动向南明政权示好，亲率大军北上抗敌。

在这样的情势下，清军即便入关成功，但面对的将是崇祯帝、李自成和张献忠等势力的协同抵抗，胜算难定。

7

大敌当前，为何崇祯不迁都南京延续大明国祚？

崇祯十七年正月初一，李自成在西安称帝建国，第二天即以天子的规格，御驾东征。

邮递员逆天做皇帝，叫板大明王朝。紫禁城里的朱皇帝崇祯，赶紧找来东宫办公室主任李明睿商量对策。

李自成一路向东，势如破竹，而且山西、河北的地主士大夫已经开始了响应。就连清朝摄政王多尔衮也打算写信，派人邀约李自成联合灭明。西南的张献忠，也在攻城拔寨。而东北的清政权，摩拳擦掌，陈兵关外。

内忧外患，明朝危急。

　　李明睿顾不了皇帝的忌讳了，说：只有迁都南京，才是不亡国的唯一出路。

　　崇祯帝知道国情，但不好直接赞同迁都。李明睿反复开导后，崇祯说了心里话：这件事我已经考虑了很久，想实施，但恐怕文武大臣不支持，故而延迟至今。崇祯帝还是了解自己重用的大臣心理的。

　　话由李明睿挑明，朱由检得到了支持：现在，你的意见甚合我心，但如果大臣们不同意，该怎么办？

　　朱由检继续说：此事重大，你要小心行事，切不可泄露，泄露就给你定罪。

　　朱由检不想留人口实：大明王朝的皇帝，要犯逃跑主义错误。

　　但此事，足见明亡前夕，崇祯帝想过迁都陪都，延续明朝。史家计六奇在《明季北略》专门写到了"李明睿议南迁"之事。

　　于是，二人商定，由李明睿做迁都方案，崇祯帝负责做动员工作。

　　但是，让他们没料到的是，当李明睿在廷议时说明迁都方案时，崇祯最近起用的内阁首辅陈演，不但极力反对南迁，而且示意兵科给事中光时亨，扬言：不杀李明睿，不足以安定民心。不杀李明睿，何以治天下！

　　陈演的意见，代表绝大多数北方大臣的想法：一、他们的家庭和财富都在京城，不是轻易能迁走的；二、南京有一套官僚人马，像史可法等握有兵权，强龙不压地头蛇，陈演们到南京后，不能威势依旧。

已经有足够势力制衡皇权的内阁不支持，崇祯意图迁都的计划无法落实。迁都计划被搁置，待到李自成兵临城下，崇祯帝再想跑，也是为时晚矣。结果，李自成破城后，崇祯帝自缢于煤山，而陈演们纷纷跪在迎接李闯王的道路旁。

8

如果李自成心甘情愿归顺崇祯，能不能改变大明的命运？

已经拥兵自重、反抗朝廷的李自成，自然不会心甘情愿地归顺崇祯帝。"如果"，那也是自欺欺人的假设。

但是，据清人徐鼒的《小腆纪年附考》记载：崇祯十七年三月，李自成兵临北京城下，竟然派投降太监杜勋给崇祯帝送信，称只要崇祯帝给他一百万两银子劳军、允许他在西北自立为王，他不但退至河南，还承诺出兵剿平关内其他义军以及关外的清军。结果，崇祯帝召开最后的国务会议，却因为首辅魏德藻的不表态，而没通过。

若此事真实，先不说李自成会不会真心归顺崇祯帝，如果崇祯帝此次与李自成达成休战谋和的协议，大明的命运就会改变。

一、李自成退兵，明朝不亡，驻守山海关的宁远总兵吴三桂和蓟辽总督王永吉定会防守住图谋入关的清军。历史上的清军入关，主要是李自成东征吴三桂，迫使吴三桂以向清臣服，而获取多尔衮挥师突袭李闯。

二、西南的张献忠，虽然攻陷四川，击败过一代女将秦良玉，但还是对镇守石柱的秦良玉忌惮三分。倘若李自成挥师进攻，张献忠即便有孙可望、李定国等悍将冲锋陷阵，但鹿死谁手还不好说。

三、多尔衮最初图谋入关，只是想分一杯羹，他曾给李自成写信，希望联合攻明、平分天下。他所拥有的兵丁加民夫，不足十八万，并无实力叫板明军和李自成的联军。历史上，李自成被多铎大军击溃后，南明总兵左良玉曾收集李闯余部，使南明兵力达到上百万。

不容假设的历史，安排李自成无意归顺崇祯帝，崇祯帝也满足不了李自成的条件，最后的结局更是不可改变的。

9

明朝文官集团是怎么制衡甚至威胁皇帝的？

与其说是文官集团，不如说是文官团伙。

所谓的文官集团，不是指以内阁大学士结纳亲信、自成集团的派系，而是指明朝中后期擅权乱政危害国家而沆瀣一气的大学士文官体系。

明朝的大学士，是皇帝的辅臣，但品级不高，然而随着皇帝的信任、倚重以及文官自身的经营，这些被安排在中极殿、建极殿、文华殿、武英殿四殿和文渊阁、东阁两阁工作的皇帝秘书们，虽然只有五品官阶，但一旦兼了六部尚书，或做了经筵讲官、加了师傅保之类虚衔，那么就非同一般了。

明朝大学士的官衔，多以某部尚书兼某殿阁大学士，尚书为本官，大学士为兼职。如著名的张居正，最初在隆庆元年以吏部左侍郎兼东阁大学士，入阁参与机务，同年四月又改任礼部尚书兼武英殿大学士。虽然大学士只换了阁名，这是兼职，而本官则是吏部左侍郎改为了礼部尚书，官阶进了一级，班次上前一步。

洪武十三年，朱元璋废除丞相后，一切军政要务皆由皇帝独裁。皇帝建置大学士做顾问，每遇大事情，皇帝专赴诸殿阁和大学士们商量，小事情则由大学士在条子上写好送呈皇上审批，开启了明清二朝的内阁制度。

内阁真正形成于永乐朝，大学士们本身的品秩不高，终明一朝始终为正五品。然而，随着仁宣二帝以降的皇帝懒政，而对内阁的过分倚重，部院主官入阁参决机务，兼理大学士，并被加以师傅保和经筵讲官之类的荣誉，内阁大学士的地位被变相抬高，位极人臣。

然而时间久了，后来的皇帝长年累月地不去内阁，像嘉靖皇帝、万历皇帝，在位都是几十年，但有二十多年不上朝，一切奏章、政务、军机，都由大学士们票拟，即用一张小条子拟具意见，送皇帝斟酌。

内阁首辅，虽无丞相之名，却行丞相之权。不仅大学士们把自己当成了丞相，而且皇帝也在潜意识里把大学士当作了丞相。这是千年相权制度留下的影响，而不是朱元璋废相所能抹去。

像明武宗暴卒，无子嗣即位，首辅杨廷和力挺藩王朱厚熜成为嘉靖帝。可见，内阁大学士已有皇位继承人的建议权。而在万历朝，闹腾了二十多年的国本之争，虽然内阁换了不少大学士，但最后还是以万历帝的承认既定太子，而宣告内阁捍卫国本、反对易储的胜利。

票拟本章，始于明朝正统年间，是内阁文官协助皇帝处理国家事务的基本形式，也是其权力之所在。《明史·职官志一》记载：大学士"掌献替可否，奉陈规诲，点检题奏，票拟批答，以平允庶政"。

尤其是首辅，独掌票拟大权，如嘉靖帝时的严嵩，利用皇帝不视常朝，而独专内阁大权。而至万历初年，由于万历帝年幼，首辅张居正秉政十年，与司礼监冯保订立攻守同盟，达到了威权震主、代行皇权的地步。

内阁票拟，皇帝朱批。如果皇帝不批，改由亲信太监批红，那么朝廷也就越来越乱。

太监专权乱政，内阁专权亦乱政。至晚明崇祯朝，内阁权力几乎到了威胁皇帝的地步。

崇祯初年惩治阉党案后，此消彼长的内阁首辅揽权擅政，越发制约甚至威胁到皇帝的绝对权威。李自成进入

山西后，有大臣建议崇祯南迁，就是因为以首辅大学士陈

演为首的文官们不答应，结果一拖再拖、一败再败。李自成打到京师城下，向崇祯帝提出和谈，索银一百万两和让他在西北自立称王，但因继任首辅大学士魏德藻的不同意，造成明朝灭亡不可逆转的命运。

阁臣掣肘皇权，导致了崇祯在位十七年，竟然更换了十九任内阁首辅、五十多个大学士。其中有忠臣，有能臣，有庸臣，更多的是如周延儒、薛国观、陈演、魏德藻之类的奸臣。

所以，崇祯帝在上吊前哀鸣"文臣个个可杀"，也是一句大实话。

但崇祯帝的性格缺陷，导致了他有帝王抱负，却无英主眼光。

明朝内阁的权力越来越大，出现了左右朝政、制衡皇帝的局面，引起了清朝统治者的警醒。清初顺治朝设置内阁，大学士连票拟要务的权力都没有，虽然后来有过改变，也出现了索额图、明珠这样的权臣，但皇帝还是不断组建新的特殊权力中枢，如康熙朝的南书房、雍正朝的军机处，都是在限制内阁的权力。

10

崇祯筹款反击李自成，其岳父周奎为什么不捐钱？

打仗，打的就是军饷和补给。

周奎是崇祯帝周皇后的父亲，国丈兼嘉定伯，家底巨富，却对于崇祯帝筹款反击李闯、急需财力支持时，一毛不拔，并从女儿给的面子钱上截留不少。

当时，崇祯帝囊中羞涩，请他支持万两白银，周奎不但不答应，还拼命哭穷。周皇后既想保住老公的江山，也想保住老爸的尊严，于是把崇祯赏赐的金银珠宝卖掉，凑了五千两银子，交了周奎，并苦口婆心地劝导周奎做了表率，保住了崇祯江山也就保住了荣华富贵。谁知，周奎拿了钱，只交三千，扣下两千塞进自己的腰包。

国丈吝啬，不但不支持女婿皇帝的国家需要，反而拿了女儿皇后给的面子钱中饱私囊。他不是没有钱，崇祯死后，李闯进京，曾从他家一次性追缴了三百万两财富。他的女儿女婿殉国了，他的老婆媳妇被打死了，要不是他和他的几个儿子被刘宗敏打得要死，他还是舍不得献出保命钱。

其实，这也是明末皇亲国戚、文武百官蚕食国家，家资巨万，但就是不情愿为疲软的崇祯财政出一点财力的一个典型。

崇祯捡漏登极，但关内关外两场大战，弄得他精疲力竭。他勉强应对两场持久战，在国家财赋严重下降的情势下，只好再加练饷、辽饷等各种滥征私派。各级官员的层层盘剥克扣，结果到崇祯手里的少之又少，而加重到百姓头上的负担，导致了更多的穷苦百姓加入李自成、张献忠等人造反的队伍。

周奎就是无视国难的皇亲国戚的代表。此前，崇祯因为财力窘迫，接受首辅薛国观的建议：借款。薛国观要崇祯帝负责在皇亲国戚中筹款。结果武清侯李国瑞自恃是孝定太后的娘家堂孙，哭穷耍赖，隐藏财产，拆毁房屋，将家具器物陈列到大街上叫卖。周奎与其交好，为他交了钱，结果李国瑞被崇祯帝削爵吓死，闹出了震惊朝野的命案，导致了皇五子亦死于皇家阴谋。

一场声势浩大的借款运动，以崇祯的失败丧子，而草草收场。而以国丈周奎为首的皇亲国戚，享受着无上的尊荣，却严重地蛀空了国家的肌体，哪管大明王朝的死活。

11

崇祯皇帝如果做些措施，明朝可以起死回生吗？

崇祯生前一心想成为尧舜之帝，中兴内忧外患的明朝，但那只是梦想远大而现实破败的自我安慰。

倘若崇祯在位期间，能做到：一、废除"三饷"，从根本上改革明季的财赋制度；二、整肃吏治，信任真正有能力的救时良臣能将；三、稳定辽东，严防辽东后金势力的强大，或许还有些延缓明朝寿命的机会。

明季五十多年不断增加的赋税加派，如练饷、剿饷、粮饷，压着广大贫苦百姓无法生存，只好铤而走险、揭竿而起。像高迎祥、张献忠、李自成等起义首领，最初并非为亡明而出现。他们能够反复从逆境中壮大，是因为他们抢到了钱粮，能给饥寒交迫的百姓解决基本的温饱，而得到饥民的欢迎和参与。

明末并不缺救世良臣，如孙承宗、熊廷弼、袁崇焕、孙传庭、洪承畴等，但因崇祯偏听偏信，培植自己看中的儒臣和宦官，导致党争愈演愈烈。党争不断，内阁擅权，结果导致良将死于内讧，能臣怯于猜忌，而崇祯信任的内阁辅臣周延儒、杨嗣昌、薛国观、温体仁、陈演、魏德藻之辈，都不是济世之才。崇祯自缢前，哀鸣"此皆文官误我""文臣个个可杀"，而始作俑者又何尝不是自负刚愎的崇祯帝。

后金的崛起，虽然天命四年公然挑衅明朝，但无论是努尔哈赤还是继任大汗皇太极，从根本上还没有撼动明朝的实力。只是因为关内民众起义、朝廷君臣倾轧，给了满洲八旗统一辽东、联姻蒙古而日见壮大的机会。即便是清军借李自成东征而成功入关后，摄政睿亲王强推剃发令遭人疑虑"非一统之策"时，仍称"何言一统？但得寸则寸，得尺得尺耳！"（张怡《谀闻续笔》卷一）可见进入了紫禁城的多尔衮，对全面接管明朝的疆域还是没有足够的信心。

文臣误崇祯，崇祯误明朝。李自成逼近京师时，崇祯尚有机会南迁，或割地赔款议和，却不能乾纲独断，被陈演、魏德藻之流辅臣左右，结果命丧国亡。其实，这是党争的一种延续。

不可否认，崇祯皇帝朱由检勤政，自十八岁继位，继承了千疮百孔的大明江山。他并非直接以皇子从父亲手中接过千秋基业，而是以藩王捡漏成了乃兄朱由校的接班人。他在熹宗时代，身历目睹内忧外患的国情，故而一旦做了天下君王，就有雄心壮志成为尧舜式的中兴之主。

皇帝有雄心壮志是好事，但需要有雄才大略。他作为一个成年皇帝，但他为卑贱宫女所生的出身，乃父朱常洛对他的歧视、冷落，导致了他从小便有猜疑孤僻的心理。

作为一个君王，他是非常勤奋，可谓在明朝皇帝中不多见。与其同时代的民间史学家张岱说："古来亡国之君，有以酒亡者，以色亡者，以暴虐亡者，以奢侈亡者，以穷兵黩武亡者，嗟我先帝，焦虑心求治，旰食宵衣，恭俭辛勤，万几无旷，即古之中兴令主，无以过之。"（《石匮书·后集》卷一）

但他在位十七年，虽然打击过天启朝魏忠贤为首的阉党，但他又大肆提拔重用新的阉党，像后来为李自成通风报信、打开城门的曹化淳、杜勋、王德化，都是他重用的太监。太监与权臣盘根错节地勾结在一起，导致了在外拼命抗敌的良将能臣，要么死于非命，要么被迫降敌。

洪承畴降清辱节是事实，但他曾是李自成、张献忠的克星，多次击溃皇太极进攻的主力。然而，崇祯十四年春，洪承畴率八大总兵，领精锐十三万、马四万，集结宁远，与清兵会战。洪承畴主张徐徐逼近锦州，步步立营，且战且守，勿轻浪战。但兵部尚书陈新甲促战。陈新甲很有才干，晓习边事，但格局不大，与司礼监太监王德化尤其亲近。洪承畴知道这些政治关系，在粮尽援绝、各镇分立的情势下，仓促出击，最后被俘而叛国降清。

著名的背叛者，还有崇祯帝最后两任首辅陈演、魏德藻。李自成的农民军，逼近京师，大臣李明睿、李邦华等建议崇祯南迁，陈演主导内阁坚决不同意。李自成打到京师城下，派杜勋送来和谈的条件：在西北自立为王，索饷100万两银子，崇祯一手提拔的魏德藻又是不同意。最后崇祯被迫在煤山上吊，陈演、魏德藻却急匆匆地跪到了李自成的脚下。

崇祯勤于政事，史称"鸡鸣而起，夜分不寐，往往焦劳成疾，宫中从无宴乐之事"，但缺乏治国之谋，又没有任人之术，动辄听信谗言对忠臣良将问罪、砍头、凌迟，先后换了五十个大学士、十四任兵部尚书。他满以为用的是救世良臣，却不知大多是误国叛国之庸臣。

历史不容假设，毕竟崇祯帝上吊了。

悲剧英雄李自成，原是崇祯的顺民

1

甲申巨变。

崇祯十七年（1644）三月十九日中午，紫禁城引来了新主人——大顺政权的闯王李自成——他已于三月前，做了自封的永昌皇帝，但中华帝制史上的正朔还是紫禁城里摇摇欲坠的崇祯帝。

攻入崇祯的京师，李自成成了胜利者。

他头戴毡笠，身穿缥衣，骑着乌驳马，在崇祯帝非常宠信的司礼监太监王德化的引导下，从德胜门入，经承天门，迈进内殿。

三十八岁的胜利者，是昂首挺胸、神采飞扬的。就在进城的前一天，他还不想进城，派了一个刚刚受降的太监杜勋去同坐在紫禁城龙椅上的崇祯帝谈判。

李自成瞧不起不是男人的杜太监。但为了得封他为西北王，给他一百万两银子，就让杜太监给崇祯帝送信。

熟人好办事。

如果徐鼐在《小腆纪年附考》中说的是史实的话，足见李闯王确实只能做个宋献策哀叹的"我主马上天子"（陈济生《再生纪略》），而挺有自知之明做不了治理天下

447

的真正皇帝。

徐鼒索性还嘲讽李自成在兵临城下、胜利在望时，还想着向危在旦夕、不可终日的崇祯求和："议割西北一带分国王并犒赏军百万，退守河南……闯既受封，愿为朝廷内遏群寇，尤能以劲兵助剿辽藩。"这样的条件，是傻子都会答应，但为何不见崇祯同意。

后事做证！

当然，李自成能够顺利闯进紫禁城，除了自己一路拼杀攻城略地外，辽东的清军牵制和消灭了明朝的大部分精锐武装而走向四川的张献忠也出力不少，后者重创和围歼了明督师辅臣杨嗣昌亲率的平叛野战军。谷应泰在《明史纪事本末》卷七十七《张献忠之乱》中说："论者又以献犹据蜀，闯则犯阙，按法行诛，薄乎减等。而不知献乱以来，材赋绌于吴、楚，士马毙于荆、襄，民命涂于中野。夫是以瓦解土崩，一蹶而坏。譬犹人之死也，献絷其手，而后闯刺其心；献摁其胸，而后闯扼其吭。则献之与闯，厥罪惟均也。"

李自成自以为锋镝最强，无视卧榻之旁已在摩拳擦掌的辽东多尔衮与蜀中张献忠，而是在进紫禁城后，急不可耐地享受天子的富贵声色。

第三任夫人高桂英没来，他就找了一个名叫窦美仪的宫女侍寝。

李自成的姻缘，不像他的战斗事业那般风生水起。

原配韩金儿与村人通奸为李自成所杀，续弦邢夫人勇武聪明却爱上了李的部将高杰一同降明，高桂英是一个死了老公的寡妇，而窦美仪变成金凤凰不久就随夫逃亡。

有文人恨李自成不成器，进了紫禁城又很快丢了紫禁城，成了一个不再所向披靡的丧家狗。索性给他大泼污水，把他的兄弟大将刘宗敏霸占陈圆圆的混账艳事，扯到了他的身上，甚至让李、陈二人演绎了一段缠绵的绝恋，让陈的老公吴三桂"冲冠一怒为红颜"。

纵观李自成，也着实不易，从一个下岗驿卒炼成一个义军首领，成了英雄，吃尽了苦头；甚至在六年前的渭南潼关南原，遭遇洪承畴、孙传庭的联军伏击，被打得几乎全军覆灭，最后带着刘宗敏等残部十七人逃入陕西东南的商洛山中。

所以说，崇祯十二年李自成率几千人马从商洛山中杀出，五年后入主紫禁城，创造了一个奇迹。

奇迹属于英雄。然而英雄是草莽的话，奇迹昙花一现。

所以，我情愿相信李自成要崇祯帝允许其在西北自治有诈，毕竟他太需要筹集更多的兵饷。他一路向西，清洗了不少官府和王府，尤其崇祯十四年正月在洛阳福王朱常洵那里没收了富可敌国的金银财货和大批粮食、物资，然而大赈饥民、三围开封未果，又遇上黄河决堤冲毁开封，花掉了他更多的金银。

李自成之所以这次迅速壮大，靠的就是牛金星提出的停止劫掠、赈济灾民、收服人心的政策。

均田免粮，一呼百应。

在那天灾人祸的年代，须有更多的财物和粮食来解决实际问题，故而很容易导致后来进城后所发生的一系列疯狂得丧失人性、远离民心的问题。

2

李自成进北京城，也是抓住了机遇。当初，明朝的主力，一半被洪承畴带到辽东防御强悍的清军，洪承畴、祖大寿等降清，带走了部分人马。

继任蓟辽总督王永吉、宁远总兵吴三桂手下，计六奇《明季北略》说有一支五十多万人马的大军。

另一半被前阁臣杨嗣昌带到了征剿张献忠的西南前线，杨嗣昌死了，但张献忠拖住了这部分精锐之师，留给了抗击李自成的，只是能干的孙传庭率领一群各自为政、不服命令的拼凑军。

孙传庭虽是济世良将，但管不住相互争利的军阀武装，也管不住不谙军务的崇祯帝瞎指挥，所以拼尽心力，也防守不住李自成重整军纪后的虎狼之势。孙传庭死了，李自成势如破竹，很快坐上了崇祯留下的龙椅。

但让人意想不到的是，李自成坐了四十天真正的龙椅，却只做了一天真正的皇帝，而且是他仓皇南逃的前一天。

史料记载李自成进城后，找到明太子朱慈烺，按天

子之礼厚葬了崇祯帝的遗体。李自成找到崇祯帝的遗体时说："我来与汝共享江山，如何寻此短见？"（赵宗复《李自成叛乱史略》）

是怜悯，还是真心？

怜悯算是忠君，但真心却是无能。

李自成对主动跪降的数千名前明官员，很不屑，责骂他们无情无义，说这些无义之徒，导致了天下大乱。

前明首辅魏德藻自许大才，向他表示愿意归顺时，李自成直接问他为何不殉死。李自成下令，严惩从明朝跪降的满是无耻嘴脸的变节官员，彭孙贻《平寇志》说他曾一次性处决了四十六名降官。

这些材料的作者，都是明朝遗老。他们大多是身历目睹甲申巨变的崇祯朝中下级官员，在政治权力上并没有分得多少好处，于是对权臣误国背主表现了无限愤慨。

他们在那些投降分子的鼻子上，狠狠地抹上了连李自成都非常鄙夷的小白块。

3

李自成自秦入晋，打到京师，历时很长，收了不少士大夫，但真正属于他的地盘并不大。在他的周围，都是强敌，所以他要争取山海关手握重兵的吴三桂，于是派吴的老同事唐通送去四万两银子，许其侯爵，并按其父吴襄的口气写信劝降。

在李自成利诱的同时，他的好兄弟刘宗敏将吴三桂的爱妾陈圆圆据为己有，还给吴襄下达了二十万两白银助饷任务。吴襄凑齐了五万两，还遭刘宗敏严刑拷打。

辱妾辱父，无疑是逼迫吴三桂为敌。

李自成更没想到，他的侄儿李过等人，同刘宗敏一样，都没闲着，将他规定前明降官的自赎额度扩大了几倍，交纳不了就酷刑拷掠。刘宗敏最凶狠，自制五千副刑具，先后逼死了陈演、魏德藻等一千六百多人（谈迁《枣林杂俎》）。

刘宗敏们还纵兵劫掠老百姓，哄抢钱财粮食，欺辱商家妇女，甚至连老百姓的衣服也不放过。

有史料记载，他们刮地皮式的抢富劫贫，从京城强取豪夺的财物价值七千万两白银。

人民不再唱"迎闯王，不纳粮"了。

李自成拒绝了李岩的劝谏，想强化军权，却约束不了战友们的疯狂劫掠，彻底失去了百姓的支持。

这样的史料，是同明朝有着深厚感情的文人们留下的，是实情还是捏造，已无对证。但这些人却证明李自成还是想当一个好皇帝，责问部下"何不助孤做好皇帝?"

孰料他的兄弟刘宗敏们直言回绝："皇帝之权归汝，拷掠之威归我，无烦言也。"（《甲申传信录》）

分配权力。各取所需。

这样的军队，虽然有过摧枯拉朽的强大战斗力，但那是在还没有抵达金山银山前。一旦来到繁华富庶地，他们草莽劫掠的原形毕露，为了自身利益去无限度地欺压、凌辱自己的阶级同胞，而对于李闯王的宏图霸业却全然不顾。

李自成也是想做皇帝的。毕竟他在前不久还创立了一个建号改元的农民政权。《明史·李自成传》记载，崇祯"十七年正月庚寅朔，自成称王于西安，僭国号曰大顺，改元永昌，改名自晟。追尊其曾祖以下，加谥号，以李继迁为太祖"。

丞相牛金星、吏政府尚书宋企郊、礼政府尚书杨观光等，也在为李自成正式的登基大典进行排练，在为新政权遴选前朝过来的实用性官员。这些人毕竟读过书，也想在一个真皇帝的紫禁城里排资论辈、加官晋爵。这何尝不是绝大多数儒家士大夫的最高政治理想。

那些降官们，纷纷劝进李闯王做李皇帝。新主子君临天下了，他们可以晋升为大大小小的官员。明翰林学士梁兆阳、周钟等，希望李自成成为"比尧舜而多武功，迈汤武而无渐德"的"圣主"。

刘宗敏们毫不理会这些繁文缛节的形式、冠冕堂皇的称谓。或许在他们的心里，李自成在进军途中建立大顺政权，就是做了皇帝。当时，已经"设天佑殿大学士，以牛金星为之。增置六政府尚书，设弘文馆、文谕院、谏议、直指使、从政、统会、尚契司、验马寺、知政使、书写房等官。以乾州宋企郊为吏政尚书、平湖陆之祺为户政尚书、真宁巩焴为礼政尚书、归安张嶙然为兵政尚书。复五等爵，大封功臣，侯刘宗敏以下九人，伯刘体纯以下七十二人，子三十人，男五十五人。定军制"。开始了，就不要重演。

他们心中的皇帝，可以和他们吃住在一起，可以同他们称兄道弟，可以与他们挽手同行，可以和他们大碗喝酒大块吃肉，不需要讲究君臣之礼的儒家礼教观念，当然更不会想象和他们一样出身底层的李自成，能成为推行德政的儒家式君王。

李自成在东征吴三桂前，安排了杨观光着手准备登基大典。他亲自东征，也是希望降服或者消灭吴三桂，为他光明正大地在紫禁城称帝做准备。但他没想到东征遭遇了吴三桂奋力拼杀后突然引清军入关的联手反击。

他仓皇回京，登基大典已经准备妥当，于是四月"二十九日丙戌僭帝号于武英殿，追尊七代皆为帝后，立妻高氏为皇后。自成被冠冕，列仗受朝。金星代行郊天礼"（《明史·李自成传》）。

李自成在紫禁城里做了一天正式的天子，但把本属于他的祭天权力，让给了牛金星。他要去为逃跑做准备，将拷掠所得的金银及宫中帑藏、器皿，熔铸为饼，每饼千金，约数万饼，骡车载归西安。

4

454　　　　李自成是一个悲剧英雄。

他是战场得意而情场失意的典型人物。虽然有几个妻子，却也被戴了几顶绿帽子。

第一顶是发妻给的。

李自成十几岁丧母，不久父亲又去世。陕北灾荒连年，给地主家放羊的李自成食不果腹。二十一岁那年，因矫捷善走，孔武有力，应募到银川驿站当一名驿卒。

驿站是国家发展的血脉，而不少官员明修栈道、暗度陈仓，拿了不少好处。崇祯帝平反重用的监察御史毛羽健，为报性生活被搅之恨而将驿站系统彻底毁坏。

毛御史本想趁老婆不在身边纳一房小老婆，哪知老婆一个六百里加急，突袭了他纳妾的好事，因之一封朝奏九重天，让不明事理的新皇帝崇祯裁汰了驿站，逼着原本安分、吃点剩饭的驿卒李自成下岗。

朱由检改革驿站，李自成因丢失公文被裁撤，失业回家，并欠了债。李自成因还不起举人艾诏的欠债，被告到米脂县衙。县令将他"械而游于市，将置至死"，后由亲友救出后，他杀死了艾债主。

获释回家的李自成，满以为妻子韩金儿兴高采烈，哪知韩氏在他关押期间与同村的盖虎好上了。

李自成又杀了妻子，背着两条人命逃亡，带着侄儿李过于崇祯二年二月到甘肃甘州总兵杨肇基处投军。

李自成被分到参将王国手下任把总。崇祯二年冬，后金大汗皇太极突率大军从喜峰口入关，兵临北京城下。朝廷急调四方军队赴京防守。王国率甘州边兵勤王，途经金县，士兵们要求发工资，王国克扣不发，酿成兵变。李自成被迫先加入王左挂的农民军，继而转投奔不沾泥张存孟的部队，最后于崇祯六年率余部东渡黄河，在山西投奔了他的舅父闯王高迎祥，称闯将。

崇祯九年，高迎祥被新任五省总督卢象昇击败，退守途中在黑水峪遭新任陕西巡抚孙传庭剿杀。高迎祥残部投奔李自成，推他为闯王。

李闯王手下有一员骁勇的战将，名叫高杰，相貌英俊是个帅哥，绰号为翻山鹞。

高杰和李自成是老乡，兼一同造反老战友，很得李自成信任。

崇祯七年闰八月，新擢总督陕西、山西、河南、湖广、四川军务的陈奇瑜，进兵均州，调集诸将围击各路起义军，迫使李自成等部退入兴安，困于车厢峡，双方进入相持战。

李自成让高杰写信约陈奇瑜的参将贺人龙造反。使者回来，先见过高杰，然后才去见李自成。围城两个月攻不下来，李自成怀疑高杰，就另外派部将换下了他，让他回去把守老营。

李自成命令刘良佐守外营、高杰守内营。

这一安排，问题来了。

李自成将辎重家属安排在老营，由新夫人邢氏负责管理军用物资，每天分发军粮、兵器供应作战。

邢氏是抢来的，勇武聪明。高杰到邢氏的营帐中交符验合，被邢氏看上了，派心腹丫鬟给高杰送情书和白色佩巾。二人借着对李自成的恨，趁李自成在外征战就睡到了一起。

崇祯八年八月，高杰带着邢氏归附明军，被取代陈奇瑜的新总督洪承畴交给贺人龙。此后的高杰，拼命地带队剿杀李自成，于崇祯自缢前做到了总兵官。

他的这一份军功章里，有邢氏的一半功劳。他经常夸自己偷来的媳妇："邢有将略，吾得以自助，非贪其色也。"（《南明野史》）他这是嘲讽当初李自成强抢邢氏，是看中其貌美占为己有，而反险遭杀身之祸。

这个故事，让人不由想起金庸在《鹿鼎记》中设计的韦小宝与苏荃的爱情纠葛。苏荃是神龙教教主洪安通抢回来的他人妻，最后爱上了白龙使兼强奸犯韦小宝。韦小宝射杀洪安通，带走了苏荃。而高杰带走了邢氏，拼命剿杀李自成。

明亡后，高杰跋扈自雄，为南明著名的四镇之一，不时祸害百姓，让史可法伤透了脑筋。

邢夫人逃走后，李自成找了第三任夫人高桂英。李自成很早就认识高氏。高氏是李自成当驿卒时认识的狱卒好友高立功的妹妹。

高氏当时已嫁人，丈夫早逝，成了寡妇，但好耍枪弄棒。二人算得上情投意合，经高立功说合，李自成与高桂英成了夫妻。高氏组织陕北女人，弄了一支娘子军。

李自成殉难后，高氏和李过整合残部，在湖南岳州

会合，联合南明大臣何腾蛟、堵胤锡等共同抗清。高桂英
屡建奇功，被南明隆武帝封为节孝贞义一品夫人，号其军
为忠贞营。

李自成和高桂英是半路夫妻，也是患难夫妻。而李
自成进入紫禁城时，躺在崇祯帝余温犹在的龙榻上，拉了
一个叫作窦美仪的宫廷女子侍寝。窦氏是否上过崇祯帝的
床，不好说，毕竟史料不载，但她是崇祯帝的女人不假。

因为高氏没及时进城，窦氏在李自成后宫独宠。因
这一份独宠，李自成立其为妃。这是短暂的，窦氏未必不
恨这个给了她名分的男人。毕竟李自成仓皇而走时，不可
能给窦氏提供真正的荣耀，甚至连安全感也是没有的。

李自成一生至少有四个女人，都没有给他生一儿半
女。难道李自成的身体有问题？与他同期著名的张献忠，
不但妻妾成群，而且儿子不少，同时养了四个将明清交替
闹腾得天翻地覆的养子。

5

李自成的成败，可谓是：成也牛金星，败也牛金星。

牛金星是明天启七年举人，曾因痛打地方小官而被
判监禁。崇祯十三年冬，牛金星在同窗李岩的引荐下，加
入李自成的队伍。

早在崇祯十五年，李自成攻下开封，牛金星为他拉
来了河南的几位地方将领和知名文人，开始谋划创建新王

朝。他们又怎会支持李自成手可摘桃时欲摘还休呢？

张怡《谀闻续笔》记载，牛金星见到李自成，提出合作的条件："若欲终为贼，则无所事我。若有大志，当从我言。"此前，李自成经历了洪承畴、孙传庭的合军围剿，逼得他和刘宗敏带着十七骑仓皇逃入商洛山，此次复出也只有几千人马。他亟须扩充人马，接受了牛金星的建议"少刑杀，赈饥民，收人心"，利用明军主力在四川追剿张献忠之际入河南，开仓赈饥民，迅速发展到数万大军规模。

李自成一见军队迅速壮大，就按牛金星的建议来了。牛金星回到老家，被亲戚出卖，遭官府判了死刑，他设法减刑获释，再次找到李自成。

李自成对牛金星的重新到来，很开心，开始言听计从。崇祯十六年正月，李自成攻下承天，被举为奉天倡义文武大元帅，不久改襄阳为襄京，称新顺王。牛金星任丞相，并以李的名义发布告示"杀一人如杀我父，淫一人如淫我母"。

把百姓视为父母，是收服人心的一面大旗。

李自成大军一路东进，势如破竹，河南、陕西、山西等地在仕途上受到南方系东林党人排挤的士大夫，纷纷被牛金星作为引进人才，受到李自成的礼遇。

给李自成设计"十八子主神器"的江湖术士宋献策，就是牛金星推荐的开国大军师。

牛金星在李自成的队伍里，成了二号人物。就连最早李自成以"但得宋某一人，免屠城"迫降的宋企郊，虽贵为六尚书之首的吏政府尚书，也屈居下位。

崇祯十七年正月，李自成在西安建立大顺政权，牛金星以左辅兼天祐殿大学士。但他心胸狭窄，又是一个典型的权力控，进北京城后以宰相自居弄权，每天导演登基礼仪，劝进李自成称帝，却不想办法正确招抚坐拥数十万大军的吴三桂。

吴三桂引清兵入关，打着"复君父之仇"旗号，表面就是针对李自成的皇帝梦的。

当初，牛金星问李自成大志，是紫禁城称帝。他建议停止劫掠、争取民心、控制中原，帮助李自成建立政权，也是为了进紫禁城。可以说，牛金星的存在，李自成谋小利屈服于崇祯帝一事，当是存在不少疑惑的。

只是进了城的牛金星更疯狂，迷乱了荣华富贵，丧失了民心进取，还妄杀了得力大将，离散了义军心德。

牛金星和李岩是同学，而且李岩是牛金星认识李自成的介绍人。

有史家认为李岩是虚构的士大夫形象，但他对于李自成的壮大和声名远播，起到了关键性作用。"均田免粮"的宣传口号，以及舆论歌谣"开了大门迎闯王，闯王来时不纳粮"，"早早开门拜闯王，管教大家都欢悦"，都是李岩的大手笔。

在逃亡途中，河南全境投敌，李岩主动请缨，愿率两万精兵殿后。正需众志成城御敌，但首席谋士牛金星要闯王答应李岩的请求后，没过几天，牛又向闯王进言，寻找机会除掉李岩。李自成忌惮李岩自立，成为另一个主神器的十八子。

杀了李岩，军心涣散，宋献策悄然出走，宋企郊不知所踪，就连李自成最倚重的第一大将刘宗敏也分兵离开。

有这样的辅弼，李自成必败无疑。

一年后，李自成命丧九宫山时，牛金星携子向清军投降。清廷让其子做黄州知府，却没有给名声更大的牛金星任何职务。

清廷说，他的名声很臭。

老牛说，他是个取巧者。

当然，他在李自成在紫禁城武英殿做皇帝那天，也做过一天实至名归的宰相。虽然明朝遗老、清朝官方，都说那是伪职，但那也被写进了历史的进程。

李自成能打进紫禁城，牛金星应该说是有绝对的决定权的。而李自成最后的众叛亲离，左辅兼天祐殿大学士牛金星也是要负主要责任的。

牛金星真正过了一把宰相瘾，帮助李自成成就大志而成就了自己的梦想和荣耀，但他在李自成逃离北京途中，谗杀大将李岩，逼走军师宋献策。

刘宗敏追悔莫及，说："你这厮没有一箭的功劳，居然敢擅自杀害两名大将，我一定要诛杀你。"

早知今天，又何必当初。

李自成之败，牛金星有责任，刘宗敏有责任，而他们的带头大哥李自成，也能印证史家蔡东藩那句话："李闯为乱十余年，忽盛忽衰，终不得一尺寸土，迨用牛金星、李岩等言，稍稍免杀，而从贼者遂日众。可见豪杰举事，总以得民心为要领，凶狡如李闯，且以稍行仁义，莫之能御，况其上焉者乎?"（《明史通俗演义》）

做一天真正的皇帝，虽是一种可笑的闹剧，但也是李自成的幸运。

拼杀了十多年换了这份荣耀，又不能不说是对他这位农民英雄的一种残酷的嘲弄。

这是不可改变的历史，也是警示后来的教训。

6

顺治八年（1651）辛卯初，诗人吴伟业写了一首著名的《圆圆曲》，其中一句"恸哭六军俱缟素，冲冠一怒为红颜"，堪为经典。

诗是以一个女人的名字命名，但此句却在说一个男人为她发起了一场战争。也真是因为陈圆圆的色艺双绝，倾倒了朱明的总兵吴三桂，迷恋着大顺的将军刘宗敏。

虽然写了鸿篇巨制《李自成》的小说家姚雪垠，曾经在《文学遗产》1980年第一期发表《论圆圆曲》，认定李自成攻破北京城时，陈圆圆早就到了宁远，不久病死。当时的陈圆圆年长色衰，与吴三桂正妻不和，吴三桂妻妾成群，陈圆圆未必还有多受宠爱。

而大多数观点还是受《明史》影响，李自成破城时，刘宗敏掳走了陈圆圆，故而有了吴三桂的冲冠一怒，领着清军入关报夺妾之恨。

不料，久远的历史一旦被引进了有趣的文学，就有了颠覆式的演绎。

李自成爱上了陈圆圆。

陈圆圆为李自成生了一个女儿。

电视剧《谁主中原》（《明末风雨》第二部）中的陈圆圆，不单是来自秦淮八艳的绝色美人了，还是崇祯深爱的中书舍人。当杀猪的刘宗敏睡了崇祯的袁妃后，遭李岩举报，干脆把陈圆圆推进了李自成的龙榻。

李自成欲罢不能，半夜摆棋局，输赢定陪睡，哪晓得被此剧定调为有治国理政大才的御前中书女舍人，不但人长得漂亮，而且机智过人，三下两下地把李自成弄成了另一个臭棋。

李自成想睡陈圆圆睡不成，断臂的长平公主主动送上门。长平公主原为报仇。陈圆圆为救人，再次上门，宽衣解带，要用身体保住前明公主，李自成却不干了。

李自成虽是一个草莽英雄，但有几分可爱，也懂得人性和民生。

他为吊死在煤山的崇祯帝叫屈，他要以皇子和公主的待遇恩养崇祯的子女，而不是赶尽杀绝，而不是嗜血杀人。

面对陈圆圆，他最想干的，不仅是得到她的身体，而且是得到她的心。

金庸更直接，在《鹿鼎记》中，让陈圆圆不但爱上了李自成，还给他生了一个漂亮的女儿——阿珂，即后来韦小宝的七个老婆之一。

让李自成和陈圆圆发生情感戏，并非违背情理。

《明史·流贼传》记载："初，三桂奉诏入援，至山海关，京师陷，犹豫不进。自成劫其父襄，作书招之，三桂欲降，至滦州，闻爱姬陈沅被刘宗敏掠去，愤甚，疾归山海，袭破贼将。自成怒，亲部贼十余万，执吴襄于军，东攻山海关，以别将从一片石越关外。三桂惧，乞降于我。"

刘宗敏掳走陈圆圆不假，但是自己享乐，还是敬献主公呢？正史并未载明。

看来是一笔糊涂账，也留给了后来文学创作无限发挥的空间。

吴伟业《鹿樵纪闻》中说"其将刘宗敏者，蓝田锻工也，最骁勇"，到了电视剧中成了李自成第一次见到陈圆圆，就拿"咱们都是贫苦的三兄妹"来拉拢关系，说刘宗敏是杀猪的，还特地强调是"屠夫"。

《明史·流贼传》记载：李自成进宫后，发现被崇祯砍掉一条臂膀的"长公主绝而复苏，异至，令贼刘宗敏疗治"，到了电视剧中，长平公主不但臂伤愈合，还能玩美人计，独臂藏刀复仇。这完全无视了医学常识。

《明史》记载李自成"不好酒色"，曾下令"妻子外不得携他妇人"，对于手下战将妻妾成群很是鄙夷。虽然传言，李自成入住紫禁城后，疯狂睡女人，一夜高兴了就封宫女窦美仪为妃。

注意："宫女"二字，似可说明此女不是崇祯的后妃，也可证明李自成不是饥不择食。而陈圆圆，虽然出身烟花之地，遇到过不少男人，但她在当时是吴三桂有名分的女人。

刘宗敏是李自成的第一打手，但他是靠拼军功成为大顺政权的二号人物，并不需要拿一个女人去向李自成邀宠。他主持对明朝官吏拷掠索饷，何其凶狠，掠夺了美艳女人自然不会送到他人的床上。其实，《谁主中原》中，他就是这种性格，率先进宫就睡前朝皇妃，哪还顾什么僭越没僭越李自成。

《清史稿·吴三桂传》记载了吴三桂与李自成、刘宗敏及清朝睿亲王多尔衮的纠葛："顺治元年，李自成自西安东犯，太原、宁武、大同皆陷，又分兵破真定。庄烈帝封三桂平西伯，并起襄提督京营，征三桂入卫。宁远兵号五十万，三桂简阅步骑遣入关，而留精锐自将为殿。三月甲辰，入关，戊申，次丰润。而自成已以乙巳破明都，遣降将唐通、白广恩将兵东攻滦州。三桂击破之，降其兵八千，引兵还保山海关。自成胁襄以书招之，令通以银四万犒师，遣别将率二万人代三桂守关。三桂引兵西，至滦州，闻其妾陈为自成将刘宗敏掠去，怒，还击破自成所遣守关将；遣副将杨珅、游击郭云龙上书睿亲王乞师。王方西征，次翁后，三桂使至，明日，进次西拉塔拉，报三桂书，许之。"

李自成曾多次招降，吴三桂再三犹豫，曾一度有投降李自成的念头。后来听说爱妾陈圆圆被李自成大将刘宗敏掳去而作罢。

两面受敌的吴三桂，对内不敌李自成，对外难挡多尔衮。陈圆圆和吴家亲人都成了李自成的人质。为保全家人性命，吴答应与李自成议和，为防李自成有诈，又私下以黄河南北分治为条件向多尔衮求助。

他最后倒向多尔衮，联军攻击李自成，也不是为了什么陈圆圆，最大的目的不过是裂土自立。

只是，在民族主义的旗帜下，苦命的陈圆圆成了吴三桂复仇的响亮旗号，成了民族矛盾的红颜祸水。

《清史列传》把吴三桂列为首席"逆臣"，对于陈圆圆被劫、吴三桂复仇一事说得更详细：吴三桂带兵"至山海关，闻流贼李自成陷京师，入卫兵已溃，不敢前。自成胁襄，以书招之，乃进次渌州。先是，三桂尝就嘉定伯周奎饮，悦歌女陈沅，以千金购之。闻边警，遄行，奎送沅于襄所。至是，为贼将刘宗敏掠去。三桂闻之，做书绝父，驰归山海关，遣副将杨坤、游击郭云龙来我朝借师，时顺治元年四月"。

吴三桂可以为儿女私情，而不顾父子亲情。明王朝封其为伯，领兵数十万精锐，防守辽东日益强大的清军八旗。父亲吴襄被抓，他还想投降李自成。宠妾圆圆被掠，他干脆向敌借兵。

《明史》是清人写的，而《清史稿》与《清史列传》都是根据清朝留下来的史料编撰而成。

清军入关时，首战面对的强敌，不是前明残余的爱国将士，而是李自成的数十万义军。甚至到了康熙年间，史家还拿商纣失德、微子归周的事例，来礼赞清军入关。

杨陆荣在《三藩纪事本末叙》中说："昔殷辛失德，微子抱器归周，夫子删《书》，不以微子之不正位号为罪，而亟称之曰仁。当是时，取殷之天下者周也，视圣朝之取天下于闯，而且为明之子孙臣庶复不共之仇也。"

在杨陆荣等清代文人史官看来，清军入关，并非在朱明王朝手中夺取了天下，而是给前明复仇，从李自成手中夺得的江山。在他看来南明诸藩自立抗清，是不"诚思复仇之大德"。

虽然这样的立论和叙事，是完全站在清朝统治者的角度。但是从这样的史论中也可以看出，清朝统治者最恨的，还是李自成的义军首当其冲。

政治需要，清初的史官将李自成义军视为流贼草寇，肆虐叛逆。如果李自成真的与陈圆圆有这样那样的情感纠葛，清代的史官是绝对不会让一个刘宗敏来背黑锅的。

如果陈圆圆真与李自成有什么床戏，史官文人断然不会只说她被刘宗敏掠走，而没了后续情节。

如果李自成真的爱上了陈圆圆，但在他被吴三桂和八旗兵夹击下，仓皇出逃时，断然不会将新宠留给敌人。

467

《十美词纪》记载，吴三桂在兵火中找到了陈圆圆，一直带在身边跟辗转征战。吴三桂平定云南后，圆圆进入平西王府，一度"宠冠后宫"。

成书于乾隆初年的《明史》，虽把李自成和张献忠都归为流贼，"盗贼之祸，历代恒有，至明末李自成、张献忠极矣。史册所载，未有若斯之酷者也"，但对于二人是臧否分明，李自成较之于张献忠，还算得上一个伟大的农民义军领袖带领着一支仁义之师。

史学大家吕思勉在《中国通史·明朝的兴亡》中写道："明末的流寇，是以一六二八年起于陕西的，正值思宗的元年。旋流入山西，又流入河北，蔓衍于四川、湖广之境。以李自成和张献忠为两个最大的首领。献忠系粗才，一味好杀，自成则颇有大略。"

对于吴三桂在这个历史拐点的选择，吕先生也有论述："山海关守将吴三桂入援，至丰润，京城已陷。自成招三桂降，三桂业经允许了。旋闻爱妾陈沅被掠，大怒，遂走关外降清。'痛哭六军俱缟素，冲冠一怒为红颜'，民族战争时唯一重要的据点，竟因此兵不血刃而失陷，武人不知礼义的危险，真令人言之而色变了。"

刘宗敏的好色与贪财，彻底激怒了吴三桂降而复叛，也彻底毁了他的带头大哥李自成的帝王事业，使之在象征皇权的紫禁城里只有一个月的天命。

图书在版编目（CIP）数据

大明小史 / 向敬之 著 . —

北京：东方出版社，2022.5

ISBN 978－7－5207－2479－1

I. ①大…　II. ①向…　III. ①中国历史－明代－通俗读物

IV. ① K248.09

中国版本图书馆 CIP 数据核字（2022）第 017853 号

大明小史

DAMING XIAOSHI

作　　者：向敬之

责任编辑：史　青

封面设计：林芝玉

出　　版：东方出版社

发　　行：人民东方出版传媒有限公司

地　　址：北京市东城区东四十条 113 号

邮政编码：100007

印　　刷：北京新华印刷有限公司

版　　次：2022 年 5 月第 1 版

印　　次：2022 年 5 月北京第 1 次印刷

开　　本：880 毫米 ×1230 毫米 1/32

印　　张：15.25

字　　数：293 千字

书　　号：ISBN 978–7–5207–2479–1

定　　价：69.00 元

发行电话：（010）85924663　85924644　85924641